浙江省地方立法与法治战略研究院（智库）成果

中国书籍学术之光文库

中国农地流转发展变迁的法律视界

苟军年 | 著

中国书籍出版社
China Book Press

图书在版编目（CIP）数据

中国农地流转发展变迁的法律视界/苟军年著. —北京：中国书籍出版社，2019.12

（中国书籍学术之光文库）

ISBN 978-7-5068-7760-2

Ⅰ.①中… Ⅱ.①苟… Ⅲ.①农业用地—土地流转—土地管理法—研究—中国 Ⅳ.①D922.324

中国版本图书馆 CIP 数据核字（2020）第 005487 号

中国农地流转发展变迁的法律视界

苟军年 著

责任编辑	刘舒婷　刘　娜
责任印制	孙马飞　马　芝
封面设计	中联华文
出版发行	中国书籍出版社
地　　址	北京市丰台区三路居路 97 号（邮编：100073）
电　　话	（010）52257143（总编室）　（010）52257140（发行部）
电子邮箱	eo@ chinabp. com. cn
经　　销	全国新华书店
印　　刷	三河市华东印刷有限公司
开　　本	710 毫米 × 1000 毫米　1/16
字　　数	259 千字
印　　张	17.5
版　　次	2019 年 12 月第 1 版　2019 年 12 月第 1 次印刷
书　　号	ISBN 978-7-5068-7760-2
定　　价	99.00 元

版权所有　翻印必究

目 录
CONTENTS

第一章 中国农地流转法律制度的发展与变革 ············· 1
  一、古代农地制度发展沿革概述 ······················· 2
  二、近代农地制度发展沿革的历史回顾 ··············· 30
  三、现行农村土地制度的变革与发展 ················· 36
  四、农地流转基本状况及发展趋势 ··················· 42
  五、农地产权及流转法律制度缺陷分析 ··············· 45

第二章 农地流转法律关系的性质及理论定位 ············· 54
  一、农地流转的法律依据及性质 ······················· 54
  二、农地流转法律关系及其构成要素 ················· 64
  三、农地流转的基本原则 ····························· 71
  四、农地流转法律关系的类型界定 ··················· 78

第三章 国外农地流转法律制度的考察与启示 ············· 83
  一、西方古代国家土地制度发展、沿革概况 ··········· 83
  二、近现代大陆法系国家农地流转状况 ··············· 88
  三、近现代英美法系国家农地流转状况 ··············· 99
  四、经济转型国家农地流转法律制度的考察 ··········· 111
  五、国外农地流转对促进我国农地流转的启示 ········· 123

第四章　农地征收法律制度的属性与理论检讨 ……………… 131
一、我国征地制度的形成与发展沿革 ………………………… 131
二、我国征地制度的缺陷及问题分析 ………………………… 138
三、国外土地征收制度的考察和启示 ………………………… 144
四、我国农地征收制度的定位与完善思路 …………………… 158

第五章　农地所有权法律属性及改革模式选择 ………………… 182
一、集体土地所有权的法律属性 ……………………………… 182
二、集体土地所有权性质的认识思路与探讨 ………………… 185
三、集体土地制度改革模式与理论探索 ……………………… 192
四、完善农地所有与流转制度的路径与措施 ………………… 199

第六章　农地使用权流转发展及变革模式的探索 ……………… 206
一、农地使用权流转类型及发展概况 ………………………… 206
二、农地使用权流转改革的实践及实证分析 ………………… 242
三、农地使用权流转存在的主要问题 ………………………… 255
四、完善农地使用权流转的看法或对策 ……………………… 258

第一章

中国农地流转法律制度的发展与变革

土地是人类社会生产、生活的物质基础,是一切生产和一切存在的源泉。① 土地是一个国家最重要的财富,对国家经济发展及政治统治具有极其重要的作用,历来为整个社会所高度关注。中国是具有五千年文明历史的农业大国,土地是农业生产的基本要素和农民生活的基本保障,在社会经济发展中占据重要的地位。土地制度表面看来反映的是人与地之间的关系,但实质上反映的是人与人之间对于土地的归属、利用关系。纵观中国五千年的文明发展史,我们清楚地看到,从原始社会、奴隶社会到长达二千多年的封建社会,土地始终是社会发展的核心问题。中国长期实行土地私有制,围绕土地的归属、利用与管理,历代王朝的主要出发点是把农民束缚在土地之上,成立家室,繁衍生息,防止其流离失所、无家可归,以保证社会安定以及赋税、徭役和兵丁的来源。② 虽然1840年鸦片战争后中国进入半封建半殖民地社会,但农村的封建土地所有制并没有发生根本改变,尽管广大农民是土地的实际耕种者,但一直难以实现"耕者有其田,居者有其屋"的美好愿望。1949年,中华人民共和国建立后实行土地改革,"土地改革法"明确宣布废除地主阶级封建剥削的土地所有制,实行农民的土地所有制。现行的中国农村土地制度,正是经过20世纪50年代的土地改革与20世纪80年代的土地承包两次重大变革后逐步形成、发展起来的。是在经历了所有制由私有制转为公有制、所有权和经营权由合而分的历程后,最终确立的、现行的土地法律制度。

---

① 马克思、恩格斯:《马克思恩格斯全集》(第2卷),人民出版社1972年版,第109页。
② 蒲坚:《中国历代土地资源法制研究》,北京大学出版社2011年版,第3页。

一、古代农地制度发展沿革概述

中国古代是传统的农耕社会,土地是人们赖以生存、发展最主要的生产资料,土地的占有、使用方式,与人们的生活息息相关。自有人类社会以来,有关土地归属和利用的种种制度设置和制度运行,便始终与社会安宁和社会发展紧密相连,与国家、社稷的兴衰和人民的福祉息息相关。① 正如有关学者所指出的那样,纵观中国农村农业经济发展的历史,从某种意义上讲就是农村土地制度变迁的历史。②《管子》认为,"地者,万物之本源","夫民之所生,衣与食也。食之所生,水与土也"。《商君书·徕民十五》指出,"意民之情,其所欲者田宅也"。中国是世界上最古老的农业国家,五千年文明史其实就是农耕文明发展史。中国的农耕文明孕育了丰富的土地经济理论和政策思想,从而构筑了中国封建土地制度,并使之成为中国封建社会的经济基础。它不仅维系和支撑着中国封建社会大厦沿袭两千多年不倒,甚至深刻而全面地影响着中国现代近百年的土地革命和制度变迁,乃至整个社会革命和经济发展。③

(一) 先秦以"井田制"为代表的土地制度

据传,汉民族来自西部的昆仑山,在定居黄河流域以后,才开始从事农业耕作。原始群时期,实行原始群土地公有制,土地供人类共同利用。在原始群内部各成员之间以及各原始群之间,都没有土地占有的观念。当人类进入氏族制度时期后,才逐渐形成了土地氏族公社内部的公有制,与原始群时期相比,各氏族(部落)之间的土地占有观念大大增强,但在氏族公社内部土地是共同所有、共同耕作。④ 由于古者禽兽多而人少,人类生活依赖于自然资源,但随着人口的增长和人类活动能力的增强,人类所需的生存资料激剧增加,各氏族(部落)的活动范围逐渐趋于交叉重合,这样,往往在相邻的交叉地带发生战

---

① 王卫国:《中国土地权利研究》,中国政法大学出版社2003年版,第1页。
② 钱忠好:《中国农村土地制度历史变迁的经济学分析》,载《江苏社会科学》,2000年第3期。
③ 王景新:《中国农村土地制度的世纪变革》,载 http://theory.people.com.cn/GB/10873285.html.(访问时间:2010年1月29日)。
④ 钱忠好:《中国农村土地制度历史变迁的经济学分析》,载《江苏社会科学》,2000年第3期。

争，因人口日益增加，部落之间为求生存或争土地，而发生战争，互相侵略。此时，对异族虽极尽杀戮之能事，但同一部落之氏族，仍维持其自由平等之共同生活。① 汉民族因依赖土地来生活，自古就以农业为本位，以"土地和人民"的衣食住行合成的"社稷"观念为人民自治的基础。自初期的氏族部落，直到周代都实行着这个立足于"社稷"观念之上的土地制度。② 据文献记载，"昔黄帝始经土设井以塞争端，立步制亩以防不足，使八家为井，井开四道而分八宅，凿井于中……夫始分之于井则地著，计之于州则数详。迄乎夏殷，不易其制"③。可见，井田的雏形早在原始群落时代已经形成。

井田制是我国古代历史上重要的土地制度，是土地所有形式的典型范例。"井田"一词，最早见于《谷梁传·宣公十五年》，"古者三百步为里，名曰井田"，"井田者，九百亩，公田居一"。④ 文献记载，井田制是把耕地划分为多块一定面积的方田，周围有经界，中间有水沟，阡陌纵横，像一个井字。因此，称为"井田"。如《左传·哀公元年》载，少康逃奔有虞，"有田一成，有众一旅"。相传，夏朝开始实行井田制，商和西周沿袭夏制，但到春秋时候，由于生产力的发展，铁制农具和牛耕的普及，井田制渐渐被废除。

井田制被认为是中国古代社会土地的国有制，是春秋以前实现土地公有的有效途径，是我国古代社会土地制度的典型代表。井田制大致可分为八家为井而有公田、九夫为井而无公田两种方式。八家为井而有公田，主要实行于商代。如《孟子·滕文公》载，"方里而井，井九百亩。其中为公田，八家皆私百亩，同养公田。公事毕，然后敢治私事"。九夫为井而无公田，主要实行于西周时期。如《周礼·地官·小司徒》载，"乃经土地而井牧其田野，九夫为井，四井为邑，四邑为丘，四丘为甸，四甸为县，四县为都，以任地事而令贡赋，凡税敛之事"。另据《汉书·食货志》记载，"理民之道，地著为本。故必建步立亩，正其经界。六尺为步，步百为亩，亩百为夫，夫三为屋，屋三为井，井方一里。是为九夫。八家共之，各受私田百亩，公田十亩，是为八百八十亩，余二十亩以为庐舍"。

从井田制的实施情况看，各国的井田规划并不完全一致。一般是以百亩

---

① 赵淑德：《中国土地制度史》，三民书局1988年版，第6—8页。
② [日]长野郎：《中国土地制度的研究》（强我译），中国政法大学出版社2004年版，第1页。
③ 杜佑：《通典卷第三·食货三》，载 http://www.guoxue123.com/shibu/0101/01tdf/003.htm
④ 全仁经：《井田制名义上为国家公有吗？》，载《历史学习》2008年第4期。

（约合今 31.2 亩）作为一个耕作单位，称为一田。纵横相连的九田合为一井。十井为一成，十成为一同。也有以一田为一夫，十夫为一井，再以百夫、千夫计算的。在标准的井田里，一般有排灌水渠系统，称作遂、沟、洫、浍、川，与之相应的道路系统称作径、畛、涂、道、路。纵横在井田上的大道被称作阡陌。在相当数量的井田周围，"启土作庸"，形成封疆。井田在法律上属于王属所有。如周王按爵位的高低赐封给诸侯及卿大夫相当差数的土地，其中即为一定数量的井田，受封者对于井田只有使用权而无私有权。土地不能转让或买卖，此所谓"田里不鬻"。

对于井田制的成因，有学者认为，大体古老的人类，从经营农业一开始，就存在规划和均衡的问题：一是考虑把土地大体划成整齐的方块，二是考虑社会的公平。正如《孟子·滕文公》篇中所说，"经界不正，井地不均，谷禄不平"。正是这种古老的平均主义思想，才导致人们把土地划成整齐有序的块，使它们具有一定的亩积，并且筑成疆界。而这种情况，原始社会后期已经有了，但在不同朝代、不同封国、不同地域中，同一事物会有所变异，如面积有 50 亩、70 亩、100 亩之别，田种和称谓有公田、私田、莱田、圭田之别，劳动者有家、夫、余夫之别。另外，形制有"其中为公田"，有"公田在私田外"，有"畎顺水势，亩顺畎势"，还有纵横排成一大片一大片的"东亩"和"南亩"的土地等。因此，所谓"井田"和"井田制"，严格来讲不应该是一个很狭窄的概念，而应该是一个有一定宽广幅度的概念。它是指从人们把土地划成有一定亩积的整齐的块，并在其上筑成不可漫漶的疆界以来，一直到这种疆界完全漫漶、田土整齐的面积完全打乱为止的一种土地制度。[①] 有学者认为，中国奴隶社会形成的农村土地产权制度，是一种以奴隶主总头目——国王"王有"为核心的土地国家所有制，正如《诗·小雅·北山》所说的"溥天之下，莫非王土；率土之滨，莫非王臣"的局面。但这种"国有"并非原始共有制的延续，而是奴隶主阶级对土地实行私有的一种具体形式。在奴隶社会里，作为基本生产资料的土地连同奴隶本身都属于奴隶主，奴隶被束缚在土地上，作为土地的附属物和土地一样为奴隶主国家所有。[②]

有学者认为，井田法的根本思想是以根据社稷观念的人民衣食住行和人民自治等的基础加以组织而使其完成的，认为井田制反映着古人以下的思想：一

[①] 赵俪生：《中国土地制度史》，武汉大学出版社 2013 年版，第 21 页。
[②] 陈志安、冯继康：《农村土地经营制度比较研究》，中国经济出版社 1994 年版，第 168 页。

是土地公有思想。土地是土地的所有物,不应当个人私有,应当天下公有。二是均分思想。这种思想就是到了现在,实际上还是有力地存在着。因之,才发生了土地均分的制度。三是相互扶助的思想。为要相互扶助,不可以有阶级的对立,人人的生活,也不可不获得十分的保证。这样,从互助的自治体中,才产生了善良的风俗。四是防止土地兼并。土地兼并的发生,是古来为政者最为忧虑的事情。五是土地和耕者脱离。即一方发生了素餐者,一方发生了没有土地耕种的人。因之贫富悬隔,社会走入不健康的境界里。为防止这种弊端,采取井田制度完全是着眼于人民生活的安定和部落自治的完成的。① 随着井田制的实施,贵族为了扩大自己的土地,开始开垦井田以外的空地,称为私田。开垦和耕种大量的私田,需要大量的劳动力,新兴的贵族阶级用一些新的方法来笼络民众,比如齐国田氏向民众征赋税使小斗,把粮食贷给民众用大斗;晋国韩氏、魏氏、赵氏采取扩大地亩,而不增税额的办法等。这样,很多人从公室逃入私室,这些人虽然身份不自由,却可以占有少量的生产资料,独立经营农业和与农业有关的家庭副业等。这样一种新的依附关系——封建依附关系产生了。据《左传》记载,公元前594年,鲁国实行"初税亩",正式废除井田制,承认私田的合法性,而一律征税;公元前548年,楚令尹子木整顿田制,视土地高下肥瘠,"量入修赋",其后各国也纷纷效仿,井田制逐步被瓦解。

(二)封建社会土地制度的沿革与发展

继原始社会和奴隶社会之后,中国进入长达二千多年的封建社会,至公元前361年,商鞅在秦国实施改革,"废井田""开阡陌""民得买卖",承认了土地的私有。自此,我国农地实行的是土地的私人所有制。一般认为,我国封建社会的土地所有制有三种形式:封建国家土地所有制、地主土地私有制和自耕农土地小私有制,其中,地主土地私有制是封建土地所有制的主体,封建国家土地所有制和自耕农土地小私有制是长期存在的居次要地位的土地所有制形式。另外,土地经营使用制度按照土地所有权与土地使用权的统分关系以及劳动者的身份来划分,大致可分为租佃经营(根据租期的长短又可分为定期租赁制和永佃制)、雇工经营、地主庄园经营、屯田经营、自耕农经营等多种形式,其

---

① [日]长野郎:《中国土地制度的研究》,强我译,中国政法大学出版社2004年版,第9—12页。

中，封建的租佃经营与自耕农经营占多数。① 有学者认为，我国封建社会的土地制度与传统的农业生产技术相适应，这种情况即使在朝代不断变更时也没有发生多大的变化。在我国封建社会，地主制经济占有主导地位，同时，自耕农经济也在不同时期占有相当的比例。即使如此，封建社会政府也经营着一定数量的土地，成为直接为皇室所用或由中央政府直接调配的农业资源，在社会经济生活中具有不可忽略的地位，尤其在政府调控经济方面的功能不可小觑。② 纵观整个封建社会，皇权高高在上，政府在土地资源的配置中始终发挥着主导作用。

1. 秦汉时期封建土地制度的形成与发展

秦统一六国后，废除分封制，推行郡县制，建立了君主统治的专制主义中央集权，这对中国封建社会的土地制度产生极大影响，从而形成了国家土地所有制、地主土地所有制和农民小土地所有制并存的局面，奠定了封建社会土地制度的基础。秦始皇于秦王政三十一年下令"令黔首自实田"，即命令占有土地的地主和自耕农，按照实际占有土地的数额，向国家呈报。国家在法律上承认土地的合法性，并依此征收田租，封建土地所有制在全国范围内正式得到确认，自此封建土地私有制不断发展繁荣。全国的土地大体可划分为公田和私田两大类。国家充分运用中央集权的政治力量，大力推行"上农除末"和"重农抑商"的政策。国家始终保留着大量的属于国家所有的公田，又称官田、草田，即由商周的井田演变而来，所有权为国家拥有，国家依法享有占有、使用、收益和处分的权利。这一系列的措施，使封建的土地关系逐渐趋于稳固，为统一中央政权的稳固奠定了坚实的基础。秦汉时期，公田数量巨大，封建的土地国有制占据主导地位，政府对土地的分配与经营，主要采取授田、名田、假田、屯田等方式，其中，授田制和名田制是土地管理和利用的重要制度。

从秦汉简册中的土地法律可以清楚地看到，秦汉的授田制与战国的授田制是一脉相承的。也就是说，从战国一直到汉代，国家对于公田的分配主要采取授田的办法，按照法律所确定的等级标准，分别将公田分配给各色编户齐民，由各家各户自行耕种。③ 秦律中直接调整土地制度、土地关系的法律是《田律》《厩苑律》。《田律》今存6条，内容涉及农田水利、山林野兽保护、刍稿缴纳、

---

① 钱忠好：《中国农村土地制度变迁和创新研究（续）》，社会科学文献出版社2005年版，第198页。
② 吴太昌、武力等：《中国国家资本的历史分析》，中国社会科学出版社2012年版，第153页。
③ 蒲坚：《中国历代土地资源法制研究》，北京大学出版社2011年版，第81页。

牛马饲养等。其中明确规定了授田制度："入顷刍稿，以其受田之数，无垦（垦）不垦（垦），顷入刍三石，稿二石。刍自黄䵂（䅶）及蘆束以上皆受之。入刍稿，相输度，可殴（也）。"从这条法规可知，秦的受田者按照"受田之数"不论是否已经垦种，每一百亩田，都必须缴纳饲料三石，禾秆二石。当然，还该缴纳收获一定数量的粮食（应该有另外条文规定，只是没有抄录保存下来）。《仓律》有条文说："人禾稼、刍、稿，辄为廥籍，上内史。"规定各地征收所得粮食、饲料、禾秆进入仓库，就要记入仓库的簿籍，上报到内史。秦按户授田制度，是从商鞅变法以后开始的。杜佑《通典·州郡典·雍州风俗》记载："按周制，步百为亩，亩百给一夫。商鞅佐秦，以一夫力余，地利不尽，于是改制二百四十步为亩，百亩给一夫矣。"

《商君书·徕民篇》提出了"制土分民之律"："地方百里者，山陵处什一，薮泽处什一，溪谷流水处什一，都邑蹊道处什一，恶田处什二，良田处什四。以此食作夫五万，其山陵、薮泽、溪谷，可以给其材；都邑、蹊道，足以处其民；先王制土分民之律也。今秦之地……而谷土不能处［什］二……此人不称土也。"《商君书》一方面在《算地篇》中指出地方百里土地，分授给一万户农夫，每户授给五百亩的办法不合适，不能使耕地充分开垦；另一方面又在《徕民篇》中主张地方百里土地，分授给五万户农夫，每户授给一百亩，认为这是"制土分民之律"。商鞅在秦国所制定的"百亩给一夫"之制，和过去井田制的性质是不同的，过去贵族所推行的井田制，有所谓"公田"和"私田"，耕作者要在奴隶主贵族及官吏的监督下，在"公田"上从事集体耕作的劳役，即所谓"籍法"。同时，耕作者所受的"私田"一百亩，属于"份地"性质，既有定期受田和归田的制度，一般是"二十（岁）受田，六十（岁）归田"（《汉书·食货志》）；又有定期重新平均分配的制度，要"三年一换土易居"（《公羊传》宣公十五年何休注）。而商鞅变法以后推行的授田制度，虽然同样是"百亩给一夫"，性质却不同，受田者既没有"公田"上"公作"的集体的、无偿的劳役，又没有定期归还和重新平均分配的制度，只需按照"受田之数"，每年缴纳定量地税，包括禾稼、刍、稿。这种授田制度的推行，目的十分明显，即利用田地宅基的授予使受田的庶民成为"强兵辟土"的"农战之民"，既要"先实公仓"，又要"为上忘生而战"（《商君书·农战篇》）。从上引《田律》规定"无垦不垦"，一律必须按照"受田之数"缴纳每顷的定量地税来看，具有强迫受田者开垦荒地缴纳地税的目的。当时执政者是通过户籍制度，推行授田之制，来迫使受田者缴纳定额的地税和户赋（即人口税），并应征兵役和徭役的。受田者的负担是十分沉重的，既不问是否垦熟一律要缴纳定额地税，又必须按户口缴纳军赋，更必须按时应征兵役和徭役。如果隐瞒户口和逃避服役，就要严厉处罚，同时，户口又不准随便迁移，因此，这种受田者表面上好像是自耕农，实质上却是封建国家的依附农民。① 从相关情况看，秦汉的授田制既是土地的分配方式，也是土地的经营方式。这种将土地分配给各户经营，按亩征税的办法，对于调动生产者的积极性，达到土地资源的优化配置确实起到了良好的作用。

另外，名田制也是秦汉时期比较有特色的土地制度。所谓"名田宅"，就是准许私人以个人名义占有田宅。商鞅变法的时候，"名田"制度实际上早已存在。商鞅之所以要在变法令中做出这样的规定，一方面是用法令公开承认"名田"的合法性，确认个人名义占有土地的所有权，以此维护地主阶级的既得利益；另一方面规定地主占有田宅，必须按照由军功取得的爵位等级，作为奖励军功、谋求兵强的一种手段。《商君书·境内篇》规定："能得甲首一者，赏爵一级，益田一顷，益宅九亩，除庶子一人。"这样，军功越大，赏的爵位级别越高，赏的田地的顷数就越多，赏给服役的"庶子"也越多。按规定，每一级爵位可以得到无爵者一人作为"庶子"，平时"庶子"要给主人每月服役六天，主人有特别役事，则按"庶子"服役期限供给食粮。② 可见，名田制是秦汉时期以军功爵制为基础的有关土地管理和土地利用的制度。在户籍计口授田的同时，又按军功大小分封不同的爵位和土地；授出的土地成为私人所有，国家不再收回，而且可以买卖。

汉承秦制，封建土地制度得到进一步完善。汉代土地法律的主体是《田律》与《户律》，其渊源来自秦代的相同立法。两汉按户籍授田，凡有户籍的农民都能得到一定土地，能使民众休养生息，从而使国家安稳、税赋充足稳定。而按军功封赏土地的制度打破了封建贵族的世袭特权，产生了大批的军功地主，这无疑对当时的封建经济社会发展产生了巨大推动作用。按户籍和军功授田的土地制度除了各等级所授田宅的数量有所不同之外，秦的名田制基本上在汉朝沿袭了下来。名田制主要包括以下内容：①建立严密的户籍制度，所有人口均须登记在册；②士兵在战斗中杀敌1名，就可获得1级爵位，并增加1顷田和9亩宅；③每获得1级爵位，就可以向官府申请1名庶子；④爵位在五大夫以上者，享有数量不等的"税邑"；⑤拥有600户税邑的五大夫，以及爵位高于五大

---

① 杨宽：《云梦秦简所反映的土地制度和农业政策》，载《上海博物馆集刊》，1983年第2期。
② 同上。

夫者，还可以养"客"；⑥由于爵位只能降等继承，决定了与爵位挂钩的田宅和其他各项待遇都不可能世代享用。这一土地制度为秦国统一六国创造了条件。但随着社会的发展，到汉武帝时期，土地兼并日益严重，这些被兼并的土地多于名田制下的土地，这一性质的土地被兼并后，名田制便已名存实亡。加之，汉武帝时时有战争，对各级将领虽有赏赐和军功爵位，但所赏乃是官职和金钱，而无田宅制度，名田制正式退出历史舞台。

汉朝处在从井田制瓦解至唐中叶均田制瓦解这一特定的历史过渡时期，与此相应，它的土地关系也表现得极为不稳定，土地所有制关系和在整个社会力量对比中的分量，尚在不断地调配和调整之中，具有过渡的特征。这一过渡的标志有三：标志之一，这时候土地私有制不仅仅是出现了，而是已经确立，并在一定程度上巩固了，且此后越来越巩固；标志之二，具有独立意义的地租也出现了，从此以后，地租和国税合而为一的特征开始消退，地租和国税从此清楚地分开了①；标志之三，在这个由公社残余形式向私有制、由地租国税合一向地租国税分离的过渡时期，土地所有制不是表现为以一种所有制居于绝对的优势地位，而其他所有制则若非其前期社会的残余即是后期社会的萌芽，不是这样，西汉的土地所有制表现为几种不同的所有制尚在消长之中，有的在衰落下去，有的在发展起来。具体来讲，就是在西汉大土地国有制、大土地私有制和小土地私有制三者并存。大土地国有制，从偏重于形式的角度来看，它依然是十分庞大的，但它再也不是建立在古代共同体的基础上而是建立在土地私有制的基础上的东西了，实际上，它无时无刻不在遭受私有制的浸润和侵蚀之中。而大土地私有制这时已经出现，且开始壮大，但它也正在经历着一种由奴隶主、商人、高利贷者三合一身份的土地所有者向单一的封建领主、封建地主过渡的历程。至于小土地私有制，它在西汉虽然已经达到了它自身发展历史中鼎盛的时代，但必须指出，它是极不牢固的。当时小土地私有制土地所有权的转移率非常之大，它的体现者的身份很不稳固，今天是自耕农，明天也许就由于高利贷的剥削或者国家徭役的逼迫压榨，沦为刑徒、隶臣妾或者流民了。②

到东汉，土地所有制仍然是土地国有制、大土地所有制、小土地所有制，即两汉大的制度框架没有变，只是份量和关系上有所变动。比如说，土地国有

---

① 赵俪生先生认为，这丝毫也不排除这二者在特定情况下又会合而为一的现象的重新出现，如西汉屯田中，在其由戍卒耕种、粮食上缴公仓的事例中，地租国税也仍有合而为一的迹象。再如在曹魏屯田中，在由屯田士、屯田客所接受的四六分租和五五分租中，地租国税也仍有合而为一的迹象。

② 赵俪生：《中国土地制度史》，武汉大学出版社2013年版，第206—207页。

制可能比起西汉鼎盛时期以来不那么庞大了，国家对土地所有权的干预力量可能减弱了一些，国家对豪强世族的妥协一面较之斗争一面成为更主要的；大土地私有制可能大大地发展了，土地的兼并和集中较之西汉时候更加严重。它之所以有发展是既凭借财力的富厚，更凭借超经济方面的若干特权。由于超经济特权的使用在大土地所有制体现者身上较之西汉为更主要的，从而在民众身上的"自由"性质就逐渐减退，人身依附的性质就逐渐强化起来。小土地所有制在东汉依然表现为整个社会的基础，但它的危机更严重化了。东汉之世几乎无时不在闹流民问题，政府继续使用赐爵手段来企图笼络小农、稳定小农，假如西汉时候隔二三年赐一次爵、每次赐爵一级，那么东汉时候就几乎年年赐爵，每次还都会有赐爵三级的，但受"效用递减率"的影响，这已经无救于小农的破产了。① 在两汉时候，西汉的"代田法"将生产提高了一步，东汉的"区田法"又将生产大大提高了一步。据《氾胜之书》的区田法规定："以亩为率，令一亩之地，长十八丈，广四丈八尺。"（《齐民要术》卷一《种谷第三》引）秦汉以六尺为步，广四丈八尺，正合八步，长十八丈正合三十步。这说明，汉代农田的亩制，仍然沿用秦制。

另外，自汉开始影响中国社会的另一种土地制度是始自西汉的"限田制"。有学者认为，汉文帝废止普遍授田制，是秦汉土地私有化的一个重要标志，以"限田令"来限定私人土地的规模。汉武帝时代土地集中和兼并规模不断扩大，社会出现了严重的两极分化，对此，董仲舒认为，"富者田连阡陌，贫者无立锥之地"，提出"限田"主张。董仲舒认为，秦自商鞅变法以来，由于土地允许自由买卖，地主和官僚贵族垄断了山林川泽之利，加以财政赋税过重，贪官污吏的克扣残暴，致使"贫民常衣牛马之衣，而食犬彘之食。重以贪暴之吏，刑戮妄加，民愁亡聊，亡逃山林，转为盗贼，赭衣半道，断狱岁以千万数"。而对此状况，他主张限制私人占有土地的最高数额，即"限民名田"。但终因反对势力太强，实际上并未实行。到了汉哀帝时，针对当时大地主大量兼并土地、阶级矛盾激化等问题，师丹和孔光又提出限田的建议，并提出了具体的限田标准，规定贵族、官吏及一般地主占田不得超过3000亩，占有奴婢限200人、100人、30人。这是封建政府第一次发布的限田令。其后的东汉、唐、宋年间，每当出现土地兼并急剧发展，阶级矛盾激化时也都曾颁布过"限田令"，但由于触动了权贵的利益，那些限田令都不过是一纸空文，对社会并没有产生过什么实际影响。

---

① 赵俪生：《中国土地制度史》，武汉大学出版社2013年版，第241—242页。

但也有学者认为，汉在军队复员人员之外，普通大众的占田虽然不是由政府授予，但也是有限额的，这说明，当时在整个社会上有一套不同等级享有不同数量田宅的标准，《二年律令·户律》受田宅律的授田数额依据的就是这种标准。这种标准是限额，各个等级占有的田宅不能超过相应的限额，即只能小于或等于限额。汉代的土地制度就是这种不同等级拥有不同土地限额的限田制。学者认为，汉代的名田制本身就是限田制。① 但我们认为这种看法有失偏颇。尽管商鞅变法中的"依军功行宅田"即为限田制的雏形，名田制与限田制虽然也有某种联系，但作为一项完整、系统的土地法律制度，两者却有着本质的区别，难以得出汉代的土地制度就是这种不同等级拥有不同土地限额的限田制的结论。限田制是传统中国社会统治者为稳固其统治，缓解因贫富分化引起社会不安而采取的一项重要改革方案，作为法律制度尽管徒有其名，但作为平衡国家与豪强之间的一种政治主张，其影响实际上一直存在着。

2. 汉末至宋元封建发展鼎盛时期的土地法律制度

汉末至宋元是中国封建社会中期，这一阶段封建制度的发展达到鼎盛。千余年间，地权分配状况因时而异。东汉后期历魏、晋、南北朝至唐初，士族地主在地主阶级中占主导地位。土地制度在历经曹魏屯田、西晋占田制后，在北朝时期出现了特殊的均田制，先是士族地主广收荫户，逃避赋役，西晋武帝为保证租调征发，曾制定占田制，但未能实行。五胡十六国时期，既没有授田制，也没有限田制。② 此时土地买卖、土地兼并现象愈演愈烈，小农大量破产，从根本上瓦解着封建统治秩序。至北魏孝文帝太和九年（公元485年），以豪族荫庇人户现象更加严重，乃下诏均田，自此这一制度被后代王朝所继承，一直到唐中期后实行"两税法"时才被废止。至唐代末年，先有大规模农民起义，继有五代战乱，地主所有制遭受一定程度冲击，地权相对分散。北宋建立，自耕农广泛存在，但佃农仍占很大比重，有些地区佃户的户数甚至超过主户。至南宋时期，自耕农所占比重更小，元朝统治时期，北方土地制度变化较大，蒙古贵族强占土地，掳掠农民为驱口；投靠蒙古军的汉人，有的变成军功地主，依势兼并，地权更加集中。南方则保持原有土地关系，大地主得以延续，有的占田数万亩，有的奴役佃户二三千户乃至万户，有的收租多至二三十万石。大部自耕农沦为佃农。这时，就全国而言，地主所有制仍占据统治形式。

---

① 李恒全：《汉初限田制和田税征收方式》，载《中国经济史研究》，2007年第1期。
② 杨际平：《唐宋时期社会经济变迁笔谈：唐宋土地制度的承继与变化》，载《文史哲》，2005年第1期。

(1) 曹魏时期的"屯田制"

从汉武帝到明太祖，都曾创办过规模庞大的屯田。源于西汉的屯田制，为后世开创了一种大规模的寓兵于农、兵农合一的先例，为后世历代封建统治阶级所不同程度地仿效，即使在今天，这种制度依然在推行。如中华人民共和国建立后在新疆、内蒙古、黑龙江等边陲地区长期推行的农垦和军垦，实际上是屯田制在我国现代社会经济生活中的反映。因此，屯田制在中国政治、经济、军事发展史上均占有十分重要的地位。

据史书记载，自汉武帝在河西建政以来，长城内外出现了安定的局面。到汉宣帝时，先零诸羌在河、湟地区兴起，勾结匈奴入侵内地。汉武帝派遣李息讨平诸羌，设置护羌校尉统领其地。而到汉宣帝时，诸羌复又攻掠金城，赵充国以七十高龄受命将兵金城，平定叛乱，招降羌人万余，并在略定羌乱后，经过深思熟虑，向汉宣帝上书，提出屯田计划。赵充国为了得到皇帝的恩准，曾经三次上书。他认为，屯田既可以起到"益积蓄，省大费"的作用，又可以彻底平定羌乱。第一次上书，因受到多数朝臣的质难，汉宣帝没有采纳。第二次上书，赵充国明言："明主般师罢兵，万人留田，顺天时，因地利，以待可胜之虏，虽未即伏辜，兵决可期月而望羌虏瓦解。"同时，提出了屯田的十二条好处，即屯田十二便："步兵九校，吏士万人，留屯以为武备，因田致谷，威德并行，一也；又因排折羌虏，令不得归肥饶之坠，贫破其众，以成羌虏相畔之渐，二也；居民得并田作，不失农业，三也；军马一月之食，度支田士一岁，罢骑兵以省大费，四也；至春省甲士卒，循河湟漕谷至临羌，以羌虏，扬威武，传世折冲之具，五也；以闲暇时，下所伐材，缮治邮亭，充入金城，六也；兵出，乘危徼幸，不出，令反判之虏窜于风寒之地，离霜露、疾疫、瘃堕之患，坐得必胜之道，七也；亡经阻远追死伤之害，八也；内不损威武之重，外不令虏得乘间之势，九也；又亡惊动河南大开、小开，使生它变之忧，十也；治湟狭中道桥，令可至鲜水，以制西域，信威千里，从枕席上过师，十一也，大费既省，繇役豫息，以戒不虞，十二也。"对于屯田的作用，赵充国也做了深入、全面的分析与总结，汉宣帝召集群臣进行讨论，一部分人改变态度表示支持，但部分朝臣仍表示怀疑。于是，赵充国第三次上书，对人们的疑虑予以解释，获得了朝臣们的支持，汉宣帝也很快批准了赵充国的屯田计划。之后，屯田得到推广。

屯田制指的是利用士兵和农民垦种荒地，以取得军队供养和税粮。屯田制源于西汉，至曹魏便已形成一套完整的屯田制度。公元前169年，汉文帝以罪犯、奴婢和招募的农民实行戍边屯田，汉武帝时调发大批戍卒屯田西域。当时屯田主要集中于西、北部边陲,主要方式为军屯,规模不大。东汉末年,战争连年不断,社会生产力遭到极大破坏,土地荒芜,人口锐减,粮食短缺,形成了严重的社会问题。三国时期,魏、蜀、吴均实行屯田,屯田是封建政府对国有土地管理与经营的一种形式。自汉以来,按照社会习惯,"其地有草者,尽曰官田",只要是非私人耕种的土地,皆为官田,即国家所有土地。而屯田正是在荒地上进行的,也就是在国有土地上有国家组织劳动者耕种。① 公元 196 年,曹操令郡国置田官,招募流亡屯田,并用国渊典屯田事。国渊"相土此民,计民置吏,明功课之法",屯田制度得到广泛推行。后来曹魏时期,屯田制分为民屯和军屯两种。民屯的屯田民封建国家保持着严格的隶属关系被牢固地束缚在土地上,不能自由迁徙而封建国家却可以随意迁徙他们,甚至可以将他们赏赐给"贵势之门",屯田民实际上已沦为国家的农奴。② 按编制,民屯中每 50 人为 1 屯,屯置司马,其上置典农都尉、典农校尉、典农中郎将,不隶属于郡县,将屯田与行政严格分治,"既减少了双方的牵制和摩擦,典农官可直接向中央朝廷反映情况,便于皇帝直接控制,又可使典农官就近监督屯田民的劳动,加强对屯田民的管理"。民屯的收成与国家分成是使用官中者,官六民四,使用私中者,官民对分,屯田农民不得随便离开屯田。

建安末年,在民屯的基础上又开始军屯,也称兵屯。军屯是由国家组织军队进行的屯田,屯田的直接生产者主要是服役的士兵,也有其家属,即军户。后来曹魏时为确保国家兵源,建立士家制度,为士兵专门设置户籍,规定凡入军户者,皆失去人身自由,与国家形成牢固的人身依附关系,不仅士本人不能脱离军籍,士的子女为士息、士女,士息则继父亲世袭为士,士女必须婚配士家,永为士妇。曹魏政府通过严苛的法律制度来控制士家,规定士家子弟只能当兵,不能进入仕途,士的家属集中于邺、洛阳等地,以作人质,防止士逃亡或叛降敌国等。在边境与各军事要地屯驻的中央军屯田,或让士兵"且耕且守"一身而二任焉,或部分士兵专门从事戍守,一部分专门从事屯田。其中,曹魏的腹心地区多采取这种形式。③ 军屯实行"集中管理,分散经营",每 60 人为 1 营,一边戍守,一边屯田,军屯的管理更加严格,可谓是军事化管理,而屯田的收益,基本上全部属于军队。通过屯田措施的实施,在当时交通不便,战乱频繁的社会历史条件下,既解决了军队的粮草供应,而且大大减轻了农民运粮的

---

① 蒲坚:《中国历代土地资源法制研究》,北京大学出版社 2011 年版,第 97 页。
② 蒲坚:《中国历代土地资源法制研究》,北京大学出版社 2011 年版,第 101 页。
③ 蒲坚:《中国历代土地资源法制研究》,北京大学出版社 2011 年版,第 101 页。

沉重劳役负担。

屯田使有限的生产资源得到了高效率的分配使用。一方面大量流民食不果腹，一方面大片荒地无人开垦，而屯田制则可以把这些劳动力安置在国有土地上从事生产，使土地和劳动人手结合起来，使广大流民成了封建国家的依附民。既解决了流民与荒地的问题，也安定了社会，缓和了阶级矛盾，调整了生产关系。同时，屯田制加强了以曹氏为首的中央集权力量，相对削弱了大族势力，使他们不敢轻易造反作乱，并且由于大量贫民耕种国家的屯田土地，他们便不再论为"耕豪民之田、见税什五"的私家农奴，这样便直接抑制了大族势力的发展。曹魏后期，屯田剥削量日益加重，分配比例竟达官八民二的程度，引起了屯田民的逃亡和反抗。屯田土地又不断被门阀豪族所侵占，屯田制逐渐破坏。司马炎于魏咸熙元年（公元264年）宣布，"罢屯田官，以均政役，诸典农皆为太守，都尉皆为令长"（西晋陈寿《三国志·魏书·陈留王纪》）。民屯制被废止，但兵屯还继续存在，而且为历代封建政权所效仿。

（2）西晋时期的"占田制"

汉末中原大乱，战乱相继，人民四处流亡，土地荒芜现象十分严重。西晋政权建立之初，社会经济有所发展，民屯废止后，屯民的身份发生了变化，屯田民中除部分成为官僚地主的依附民以外，其余大部分成为封建国家的编户齐民，即自耕农，原来屯垦的土地随之成为他们实际占有的土地。西晋从灭蜀到灭吴的十余年间净增户近百万，口八百四十万，其中大部分是屯田民转化为编户齐民，造成户口激增。这部分人的土地所有权没有通过法律加以确定，易造成土地权属关系的混乱。① 加之土地兼并现象日益严重，贵族、官僚争相侵占田地，隐匿户口。为加强对自耕农民的控制及限制土地兼并，以保证国家赋税徭役的征发，太康元年（公元280年）晋统一全国后，遂颁布占田、课田令。所谓占田，是指国家准许个人占有的土地数量，而不是由国家授田。其中主要包括两个方面的内容：一是对百姓占田的规定，二是对官员占田的规定。普通百姓"男子一人占田70亩，女子30亩。其外，丁男课田50亩，丁女课田20亩。次丁男半之，女则不课。男女年十六以上至六十岁为正丁；十五以下至十三，六十一以上至六十五为次丁；十二以下，六十六以上为老小，不事"，规定了不同等级官吏的占田数量，具体为：一品官50顷，以下每品减少5顷，至九品而为10顷。同时，丁男之户，每年出粟一石五斗，绢三匹，棉三斤；丁女与次丁男之户出其半。国家法令允许编户齐民申报登记法定标准额度以内个人实

---

① 蒲坚：《中国历代土地资源法制研究》，北京大学出版社2011年版，第113页。

际占有的土地，并确认其所有权，可以享受法律规定的占有、使用、收益、处分等多种所有权权能。但占田制下每家农户能否占足法定的数额，在很大程度上取决于其是否有足够的人力、物力进行垦荒，当时"地有余羡"，能开荒即能占有更多的耕地，因而占田制的实施，有利于鼓励农民积极垦荒，发展农业生产力，对于恢复战后生产力、推动社会经济的发展，具有积极的作用。

占田制对世家大族最高土地占有数量加以限制以期能对土地兼并加以抑制，对大户荫庇依附的劳动力数量的限制是为了能够将一部分劳动力吸引到国家所控制的公有荒地上来，从而增加政府的财政收入。与曹魏时期的自耕农相比较，户调增加了二分之一，田租增加了一倍。但实际上还不止于此，因为曹魏的田租是校亩计征，占田制的田租是按丁征收，丁男、丁女、次丁男不管是否占足规定的课田数额，都必须按法定的课田数交租。因此，与屯田制下的农民相比，占田制下农民的负担显然有所减轻。特别是解除了屯田制下军事管制的强迫劳动，有助于恢复或提高农民的生产积极性。而且占田无年龄之分，课田有年龄、性别的区别，占田数又高于课田数。这些规定可以鼓励人们去占田垦荒，不仅有利于扩大耕地面积，而且对恢复和发展生产力也十分有利。

（3）自北魏实行的"均田制"

均田制是中国封建社会重要的土地制度，始于北魏孝文帝太和九年（公元485年），历经东魏、西魏、北齐、北周、隋至唐建中元年（公元780年）废止，前后施行了约300年，一般认为，"均田制"是国家为了抑制大土地所有者的兼并、保护小农耕作而采取的一种土地分配措施。从"均田制"的起源看，它源于鲜卑人的"计口授田"，也就是说，"均田制"是在"计口授田"的基础上产生的。"计口授田"制度，也称为授田制，它开始于道武帝拓跋珪时期，北魏在天兴元年（公元398年）灭亡了燕，徙山东六州民吏及徙河、高丽杂役三十六万，百工伎巧十余万口，以充京师。同年二月，"车驾自中山幸繁畤宫，更选屯田卫。诏给内徙新民耕牛，计口受田"，从此，开始实行"计口受田"的土地制度。北魏的"计口受田"很类似于民屯制度。[1] 北魏初年，由于长期战乱，北方地方土地荒芜、人口逃亡，世家大族土地兼并严重，大量的农民依附于大族，土族地主也广收荫户，逃避赋役，朝廷无法按户征收赋税。北魏太和九年（公元485年），孝文帝颁布均田令，下诏均田。

均田制的主要内容有：①凡15岁以上的男子，每人授给种植谷物的露田40亩，女子20亩。露田都是无主荒地，因考虑休耕轮作，故授田时一般按休耕

---

[1] 蒲坚：《中国历代土地资源法制研究》，北京大学出版社2011年版，第134—135页。

周期加一或两倍,也称"倍田"。拥有奴婢和耕牛的人,可以额外获得土地,奴婢同普通农民一样受田,人数不限,土地归主人;丁牛(4岁以上)每头受露田30亩,一户限4头。所受之田不准买卖,年老身死,还田给官府。②初受田者,男子每人另授桑田20亩,限3年内种上规定的桑、枣、榆等树。桑田可作为世业田,终身不还,可以世袭,但限制买卖。在不宜种桑的地区,男子每人另授麻田10亩,女子5亩,奴婢同样受田,按露田法还受。新定居的民户还可分到少量的宅田,每3口一亩,奴婢5口一亩,宅田也属世业。③桑田按现有丁口计算。"盈者得卖其盈,不足者得买所不足,不得卖其分,亦不得买过所足。"桑田为世业,允许买卖其一部分。原有桑田已超过应授田数,"无受无还";达到应授额的,不准再受;超过应授额的部分,可以出卖;不足应授额,可以买足。④若全家都是老幼残疾的,11岁以上及残废者各受丁男一半之田,年过70岁的不还所受,寡妇守志,虽免课亦授妇田。⑤地狭的地方,居民可以向空荒地区迁徙受田;地广的地方,居民不许无故迁徙,可随力所及向官府申请借种受田以外的土地。因犯罪流徙或户编无人守业的土地,收归国家所有,作均田授受之用。⑥各级地方官吏按照官职高低授给不同数额的公田(职分田),离职时移交后任官等项内容。

均田制虽为此后历代所沿用,但各代均有所变化。北齐、隋,一般从18岁起授田,按北齐推行的均田制,普通农民一夫授露田80亩,一妇授田40亩,奴婢授田与良人同。丁牛一头授田60亩,以4牛为限。又每丁给永业田20亩,为桑田,种桑50棵、榆3棵、枣5棵。土不宜桑者,给麻田种麻。桑麻田不需还授,露田则要按规定还授。其田宅,率三口给1亩,奴婢则五口给1亩。北周所授露田,一夫一妻授140亩,单丁100亩。隋朝沿袭北齐制,自诸王以下至于都督,皆给"永业田"。多者至100顷,少者30顷。京官给"职分田",一品者给田5顷,每品以50亩为差,至五品则为田3顷,其下每品以50亩为差,至九品为1顷。外官亦各有职分田,又给"公廨田"。但狭乡每丁仅20亩。到了唐代,均田制的内容又有比较大的变化:①18岁以上的中男和丁男,每人给口分田80亩,年老时退还政府,授永业田20亩,可由家人继承,每三年编造一次户籍;老男、残疾给口分田40亩,寡、妻、妾给口分田30亩,如果这些人为户主,每人授永业田20亩,给口分田30亩。杂户授田如百姓。工商业者、官户授田减百姓之半。道士、和尚给田30亩,尼姑、女冠给田20亩。此外,一般妇女、部曲、奴婢都不授田。②有爵位的贵族从亲王到公侯伯子男,授永业田100顷递降至5顷。职事官从一品到八品、九品,授永业田60顷递降至2顷。散官五品以上,授永业田同职事官。勋官从上柱国到云骑、武骑尉,授永业田30顷递降至60亩。此外，各级官僚和官府，还分别领有数量不等的职分田和公廨田，职分田的地租作为官僚俸禄的补充，公廨田的地租作官署的费用。这两种土地的所有权均归属于国家。③贵族官僚的永业田和赐田，可以自由出卖。百姓迁移和无力丧葬的，准许出卖永业田。迁往人少地多的宽乡和卖充住宅、邸店的，并准许卖口分田。买地的数量不得超过本人应占的法定数额。

从均田制的实施情况来看，这一制度将国家掌握的官田按劳力分配给农民使用，并在此基础上重新规定了土地经营者纳赋应役的数量。"均田制"的推行，在不触动原有土地所有权的情况下，通过土地分授，把农民束缚在土地上，既满足了统治者获取租税的利益，又维持了社会经济生活的稳定，同时还对大土地所有者形成有力的制约，这在一定程度上抑制了土地的兼并。在唐代以前的均田制下，虽然在某些特殊情况下曾允许永业田的买卖，但总的说来，国家对土地买卖是严格限制的。直到唐玄宗开元年间，政府仍然重申土地买卖的禁令，但土地事实上的兼并却一直没有停止。如开元二十三年（公元735年）下诏令："天下百姓口分永业田，频有处分，不许买卖典贴。如闻尚未能断，贫人失业，豪富兼并。宜更申明处分，切令禁止。若有违犯，科违敕罪。"这则诏令，一方面说明土地买卖已较为普遍，另一方面表明国家还想恢复土地不能买卖的旧制。但随着官田的私有化或豪强势力的崛起，均田制受到严重挑战。唐玄宗开元、天宝年间，人口增长，土地兼并剧烈，均田制逐渐被破坏，地权趋向集中，原有租庸调制无法推行。在此背景下到德宗建中元年（公元780年），宰相杨炎建议推行"两税法"，实质上是以户税和地税来代替租庸调的新税制。随着两税法的全面推广，均田制被彻底废除。

尽管唐代"均田制"具有广泛的社会影响，唐宋时代的许多重要见解都是建立在"均田制"基础之上的。但由于资料的缺失和人们认识上的差异性，对唐代是否实行过"均田制"，学术界一直持有不同见解，特别是随着《天圣令》及随附《唐令》的发现，由多位学者参与校证的《天一阁藏明钞本天圣令校证（附唐令复原研究）》① 正式出版。有学者以此为基础，认为唐代只有"田令"而无"均田令"，认为"田令"不是"均田令"，那么"田令"也就不可能是"均田制"的制度架构基础。把"田令"等同于"均田令"，是在史料残缺情况下的误认。逐条分析足以代表唐代官方言论的《唐代诏敕目录》，没有任何诏敕把本朝田制称之为"均田制"。从唐宋人的言论主流来看，也没有把唐代田制称

---

① 天一阁博物馆、中国社会科学院历史研究所天圣令整理课题组校正：《天一阁藏明钞本天圣令校正（附唐令复原研究）》，中华书局2006年版。

之为"均田制",唐人认识中的"均田"其实只是"均税",与"制度"无关。① 这种学术上的争论是十分正常的现象,而且这种争论将继续下去。

(4) 唐宋以租佃契约为特征的土地所有制

从以上论述我们可较为清楚地看到,唐朝组织的基本法包括均田制,跟随着而来的是租庸调税制和府兵并未明令废止,只是任之用进而废退。② 至公元780年终于废除均田制,实行两税制。"两税法"的主要内容是:①取消租庸调及各项杂税的征收,保留户税和地税。②量出制入,政府先预算开支以确定赋税总额。实际上以公元779年(大历十四年)政府各项税收所得钱、谷数,作为户税、地税总额分摊于各州;各州则以大历年间收入钱最多的一年的收入数作为两税总额分摊于各地。全国无统一定额。③户税按户等高低(分上上至下下九等)征钱,户等高者出钱多,低者出钱少。划分户等,是依据财产的多寡。户税在征收时大部分钱要折算成绢帛、征钱只是很少一部分。④地税按亩征收谷物。纳税的土地,以大历十四年的垦田数为准。⑤无论户税和地税都分夏秋两季征收。夏税限六个月纳毕,秋税限十一个月纳毕。⑥对不定居的商贾征税三十分之一(后改为十分之一),使与定居的人负担均等。因为夏秋两征,所以,新税制被称为"两税法"。两税法颁行后,唐时期国家土地政策发生了重要的变化,从原来的抑兼并转而"兼并者不复追正,贫弱者不复田业,姑定额取税而已"③。而"兼并者不复追正"正是宋代"不抑兼并"政策的历史源头。

唐宋土地产权制度的变革,首先是土地私有制得到进一步确认或发展,私有土地占有形式成为社会的主体,而国有土地退居次要地位。据当时的文献记载:"今疆畛相接,半为豪家,流庸无依,率是编户。"有许多地方,往往一县土地有三分之二以上被地主豪强和私人占有。④ 唐宋之后,整个社会公开承认了私有土地所有者身份的合法性。土地所有者负责向国家交纳土地税,租种地主土地的佃客向地主交纳地租,形成影响中国社会久远的永佃权制度。如唐宋时期,私人庄园除了本人长期居住外,很多都出租给佃户耕种,从中收取地租。关于地租的税额,比均田制下的农民缴纳的税额要高。据《陆宣公集》卷二《均节赋税百姓》载:"今京畿之内,每田一亩,官税五升,而私家收租殆有亩

---

① 耿元骊:《唐代"均田制"再研究:实存制度还是研究体系?》,载《社会科学战线》,2011年第11期。
② 黄仁宇:《中国大历史》,生活·读书·新知三联书店2017年版,第133页。
③ 马端临:《文献通考(卷三)·田赋三》,载 http://www.wenxue100.com/book_LiShi/47_5.thtml。
④ 蒲坚:《中国历代土地资源法制研究》,北京大学出版社2011年版,第170—171页。

至一石者，是二十倍于官税也；降及中等，租犹半之，是十倍于官税也。"田庄地主把土地租给佃户耕种，一般是通过签订契约来实现，可以说庄园经济的发展直接促进了封建契约的规范化、法律化与制度化。

地租的占有是土地所有权借以实现的经济形式。① 永佃权、铺底权、地基权等物权是土地所有权所派生出的用益物权，这些用益物权基本上都是以土地为用益物的，反映了我国农业社会经济发展的特点。汉唐时期，人们更多的是将"租"与"税"混在一起，无法明确地区别开来。这实际上是土地私有产权还不太明晰，还没有完全确立起主导地位的一种反映。到了唐宋时期，人们不只是在字面意思上对这二者作不同的表述，还从性质上对"租"与"税"进行界定。《建炎以来系年要录》记："自己之田谓之税，请佃田土谓之租。"② 谁占有土地，谁就应该向国家缴税；谁租佃土地，谁就应该向土地所有者缴租。无论是"税"还是"租"，都要以对土地明确的所有关系为前提。唐律明确承认均田制下的百姓田为私田，唐令亦然。《唐令·田令》第 34 条规定，"公荒田"可以用来授田，"私田不合"。可见，即使是荒地，"官"与"民"（亦即"公""私"）的产权也是很分明的。③

北魏至唐前期，土地兼并现象十分突出，政府一直采取抑制兼并政策，唐代"两税法"实行后，国家不再"立田制""抑兼并"，不再规定一般地主占田的最高限额，并允许土地自由买卖，于是逐渐形成土地私有制占据主导地位的格局，官田也逐步以各种方式私有化。同时，随着土地兼并和私有制的迅速发展，土地所有权与使用权发生分离，租佃制成为当时社会最基本的生产方式，土地出典日益频繁。典权作为法律制度形成于唐末五代④，实际上中唐后期典田方式已开始流行。《全唐文》中《优恤畿内百姓除十县令诏》云："百姓有迫于荒馑全家逐食者，其田宅、家具、树木、麦苗等，县司并明立簿书印记，令所由及近邻人同检校，毋庸辄有毁损，及典卖填纳差科。本户却归，使令复业。"⑤ 地主与佃农之间不再是完全的人身依附关系，而是较为典型的租佃契约关系。在此过程中，国家越来越多地退出经济的直接经营，而以"食租衣税"，

---

① 马克思、恩格斯：《马克思恩格斯全集》（第 25 卷），人民出版社 1974 年版，第 714 页。
② 李心传：《建炎以来系年要录》卷一百三十，绍兴九年七月壬辰，上海古籍出版社 1992 年版，第 758 页。
③ 杨际平：《唐宋时期社会经济变迁笔谈：唐宋土地制度的承继与变化》，载《文史哲》，2005 年第 1 期。
④ 郭建：《典权制度源流考》，社会科学文献出版社 2009 年版，第 52—62 页。
⑤ 《全唐文》卷 463，中华书局 1983 年版，第 4726 页。

即通过赋役系统,来解决国家对于物资的控制与需求,唐宋时期的"和籴""和买"及其他形式的"政府购买"逐步增多。原来一直由国家自己组织"纲运"完成的数量巨大的物资调配也更多地通过市场的手段来实现。[1]

进入宋代以后,田制不立,土地交易日趋频繁,土地产权权能进一步分离,呈现多元化态势,出现了土地使用权与土地所有权普遍分离的现象。翻检宋代史籍,"田主"一词频见于各种文献,如"汉武帝时,董仲舒言:或耕豪民之田,见税什五。唐德宗时,陆贽言:今京畿之内,每田一亩,官税五升,而私家收租有亩至一石者,是二十倍于官税也。降及中等,租犹半之。夫土地,王者之所有;耕稼,农夫之所为,而兼并之徒,居然受利。望令凡所占田,约为条限,裁减租价,务利贫人。仲舒所言则今之分租,贽所言则今之包租也,然犹谓之豪民,谓之兼并之徒,宋已下,则公然号为田主矣"[2]。表明这一称谓确实得到社会的广泛认同。从"豪民""兼并之徒"到"田主",称谓的变化实际上反映了巨大的社会历史变化。宋初的二十年间是改朝换代创业时期,尚未形成具有宋代特色的土地赋税制度,基本是沿用唐制,宋初针对官田、民田两种不同的耕地,其所课的赋税也分为两种:一是课于官田者为官租或租,二是课于民田者为赋或税。官田的税率是十取五至八,民田的税率是十取一,因此,官租重于民赋。宋初地籍混乱,土地兼并,田赋收入锐减。农民多逃亡移居他处或沦为佃农。农民除纳私租之外,还要纳国家的"二税"(夏税、秋粮)、身丁钱,并负担各种徭役,负担十分沉重。当时,顾青在《傍秋亭杂记》中说:"宋晁景迂谓今赋役几十倍于汉,林勋谓宋租七倍于唐,加以夏税几十倍。"宋代授田、限田在实际中根本行不通。针对长期以来地权与赋税地籍混乱,有地无税、地多税少、地少税多及无地有税的现象,王安石开始变法,实行方田法,从而逐步形成了代表宋代的田赋制度。方田均税法是北宋丈量土地,重定税额的一种措施。宋仁宗时,始用千步方田法对个人所有的土地进行一次性全国性的测量,希望减少赋税不均的现象。方田法是以纵横各一千步为一方丈量,设大、小甲头,召集一方人户,令各认本户田亩,官府按田地肥瘠分等定税,并建造方账、庄账、户帖和甲帖作为存案和凭证。[3] 唐宋由于土地买卖的普遍化,在土地买卖的过程中,大批小农不断失去自己的土地,导致以佃耕土地为生的

---

[1] 杨际平:《唐宋时期社会经济变迁笔谈:唐宋土地制度的承继与变化》,载《文史哲》,2005年第1期。
[2] 顾炎武:《日知录(卷十)·苏松二府田赋之重》,载 http://www.360doc.com/content/14/1008/21/946779_415365436.shtml
[3] 蒲坚:《中国历代土地资源法制研究》,北京大学出版社2011年版,第246—247页。

佃农日益增多。自北宋中叶到南宋中叶的百余年中，客户比重扶摇直上，即从总数的一半激增至三分之二上下了。① 宋代土地出典现象十分普遍，出典通常被称为"典卖"，是国家法律所认可的一种土地使用权的交易方式。

在土地租佃关系中，土地所有者将土地使用权出典给他人，原本由自己交纳的土地税也改由享用土地使用权的典买人交纳，自己保留田根（又称"田骨"）。这样，在同一块土地上就出现了拥有田根的出典主和拥有土地使用权的承典主，形成了事实上的"一田两主制"。其中出典人在土地交易中始终占有主动权，这反映出在对田地的回赎和田骨的出卖上，典买人不能强求或阻止出典人出卖田骨和回赎田地。如《名公书判清明集》记载："曾沂元典胡元珪田，年限已满，遂将转典与陈增。既典之后，胡元珪却就陈增名下倒祖，曾沂难以收赎。虽是比元钱差减，然乡原体例，各有时价，前后不同。曾沂父存日典田，与今价往往相远，况曾沂元立契自是情愿，难于反悔。若令陈增还足元价，则不愿收买，再令曾沂收赎，无祖可凭，且目今入务已久，不应施行。仍乞使府照会。"可见，出典人出典后始终保有出典物的最终赎田权，甚至可以越过第一典买人，直接向第二典买人回赎，而无须按出典顺序逐级进行回赎。

宋代土地交易，可以区分为几种方式：其一，为土地使用权和所有权合在一起的出卖，宋人谓之"断卖""绝卖""断骨卖"；其二，为仅转移使用权的出典；其三，为已典之后土地所有权的出卖，即通常所说的就典绝卖，如已典主不愿买，业主可出卖于第三方。这三种交易，宋人谓之"卖田骨""卖田根""并根"。② 如《名公书判清明集》所载一案，方震霆"如买黄畈田，则又诈赖其五十贯足；又如郑琇赎田，则多取其五十五贯足；断程石头田根，而不还其钱、会"。③ "断程石头田根"，就是指买了程石头田地的田根。此所言田根，当单指土地已典之后业主所剩有的土地所有权。但在国家财产及连带的户口登记制度中，田主的身份是以具有物质属性的土地实际使用权的获得来确定的。典卖完土地之后的业主不再是田主，而承典其田的典买人才是实际拥有财产的田主。在宋代国家户口管理视域下，宋代田产的出典被看作是一种财产转移，这对宋代主、客户身份的认定起着关键作用。主户和客户的身份，常依财产的转移而发生变化。业主一旦倾其田而出典，即使是握有田根——出典田的

---

① 葛金芳：《中国封建经济主导地位的确立前提：兼论唐宋之际地权关系和阶级构成的变化》，载《中国社会经济史研究》，1986年第3期。
② 《名公书判清明集：争业以奸事盖其妻》（卷六），中华书局2002年版，第180页。
③ 《名公书判清明集：豪横》（卷十二），中华书局2002年版，第452—453页。

土地所有权，从理论上讲，他也已变为一无所有的客户，因为土地出典后所剩田根并不能出租，也不作为财产来登记。从这一意义上来说，典卖土地之后的业主也就不再是田地的主人，而承典其田的典买人才是实际上的田主。从物质形态的属性来说，剥离了使用权权能后的田根在"业"的观念上已经被虚化了。在国家户口登记制度中，主户户口的认定具有唯一性，实行的是一田一主制，也就是说，谁收益谁纳税，谁就是土地的主人，不承认"一田两主制"在土地所有权人的认定上。宋代的土地交易法与政府的财产户口登记法并不一致。一方面，宋代的法令承认民田交易流通领域中存在的"一田二主制"。《名公书判清明集》中有许多案例的裁决反映了官府对出典人所持田根的认可，即对出典人所拥有的"绝业"的保护，此"绝业"在流通过程中体现为土地所有权，而"典业"则体现为土地使用权。另一方面，政府为了便于赋税、职役征差和户口管理，实行一田一主制，这就形成了事实上的两种产权形态。前一种为土地流通领域里存在的"二元制"产权形态，是从民间习惯法发展而来的；后一种为国家户口制度中存在的"一元制"产权形态。①

唐宋时期，在商品经济发展的推动下，土地所有权也经历着从国家全面转向私人地主的变化。以租佃契约关系为经营方式的地主土地所有制适合生产力发展的要求，此时处于旺盛的发展阶段。这一时期，虽然地主的总人数不多，但却占有了全国大多数的田地。这虽与其兼并有关，但更重要的是这种具有较完整产权的土地私有制的发展有着历史的必然性。有学者指出，宋与中唐以前相比，土地制度情况还是发生了许多明显的变化。具体来说，在民田方面，土地所有权继续深化，土地买卖更加频繁，土地所有权的转换加速，土地更集中，贫富分化更为严重，租佃关系也更发达；在官田的运营方面，大量官田民田化，或仿效民田办法出租土地，或仿效民田办法出卖官田。② 国家对土地交易的控制重心在唐宋之际也发生转变，唐前期勘验土地买卖是否合法的申牒是控制的重心，中唐以后，土地买卖的限制取消，涉及土地的税收交割成为重心。宋代将唐后期的契书和公验统一起来，形成公契。从注重申牒到着眼于割税，反映出唐宋之际国家对土地交易控制逐步加强的趋势。③

到了南宋末年，为挽救危如累卵的宋王朝财政，贾似道行"公田法"。其法

---

① 戴建国：《宋代的民田典卖与一田两主制》，载《历史研究》，2011年第6期。
② 杨际平：《唐宋时期社会经济变迁笔谈：唐宋土地制度的承继与变化》，载《文史哲》，2005年第1期。
③ 王雪萍、吴树国：《试论唐宋之际土地交易控制的转变》，载《黑龙江教育学院学报》，2008年4期。

"将官户田产逾限之数,抽三分之一回买,以充公田,但得一千万亩之田,则岁有六七百万石之入,其于军饷,沛然有余,可免和籴,可以饷军,可以住造楮币,可平物价,可安富室,一事行而五利兴焉"。回买的田价依地租多少而定,"亩起租满石者,赏二百贯;九斗者,一百八十贯;以下以次递减"①。在此,宋政府为什么要买公田?据史籍记载,此策乃临安知府刘良贵、浙西转运使吴势卿所献。所谓"回买",应是土地在卖出后再买回来。而两浙正是宋王朝大规模"鬻卖官田"的核心地区。如此说来,政府回买公田是因为献此建议的官吏看到,原来,宋政府在握有大量公田时,从公田上收到了数量上占大头的地租,而将公田出卖后,政府收到的却仅是少量的税,税与租相比,数量实在微不足道。所以,"公田法"是国家要充当像私人地主那样的大地主,而不是简单地恢复过去那种土地国有制。国家要置大量的公田,已经不是通过强取获得土地,而是要"回买",即通过买卖从民间重新获得土地。公田法的实施表明,"租"与"税"的区别在唐宋已极为清楚,这与汉唐时期是不可同日而语的。更为重要的是,它说明买卖这种经济关系已经成为土地配置的最重要手段,即使握有强大政治权力的国家也不能违背这一历史规律。

在这样的社会历史背景下,产权不再是一种象征和虚设,而必须落到实处。这其中,产权的真实性、时效性和有效性是关键。《宋刑统》卷十三《户婚律·典卖指当论竞物业门》:"如是卑幼骨肉蒙昧尊长,专擅典卖、质举、倚当,或伪署尊长姓名,专擅买卖,其卑幼及牙保引致人等并重断,钱、业各还两主。"这里强调的是土地产权的真实性和不可侵犯性。为此,在土地交易中,核心是产权调查,要看产权是否完整。《袁氏世范》卷三《田产宜早印契割产条》:"人户交易,当先凭牙家索取阄书、砧基,指出丘段围号,就问见佃人有无界至交加,典卖重叠;次问其所亲,有无应分人外出未回及卑幼在,未经分析;或系弃产,必问其应与不应与受弃;或寡妇卑子,执凭交易,必问其初曾与不曾与勘会;如系转典卖,必问其原契已未投印,有无诸般违碍,方可立契。"当然,为维护产权的权威性,对违法者就必须予以处罚。《名公书判清明集》卷九《户婚门·违法交易类》载翁甫所判《重叠》:"又法:诸以己田宅重叠典卖者,杖一百,牙人知情与同罪。"可见,土地私有产权不仅得到社会上的认可,而且

---

① 陈桱:《钦定续文献通考(卷六)·田赋考·官田》,载 http://ctext.org/wiki.pl?if=gb&chapter=263790&remap=gb

受到国家法律的肯定。① 同时，土地产权制度的变革，也促进了土地资源的优化配置。据日本静嘉堂所藏宋残本《名公书判清明集》，户婚门共二十二类一百三十二条，其中涉及土地所有权归属的就有八十三条，占总数的百分之六十二。明隆庆刊十四卷本《名公书判清明集》，户婚门凡三卷，三十七类一百八十二条，其中涉及土地所有权转移内容的共有一百一十条，占总数的百分之六十。② 可见，在日益普遍的土地买卖过程中，土地买卖形式不断呈现多样化、普遍化的发展趋势。

与此同时，宋代文献中也大量出现典卖、卖绝、断骨、典、典质、典当、倚当、抵当、质、质举、质贸、抵典等新的名词，而且各名词的含义也更加具体。《北山文集》卷一《论白契书》："至有不识书计之人，饥寒切身，代书售产，阅时既久，富家管业已深，或为书人已死，或牙保关通，乘放限之便，改移契书，以典为卖，他日子孙抱钱取券而不得，则泣饮县令之庭而已尔。"讲的就是"典"与"卖"的不同。更为重要的是，这时还普遍出现了佃权的买卖。宋徽宗政和元年，知吉州徐常在奏疏中说："诸路惟有江西有屯田非边地，其所立租则比苗税特重。所以神宗时许民间用为永业。如有移变，虽名立价交佃，其实便如典卖己物……又其交佃岁久，甲乙相传，皆随价待佃……"③ 这里讲的是官田中租佃权的转移，至于民田中佃权转移的情况，更是屡见不鲜。总之，唐宋民田典卖方式从出现到流行经历了一个长期的发展过程，到宋代已日趋成熟和完善。

上述这种具有比较完整产权、以租佃契约为经营方式的地主土地私有制，虽然还有着汉唐期间的诸多特征，但土地买卖大为发展，经济力量取代政治强权成为土地配置的基本形式。这一变化，一方面使土地资源得到优化配置，另一方面使生产力得到巨大发挥，从而有力地促进了社会经济的发展。换言之，唐宋社会经济的进步与繁荣，是与私人地主土地所有制的发展分不开的。可以说，在中唐以前，"贞观之治""开元盛世"主要是个体小农经济发展获致的结果，但自中唐以后，私人地主土地所有制的发展则创造了唐宋社会新的经济发展辉煌。如果说商鞅"废井田，开阡陌"是第一次承认了土地私有制的合法性的话，那么，唐宋时期则是土地私有制确立起了自己的主导地位。这表现在两

---

① 林文勋：《唐宋土地产权制度的变革及其效应》，载 http://economy.guoxue.com/? p = 912
② 郦家驹：《两宋时期土地所有权的转移》，载《中国史研究》，1988 年第 4 期。
③ 马端临：《文献通考·田赋考七·官田》，载 http://www.wenxue100.com/book_LiShi/47_5.thtml

个方面：一是土地资源的配置趋向市场化，从而使土地越来越具有纯粹的经济意义；二是土地所有权自上而向下移动。从古代到近现代，我国的土地所有权经历了从国家下移至地主再下移至农民的过程。而唐宋则处于这个下移过程的中间阶段。将其置于当时的历史背景下来看，地主土地私有制主导地位的确立及其发展，应该是当时重要的历史进步。① 在引起唐宋土地制度变化的各种社会变革因素中，商品经济的发展是最根本的因素。

3. 明清封建社会后期或衰落时期的土地制度

明清是中国封建社会后期，土地制度发生了较大变化。明朝政权是在元末大规模农民战争推翻元朝腐朽统治的基础上建立起来的，其立国初期因战乱动荡而导致原有土地法律关系与土地法律制度遭到巨大破坏，许多国有和私有耕地被大面积地人为抛荒，土地归属及土地产权发生极大混乱。据《明史》卷七十七《食货志一·田制》载："元季丧乱，版籍多亡，田赋无准。明太祖即帝位，遣周铸等百六十四人，核浙西田亩，定其赋税。复命户部核实天下土田。"为了及时解决土地归属混乱问题，明朝政权建立以后，逐步进行一系列关于鼓励垦荒生产、清丈核查田亩、重新确认土地产权等方面的土地立法，系统调整土地占有关系与土地法律制度。同时，还着手调查统计各地户口，大力整顿并重建全国的户籍管理制度，通过编制鱼鳞图册和户籍黄册，制定了详尽的户籍地籍制度，据以订定每户的赋役田粮，确定田主的土地产权。《明会典》卷十七《户部四·田土》载："凡田土，国初至今，多寡不一，载在册籍可考。期间科则、升降、收除、开垦、召佃、拨给有定例，诡射、侵献有严禁，各宫、勋戚、寺观田地及草场苑牧有额数。"核田法的贯彻实施，户籍黄册与鱼鳞图册的统一编制，在明朝前期取得了显著成效。到洪武二十六年（公元1393年），经过官府核查登记的全国土地面积已达八百五十万七千六百二十三顷。这时地权相对分散，当时按户赀列等的里甲、均徭、杂泛等，就是在农民小土地所有制广泛存在的条件下制定的。但明代中叶后，官绅地主权势滋长，土地兼并现象日益加剧，地权高度集中，各地原有的鱼鳞图册已毁损不堪，至孝宗弘治十五年（公元1502年），全国登记在册的土地数量只有四百二十二万八千零五十八顷。仅仅百余年，官府直接控制掌握的土地竟减少一半之多。② 土地占有与使用之间的矛盾日益剧烈，经过明末农民大起义的冲击，官绅权力衰落，地权分散。

---

① 林文勋：《唐宋土地产权制度的变革及其效应》，载http://economy.guoxue.com/? p=912

② 蒲坚：《中国历代土地资源法制研究》，北京大学出版社2011年版，第346页。

清代前期，在相当广大的地区农民小土地所有制占着极大比重，并逐渐分化出来不少庶民地主。明清两代都建置了庞大的皇室、勋贵庄田。明清时代，封建土地制度已变成阻碍农业生产发展的严重桎梏，而封建土地制度的某些变化，如租佃制度的变化、封建依附关系的松懈及农民小土地所有制的发展等，却在一定程度上能适应农业生产的发展。

明代前期仍然实行"两税法"，张居正改革时在清丈全国土地的基础上，下令推行"一条鞭法"，主要内容是：①各项复杂的田赋附征和各种性质的徭役一律合并征银；②徭役中的力差改为以银代役，由官府雇人充役；③徭役银不用户丁分派，而由地亩承担；④以县为一单位，将全部徭役银分配于一县的田额上，改变原来按里平摊之法；⑤赋役征收由地方官吏直接办理，废除原来通过粮长、里长办理征解开役的办法。一条鞭法是对赋役制度的重大改革，它不仅简化了赋役的征收手续，改变了以前赋与役分别征收的方式，而且使二者合而为一，出现了"摊丁入亩"的发展趋势。"一条鞭法"改革的主旨是多占田，多缴税。主要是针对土地兼并盛行、力役使用无度而采取的有效措施，既减轻了无地或少地农民的负担，又规范了国家税制，减少了各级官僚机构乱征滥派的机会。由于田赋与役银都是按地亩分摊，土地多的人负担的田赋和役银也就多，这符合公平合理原则，有利于农民对土地的投入、劳作与收入的提高。对于缓和社会矛盾、安定社会秩序、恢复和发展农业生产起到了积极作用。

明代初期，政府在经济上采取诸多政策以促进社会经济的发展，在土地改革方面，主要有两点。一是移民开垦荒芜土地。为了鼓励垦荒，明政府规定，荒地无论是否有原主人，只要被开垦即为新开垦者所有，并且永远免征税。同时，由政府为垦荒者提供必要的耕牛和籽种、农具等，以开垦土地的数量作为对官吏考核的重要依据之一。另外，明代鼓励元代末年流离失所者返回故土，对于返乡者中无地或少地者，政府按人口多寡拨付一定数量的荒地。明代针对一些地区地广人稀的状况，组织了我国历史上规模空前庞大的移民运动，通过国家强制行为配置了劳动力资源的全国平衡。这体现了中央集权制国家对于包括劳动力资源在内的资源的动员和配置能力，而像明代大规模移民这样的劳动力资源的配置，其社会影响非常深远，对后世的影响十分巨大。即使到了今天，中国人的意识里依然普遍保存着浓厚的寻根意识，这与明代大规模移民分不开。二是进行包括军屯、民屯、商屯、犯屯在内的各种屯田。屯田是由国家政权组织并付诸实施的一项农业生产活动，在特殊历史条件下能发挥重要的作用。明代的屯田较历史上汉魏的屯田相比，内容更加丰富。面对经济凋敝和蒙古贵族的北方广大地区的边患压力，朱元璋将屯田视作"长治久安之道"主要在北部边疆地区推广。规定军屯由卫所军户耕作，边疆驻军中三分戍守，七分屯田；内地驻军中二分戍守，八分耕作。军屯所生产的粮食主要作为军队的费用。民屯主要是政府或迁徙狭乡民户到宽乡，或招募农民进行的屯田。民屯者实际上是政府的特殊佃户，按分成制为官府上缴地租，若自备耕牛和籽种者，上缴地租比例为总收入的30%；而耕牛和籽种由官府提供者，则上缴地租占总收入的50%。商屯是利用经济杠杆的作用而进行的屯田。政府规定商人可以用粮食换取盐引，且要将粮食运送到一定的地点，于是商人便创造性地在政府规定的运送粮食的地点招募百姓屯田，就地缴纳粮食而获取政府的盐引，持盐引取得食盐后进行自由买卖。犯屯是一种特殊的屯田形式，该屯田的主要生产者是触犯法律者。明代法律比较严峻，充军者数量庞大，这部分失去自由的囚犯成为屯田中的重要劳动力。在明代的史料记载中，往往将犯屯与民屯混为一谈。

明代初年，屯田取得了比较明显的社会效益和经济效益，屯田数量计90.33余万顷，超过全国耕地面积的10%。洪武二十一年（公元1388年），仅军屯收入就达到500余万石。尽管明代建立之初就开始实行了各种类型的屯田，并于洪武二十一年（公元1388年）颁布了屯田法，但实际上，当时的屯田仍然处于摸索阶段，并没有在全国进行推广。后来，中央政府在甘肃临洮、岷州、兰州、河州、庄浪、甘州、肃州、山丹、永昌、凉州等地，经过五年的大面积实验，取得了比较成功的经验，而这完全符合朱元璋确定的"兴国之本，在于强兵足食"的治国理念。后来，明太祖接受了户部尚书赵勉的建议，在全国版图内全面推广甘肃屯田的经验，并把军屯中从事屯田与戍守人员的比例统一调整为7∶3。从此以后，改变了洪武（公元1368—1398年）初年对于屯田的基本要求只是自给，开始贯彻不分等级，国家一律征收地租的屯垦原则。洪武时期（公元1368—1398年），甘肃等地的卫所屯田，已经做到了自给有余，直接生产者的生活水平有了一定程度的提高，并将年收入的20%左右上缴国库。朱元璋曾经说过，由于实行了屯田，"国家养兵百万，不费百姓一粒粮"。屯田除了生产大量的粮食外，还为国家节省了庞大的长途运输的开支。①

清朝是中国历史上最后一个封建君主专制王朝，清初制定《大清律例》《大清会典》《户部则例》等法典律例，先后推行圈地令、更名田法、垦田法等各项法令，调整土地法律关系。同时，还建立各级土地管理机构，完善户籍黄册和鱼鳞图册制度，加强对土地资源的管理与控制。清政府推行的圈地运动虽然充

---

① 吴太昌、武力等：《中国国家资本的历史分析》，中国社会科学出版社2012年版，第157—158页。

分满足了满洲贵族对土地占有的贪欲,但也激化了满汉之间的民族矛盾,造成整个社会的动荡不安,遭到了包括满人在内的广大有识之士和民众的强烈反对,加上被圈占土地资源的经济效益比较低下,浪费严重,在顺治时期就不得不颁布防止圈地的诏令,康熙时期则进一步规定"自后永不许圈",使清政府的土地政策又回归到封建社会运行的轨道上。清朝土地分为国有"官田"和私有"民田"两大类。"官田"的所有权在法律上属于国家,其占有者只能使用、租佃或典当,不能擅自买卖转让。"官田"范围十分广泛,包括皇室庄田、宗室庄田、礼部和光禄寺官庄、盛京官庄、籍田、祭田、学田、牧地、屯田等。"民田"是各类地主及民间百姓拥有的各种私人土地田产,其中既有勋臣、官僚、举监生员等通过占夺、诡寄或接受投献等方式占有的大片土地田产,也有各地寺院通过皇帝赏赐、官府划拨或各级官僚、贵族、太监等赠予、施舍、捐纳以及自置、典买、垦辟等方式占有的寺观田产,还有普通地主和自耕农占有的私人田产。根据各地的不同情况,"民田"的种类繁多,可以有民赋田、更名田、农桑田、马场放垦地、问淤地、滨海沙降地、蒿草籽粒地、归并卫所地、退圈地、土司地、番地等多种形式。①

其实,在入关之初,清王朝就确定了按照明代万历旧额征收赋税的政策。入关当年十月,顺治帝的诏书就明确宣布:"地亩钱粮,俱照前朝会计录原额,自顺治元年五月初一日起,按亩征解。凡加派辽饷、新饷、练饷、召买等项,悉行蠲免。"颁行于顺治十四年(公元1657年)并一直沿用到雍正时期的清朝第一部《赋役全书》,即是按照这个精神编订的:"钱粮则例,俱照万历年间,其天启、崇祯时加增,尽行蠲免。""俱照前朝会计录原额""俱照万历年间"的钱粮征收政策,决定了作为清代征收田赋基本依据的田地数额,从一开始就不是在调查实际耕地数量的基础上确定的,而只是一个从前代沿袭下来的"田额"。清初,由于人逃地荒,无法按照"原额"征收,对实征数做了一定程度的豁免,即所谓"开除荒亡"。以后,随着社会秩序的恢复、抛荒土地复垦,实征数不断向着"原额"靠拢。这个过程大抵到康熙后期至雍正初年结束。当时无论国家账册所载的土地、人丁数量还是以之为依据的"地丁钱粮"征数,都基本恢复了明代的"原额"。清代赋税征收的基本原则或者说"祖制"是"不加赋"。因此,当地丁钱粮达到了明代"原额"时,它的进一步增加就基本上停止了。于是,康熙五十一年(公元1712年)定议、次年在"万寿恩诏"中正式颁布的"盛世滋生人丁永不加赋"决定,即以后不管人丁增加与否,均保持原来

---

① 蒲坚:《中国历代土地资源法制研究》,北京大学出版社2011年版,第375页。

的赋额，就是清廷这一立场的体现。田赋征收虽未有明确宣示的类似政策，但自雍正以后，各省历年奏销的"地丁"即田赋银的实征数一直稳定在三千万两左右，其中包括田赋银二千六百多万两和雍正年间并入田赋的人丁银三百余万两[1]。在农业生产中，清政府出资并动员民众修筑了东南沿海堤塘，稳定了沿海地区的亩产量，同时也增加了耕地面积。

另外，康熙五十五年（公元1716年）宣布推行地丁银制度，将原来的丁税并入田亩征收。雍正（公元1723—1735年）初年，在全国范围内推行"摊丁入亩""地丁合一"的办法，把固定的康熙五十年（公元1711年）的三百三十五万两左右的丁银，按照各地原来征丁银的不同数量，平均摊入各该地的田赋银中，统一征收。由于摊进的丁银多少有别，由一钱二厘到二厘多不等。这种赋役制度也称之为"摊丁入亩制"。"摊丁入亩"是对"一条鞭法"的继承和发展，这种税制将农民的一般徭役并入土地之中，在制度上废除了地主绅士的免役特权。"摊丁入亩"制度的实行，标志着直接生产者的人身依附关系进一步松弛，国家权力进一步加强，政府的赋税征收的来源进一步扩大和稳定，同时也反映出当时商品经济有了一定程度的发展。清代匠籍制度的废除，对于提高工匠的生产积极性和自主性、提高生产效率，都产生了积极而深远的影响，而匠籍制度的废除，使得我国封建社会的工匠，在政治地位上与一般的编户齐民相一致，而且其对于民间手工业经济的进一步发展，意义重大。[2]

从以上论述中我们可以清楚地看到，我国古代土地产权制度从公到私、从官到民、从井田到授田、从均田到两税、从租佃到摊丁入亩的变革历史，首先是封建土地私有制得到确立并发展的历史。在这一发展过程中，真正确立了私有权利神圣不可侵犯的权威，即整个封建社会已经公开承认土地所有者身份的合法性和权利的神圣不可侵犯性，树立了土地私有的法律观念。但就农村土地产权制度来看，漫长的封建社会里形成了具有中国特色的制度，中国历代封建王朝都强调皇帝对臣民的土地有予夺之权，不存在西方启蒙运动后提出的"私有财产神圣不可侵犯"。一方面，中国的土地私有化实行得很早，土地买卖、转让相当频繁，土地私有的观念非常明确。由此形成中国的土地产权制度一方面非常明晰，产权所有者可以自由处置自己的土地。另一方面，这种私有权又是

---

[1] 史志宏：《十九世纪上半期的中国耕地面积再估计》，载《中国经济史研究》，2012年第3期。
[2] 吴太昌、武力等：《中国国家资本的历史分析》，中国社会科学出版社2012年版，第158—159页。

不完整的，其中含有国家（皇帝）可以处置的最高权力。① 总之，我国传统封建土地制度是与我国社会经济的发展相适应的，是在我国社会经济发展的特定社会历史背景下产生的，具有其逻辑发展的必然性。这同时也为我国未来土地制度的建设、完善确定了一个大致的发展方向。

二、近代农地制度发展沿革的历史回顾

到了半封建半殖民地社会，中国农村的封建土地所有制仍占统治地位，广大人民群众则处于社会底层，没有耕地或耕地不足。自明清以来直到20世纪40年代，基本呈现土地地主占有、佃农经营，辅之以自耕农经营的私有制形态。土地占有高度集中，占农村人口4%~5%左右的地主占有农村土地的50%以上，占农村人口4%~5%左右的富农也占有农村土地的10%以上，而占农村人口90%以上的中农、贫农及其他人员只占有20%~30%的土地；地主出租土地，地租率一般占收获物的一半，甚至高达70%~80%。② 与此同时，具有资本主义性质的土地所有制却没有得到应有的发展。据估计，到抗战前，全国富农大约占农户总数的6%，占土地总面积的18%左右，在中国富农阶级中，完全资本主义性质的新式富农比重很小，绝大多数是旧式富农。他们一般是雇佣少数长工或短工来经营自己的土地，很少向地主租进土地，有时甚至还出租一部分土地，从而多少带有一点小地主的性质，因此，中国近代农村土地制度基本上是延续了封建的土地制度而没有发生根本性的变化。③

（一）太平天国时期的《天朝田亩制度》

咸丰三年（公元1853年），太平天国定都天京（今南京）后，颁布了《天朝田亩制度》，这是太平天国的建国纲领。该纲领突出反映了农民要求废除封建土地所有制的强烈愿望，规定了土地分配的具体办法和平分地权的基本原则。它体现了历代农民所主张的绝对平均主义理想，幻想在分散的小农经济基础上实现均贫富。《天朝田亩制度》是历史的产物，它是封建土地所有制的对立物。

---

① 武力：《略论土地改革对国家与农民关系的重塑》，载http://www.iccs.cn/contents/496/8753.html
② 刘书楷：《土地经济学》，农业出版社1996年版，第255页。
③ 钱忠好：《中国农村土地制度历史变迁的经济学分析》，载《江苏社会科学》，2000年第3期。

在土地所有制方面，明确规定，一切土地和财富都属于上帝所有，"天下人人不受私，物物归上主"，并提出"凡天下田，天下人同耕""无处不均匀，无人不饱暖"的分配原则。其中明确规定："凡天下田地，按其产量的多寡，分为九等，凡分田照人口，不论男女。算其家口多寡，人多则分多，人寡则分寡。杂以九等，如一家六人，分三人好田，分三人丑田，好丑各一半。"同时，还提出"丰荒相通"、以丰赈荒的调剂办法，把土地分为九等，好坏平均搭配。然后以户为单位，不分男女按人口平均分配。16岁以上分全份，15岁以下分半份。《天朝田亩制度》所提出的平分土地方案，是农民阶级对地主土地所有制的否定，为中国萌芽中的资本主义扫清了道路，解除其束缚，并为其发育成长创造必不可少的客观条件。它反映了当时广大贫苦农民强烈地反对地主阶级残酷剥削的要求和获得土地、追求平等平均的理想社会的渴望。但《天朝田亩制度》所规定的分配土地和"通天下皆一式"的社会经济生活方案，是要在小生产的基础上废除私有制和平均一切社会财富，以求人人平等，是农民的绝对平均主义思想。因此，《天朝田亩制度》既具有革命性又具有封建落后性，不过，这个矛盾是由农民小生产者的经济地位决定的。

在现实社会经济发展背景下，太平天国领袖们所绘制的平分土地和社会经济生活的图案，实际上是不可能实现的。他们为了适应现实的迫切需要，就不得不采取一些较为切实可行的措施。在《天朝田亩制度》颁布后不久，因天京缺粮的紧急情况，杨秀清、韦昌辉、石达开等向洪秀全建议在安徽、江西等地"照旧交粮纳税"。这个建议，经洪秀全批准，所以，开始实行"照旧交粮纳税"的政策。也就是仿照清朝的办法，即地主是田赋的主要交纳者，征收地丁银和糟粮。这表明《天朝田亩制度》颁布半年后又实行的"照旧交粮纳税"的政策，准许地主收租，承认封建土地所有制。对此，有学者认为，太平天国根据具体情况，顺应农民的愿望，施行着佃农交粮政策，一反我国千余年田赋制度的常规，变地主交粮为佃农交粮。其后，随着形势的发展，进一步颁发田凭，宣布凡佃农"领凭后，租田概作自产"，把土地所有权从地主转移到佃农手中，实行"着佃交粮"广大地区的佃农得到了自己所耕的田。太平天国并没有颁布耕者有其田政策，而它所施行的土地政策的结果，事实上竟成为耕者有其田了。[①]

（二）孙中山平均地权与耕者有其田的土地思想

早在投身革命之初，孙中山就坚决反对土地租佃剥削制度，主张平均地权。

---

① 罗尔纲：《再论天朝田亩制度》，载《历史研究》，1984年第1期。

但平均地权作为一种思想却是孙中山于1896年到欧洲考察之后才产生的。孙中山在欧洲的中国留学生和侨胞间宣传革命思想，同时对动荡中的资本主义世界进行研究和考察。在这个时期，出现了他最初的"平均地权"的学说。他企图以此解决中国农民的贫困问题，并为整个国家的发展奠下基础。孙中山在谈到自己这段经历时说："伦敦脱险后，则暂留欧洲，以考察其政治风俗，并结交其朝野贤豪，两年之中，所见所闻，殊多心得。始知徒致国家富强，民权发达，如欧洲列强者，犹未能登斯民于极乐之乡也。是以欧洲志士，独有社会革命之运动也。予欲为一劳永逸之计，乃采取民生主义，以与民族民权问题同时解决。此三民主义之主张所由完成也。"从此以后，孙中山便经常在不同的场合谈到平均地权的问题。1899年，他在东京与梁启超讨论土地问题时说："今之耕者，率贡其所获之半于租主而未有已，农之所以困也。土地国有后，必能耕者然后授之田，直纳若干租税于国，而无复有一层地主从中朘削之，则民可以大苏。" 1902年春，他在横滨与章太炎、秦力山等讨论改革土地、赋税制度时又说："贫富斗绝者，革命之媒。""夫不稼者不得有尺寸耕土，故贡彻不设，不劳收受而田自均。"1903年，在向胡汉民讲解时说："解决民生问题，也是我们改革的目的之一。而要解决民生问题，首先就要平均地权。"另外，孙中山公开提出耕者有其田的主张，是在1924年8月所作的《民生主义》讲演第三讲中。在第二讲中，他系统地讲述了平均地权关于核定地价、照价收税、照价收买和涨价归公的问题，而第三讲接着说："至于将来民生主义真是达到目的，农民问题真是完全解决，是要'耕者有其田'，那才算是我们对于农民问题的最终结果。"关于实行的方法，他说应该"用政治和法律来解决"。①

辛亥革命开创了完全意义上的近代民族民主革命，在中华民族几千年历史进程中提出了一个民主主义的崭新的奋斗目标。革命先驱孙中山提出了三民主义的革命纲领，其中关于民生主义提出两个办法。第一个是平均地权，第二个是节制资本并将土地问题摆在首位。他指出，中国自古以来都是以农立国，我们要怎样才能保障农民的权利，要怎样令农民自己才可以多得收成，那便是关于平均地权的问题。将来民生主义真要达到目的、农民问题真要完全解决，就要"耕者有其田"，那才是农民问题的最终结果。② 孙中山先生主张土地国有，但不主张用暴力手段摧毁封建土地所有制，而是主张采取"照价征税""涨价归公"的办法迫使地主出卖土地。这两项措施的基本精神是把原地价资本化，让

---

① 郭德宏：《论孙中山的土地主张》，载《东疆学刊》，1991年第1—2期。
② 董志凯：《百年中国土地制度变迁》，载《人民论坛》，2011年第29期。

地主保留原地价，但不保留其地租额；地租收归国有，土地不得买卖。孙中山先生认为，在土地私有制下，地租由两部分组成，即级差地租和绝对地租，级差地租由土地本身的优越条件形成，绝对地租因私人对土地垄断形成。因此，他不主张私人占有地租，而主张废除地主土地所有制，地价税由国家直接向耕者——农民征收。这时，地租是资本主义地租，不再保有绝对地租部分。孙中山先生上述平均地权的主张，自1905年提出后，在中国产生了巨大影响，其目的在于消灭封建土地所有制，解放农村生产力以发展资本主义。① 但孙中山先生的民生纲领以及他解决民生问题的两个办法都没有得到落实，从而土地制度也丝毫没有改变。

孙中山逝世以后，中国国民党继承孙中山民生主义土地改革遗志，试图在土地改革方面有所作为。1926年10月，国民党联席会议通过《对农民问题决议案》，做出"减轻佃农田租百分之二十五""统一土地税则，废除苛例""遇饥荒时免付田租，并禁止上期收租"等规定。1927年5月，南京国民政府成立后又颁布《佃农保护法》，做出"佃农缴纳租项不得超过所租地收获量百分之四十""佃农对于地主除缴纳租项外，所有额外苛例一概取消""佃农对于所耕土地有永佃权"等，试图实现减租运动。1930年，国民政府颁布《土地法》，规定要实行"耕者有其田"和"平均地权"，以后又多次重申甚至被纳入宪法，国民党全国代表大会也多次通过有关改革土地所有权的提案。但因为这一制度遭到了地主阶级的顽强抵制，很快便以失败而告终。作为一个以允诺农民解放为其政治诉求的现代政党，国民党的减租减息和平均地权的主张，都使得它的政权理念在性质上完全不同于传统封建国家政权，但它本身的政治结构、状况等无法使它承担起应有的历史使命，即无法兑现孙中山先生民生与民权的主张。由此出现了一个很明显的现象，在国家征收的土地赋税陡升的情况下，即20世纪30年代抗租活动加剧，1932—1936年，五年间的佃户行动要比整个动荡不宁的民国时期其他任何一个连续五年所发生的都要多。② 总的来说，中国国民党的土地改革路径是先通过实行减租政策缓解租佃关系、提高佃农生活，再由国家赎买地主的"多余"土地分配给无地和少地的农民，清除租佃关系，实现共同发展。1946年，第二次国共内战爆发，国民党中央曾经颁布了一份《绥靖区土地处理办法》，规定中共解放区的农民"欠缴之佃租一概免于追缴"，中共土

---

① 林增杰、沈守愚：《土地法学》，中国人民大学出版社1989年版，第71—74页。
② 白凯：《长江下游地区的地租、赋税与农民的反抗斗争》，林枫译，上海书店出版社2005年版，第272页。

地改革中分配给农民的土地"一律由县政府依本办法征收之",然后"由县政府分配于现为耕作之农民缴价承领自耕"。1948 年,蒋介石曾经下达手令提出"于收复区已分配之土地,承认其所有权,以争取农民"。然而,这些土地改革政策基本停留在纸面上和口头上,未能得到真正实行或者普遍实行。①

由此可见,中华人民共和国成立前,我国土地的私有制始终占据着主导地位。它的优点是:①私有土地的产权比较清晰,具有自我保护的约束机制;②私有土地可以自由流转,具有适度规模的经营机制;③农民租赁私有土地的多样性选择,又具有一定的激励机制;④在封建私有土地制度下,每当人地矛盾激化时,农民会主动地限制家庭人口规模扩大,具有控制人口增长的自我约束机制。② 这些即使在我国目前现代社会经济相当发展的条件下也仍然具有重要的作用。

(三) 中国共产党领导下的农村土地改革运动

1949 年以前,中国共产党从酝酿建党时起一直到大革命失败前夕都主张"耕地农有"政策,始终坚持以实现土地国有为目标并为此而不断努力。大革命失败后,中国共产党基本遵循"五大"关于实现土地国有目标的决议,积极没收地主等的土地,实现部分土地的国有农用。在革命过程中始终认为,土地国有乃是消灭国内最后的封建遗迹的最坚决、最彻底的办法,是资产阶级民主革命最彻底的条件,同时也是革命转变的前提之一。③ 可见,中国共产党从革命一开始就把解决农民土地问题作为中国革命的一个中心问题来对待。早在 1927 年,八七会议上,中国共产党就明确了党的土地政策,提出"没收大地主及中地主的土地,分这些土地给佃农及无地的农民","对于小田主则减租,租金率由农民协会规定之";提出在最近开始的暴动中,"本党不提出没收小田主土地的口号,是为着要使城乡间广大的小私有财产者之分子中立";提出"没收一切所谓公产的族祠庙宇等土地,分给无地的农民","现时主要的是要用'平民式'的革命手段来解决土地问题"。在中国共产党的领导下,中国农村开展了土地革命运动。1928 年 12 月,毛泽东主持制定了《井冈山土地法》,主要做了如下规定:①"没收一切土地归苏维埃政府所有",以分配农民个别耕种为主,遇

---

① 刘文衡:《以孙中山平均地权理论为代表的近代土地思想与实践研究》,载 http://www.docin.com/p—789828131.html
② 张新光:《我国农地平分机制形成的机理及其负面效应分析》,载《红旗文稿》,2004 年第 3 期。
③ 王志龙:《大革命前后中共"耕地农有"政策研究》,载《中国经济史研究》,2012 年第 3 期。

到特别情况或政府有力时，兼用"分配农民共同耕种"和"由苏维埃政府组织模范农场耕种"两种方法；②"一切土地，经苏维埃政府没收并分配后，禁止买卖"；③分配土地之后，除老幼疾病等情况外，"其余的人均须强制劳动"；④主要"以人口为标准，男女老幼平均分配"，有特殊情形的地方可"以劳动力为标准，能劳动者比不劳动者多分土地一倍"；⑤区域标准主要"以乡为单位分配"，遇特殊情形时可以几个乡或区为单位；⑥乡村手工业工人"得分每个农民所得田的数量之一半"；⑦红军和赤卫队战士、政府和其他机关工作人员均得分田，"由苏维埃政府雇人代替耕种"。这是革命根据地第一个土地法令，也是第一次用法律的形式肯定了农民分配土地的神圣权利，对于推动土地革命的深入开展有重要意义。①

从1935年12月瓦窑堡会议前夕到1937年7月七七事变爆发，是中国共产党土地政策的转变时期。抗日战争时期，为建立广泛的抗日民族统一战线，以减租减息的政策代替没收地主土地的政策。解放战争时期，为了解决解放区的土地问题，为夺取全国胜利创造条件，于1947年制定和通过了彻底实行土地改革的《中国土地法大纲》，明确规定废除封建剥削土地制度，实行耕者有其田。没收地主的土地财产，征收富农多余的土地财产；废除一切祠堂、庙宇、寺院、学校、机关团体的土地所有权和乡村在土地改革以前的一切债务；以乡或村为单位统一分配土地，数量上抽多补少，质量上抽肥补瘦，所有权归农户所有。土地改革前的土地契约、债约一律缴销；工商业者的财产及其他营业，受法律保护，不受侵犯。此外，对若干特殊土地财产及分配中若干特殊问题的处理办法、土地改革执行机关及保护工商业等，也做了具体规定。②"土地法大纲"明确了土地改革的基本方向和办法，并在此基础上，各大解放区还根据各自的具体情况，分别制定了实行"土地法大纲"的补充条例。于是，在"土地法大纲"的指引下，各解放区迅速掀起了轰轰烈烈的土地改革运动。据统计，全国有一亿四千五百万农业人口的地区实行了土地改革，消灭了封建剥削制度，做到了耕者有其田。中华人民共和国成立后，又在拥有三亿一千万人口的新区进行土地改革。到1952年9月为止，除新疆、西藏等少数民族地区及台湾地区外，全国普遍实行了土地改革。土地改革是中国人民在中国共产党领导下，彻底铲除封建剥削制度的一场深刻的社会革命，是我国民主革命的一项基本任务。

---

① 郭德宏：《第二次国内革命战争时期党的土地政策的演变》，载《中国社会科学》，1980年第6期。

② 《中国土地法大纲》，载http://baike.soso.com/v6444761.htm?ch=ch.bk.innerlink

在我国土地制度的设计上，总体的思路是实行土地公有制，即城市土地为国家所有，农村土地的所有权为农村集体经济组织所有，而用益物权则归各民事主体依法享有。我们认为，这一法律制度是适应我国社会经济发展实际的合理选择。这一制度的形成大致经历了两个大的发展阶段：一是出现在20世纪50年代初期的土地改革，主要是以城市土地的归属和农村土地权属改革为内容，改革的手段主要是采取土地的没收、征收等，将城市土地完全收归国家所有，在此基础上，通过无偿划拨的方式，将城市土地分配给国家机关、事业单位法人、企业法人或个人使用；通过土改运动，彻底剥夺地主土地所有权，建立农民个人土地所有权，并在此基础上，采取继续改革的方式，最终将农村土地改变为农村集体所有。至此，完全实现了我国土地的公有化。二是1978年开始的家庭联产承包制改革，使我国农村土地的所有权与经营权开始分离，进一步推进了我国农业的快速发展。

回顾近代我国土地变革的实践，我们可以清楚地看到，封建制度下的土地制度极不合理，自明清至20世纪40年代，土地基本呈现地主占有，佃农经营，辅之以自耕农经营的土地法律形态。据统计，占农村人口总数不到10%的地主、富农约占有农村70%~80%的耕地。而占农村人口总数90%以上的贫农、雇农和中农，则只占有20%~30%的耕地。形成农村严重的社会对立与冲突，这是造成中国社会长期贫穷、落后，不能快速发展的主要原因。正是在这一社会历史背景下，中国共产党领导广大农民开展废除封建土地所有制，实行耕者有其田的土地革命运动。

三、现行农村土地制度的变革与发展

我国现行的农村土地制度，是新中国成立后经过20世纪50年代的土地改革与20世纪80年代的土地承包两次重大变革后逐步形成、发展起来的。从20世纪50年代开始，在中国共产党和各级政府的指导下，全国范围内开展了土地私有化改革运动。之后，又为了解决工业化补贴、农业上的自然灾害等问题而由国家强力推行农业互助合作社、初级和高级农业生产合作社乃至人民公社等一系列自上而下的集体化运动，逐步把土改后形成的农民土地所有权转变为"三级所有，队为基础"的农村土地集体所有权。

（一）土地改革与农民土地私有权的建立

1949年10月，中华人民共和国成立；1950年6月，中央人民政府公布了《中华人民共和国土地改革法》；同年11月，政务院又公布了《城市郊区土地改革条例》，对农村及大城市郊区的土地改革分别做了具体的规定。《中华人民共和国土地改革法》规定："所有没收得来的土地和其他生产资料除本法规定收归国家所有外，均由乡农民协会接受，统一的、公平合理的分配给无地少地及缺乏其他生产资料的贫苦农民所有。""分配土地，以乡或等于乡的行政村为单位、在原耕基础上，按土地数量、质量及其位置远近，用抽补调整方法按人口统一分配之。"① "土地改革法"明确宣布，废除地主阶级封建剥削的土地所有制，实行农民的土地所有制。土地改革以后，近3亿无地少地的农民，分到了七亿亩土地和大量的农具、牲畜和房屋等，还免除了每年向地主缴纳约三百五十亿千克粮食的地租。贫农、中农占有的耕地占全部耕地的90%以上，原来的地主和富农占有全部耕地的8%左右。② 由此，中国正式确立了土地的国家所有与农民私人所有并存的土地制度，极大地解放了生产力。1951年全国农业总产值比1949年增加了28.8%，1952年比1949年增加了48.5%；粮食产量，1949年前最高年产量为2774亿斤，1949年是2263.6亿斤，1951年增长到2873.7亿斤，1952年更达3,278.2亿斤，超过1949年前最高年产量的18.1%。③ 土地改革使广大农民获得了大量的土地资源，农村土地所有权和经营权高度统一于农民个人，在此背景下，土地的各项权能可以自由流动，不论是法律还是国家政策，都允许土地的买卖、出租、典当、赠与等交易行为，国家通过对土地的登记、发证、征收契税等办法，对土地进行管理。

（二）农业合作化运动与土地的公、私并存

1952年土地改革完成后，农村主要贯彻中共中央《关于农业互助合作社的决议（草案）》精神，发展互助合作组织。其目的是帮助农民解决农具、牲畜不足等困难，本着资源互助的原则，土地、牲畜、农具仍旧归农户所有，主要是"以工换工"的形式进行互助。互助组运动开始时条件宽松，规模不限，入组自

---

① 陈荷夫：《土地与农民：中国土地革命的法律与政治》，辽宁人民出版社1988年版，第172—176页。
② 国家统计局：《伟大的十年》，人民出版社1959年版，第29页。
③ 国家统计局编：《中国统计年鉴（1983）》，中国统计出版社1983年版，第162页。

愿，退组自由，极少数为常年组，大多数为季节性互助组或临时性互助组。为了加快农业生产合作化的进程，1953年12月，中共中央发布了《关于发展农业生产合作社的决议》，决议指出了中国共产党在农村工作的根本任务，就是要促进农民联合起来，逐步实现农业的社会主义改造。决议肯定了中国农业合作化的道路，是由互助组到初级形式的半社会主义的农业生产合作社，再到完全社会主义的高级形式的农业生产合作社。①

根据1955年的《农业生产合作社示范章程》规定，农业生产合作化的发展，分为初级和高级两个阶段。农业生产合作社是劳动农民的集体经济组织，是农民在共产党和人民政府的领导和帮助下，按照自愿和互利的原则组织起来的；它统一地使用社员的土地、耕畜、农具等主要生产资料，并且逐步地把这些生产资料公有化；它组织社员进行共同的劳动，统一地分配社员的共同劳动的成果。

初级阶段的合作社属于半社会主义的性质。在这个阶段，合作社已经有一部分公有的生产资料，对于社员交来统一使用的土地和别的生产资料，在一定的期间还保留社员的所有权，并且给社员以适当的报酬。但随着生产的发展和社员觉悟的提高，合作社对社员的土地逐步地取消报酬，对于社员交来统一使用的别的生产资料，按照本身的需要，得到社员的同意，用付给代价的办法或者别的互利的办法，陆续地转为会社公有，也就是全体社员集体所有。这样，合作社就由初级阶段逐步地过渡到高级阶段。到1956年12月底，合作社入社农户户数已达11780万户，占全国总农户数的96.3%，其中参加高级社的农户户数占全国农户总数的87.8%。这种情况表明，到1956年年底，我国农业合作化基本上实现了。然而，高级社在制度安排上从一开始就存在政府所不能容忍的缺陷：一是高级社允许农民自由退社，由此政府要想方设法阻止农民退社，这不仅妨碍了政治力量的长期有效，而且也妨碍了高级社的巩固。二是高级社接受乡政府领导，但从经济体制角度看，乡政府既没有产权，也不是高级社的上级。体制的不顺有碍于乡政府的领导，进而产生更大的离心倾向，而这些都会妨碍作为社会主义标志的计划经济的实施。②

高级阶段的合作社属于完全的社会主义的性质。在合作社里，社员的土地和合作社所需要的别的生产资料，都已经公有化。合作社进行有组织的共同劳

---

① 孙健：《中华人民共和国经济史（1949—90年代初）》，中国人民大学出版社1992年版，第150页。
② 张乐天：《告别理想：人民公社制度研究》，东方出版社1998年版，第67—68页。

动,对于社员的劳动报酬,实行"按劳计酬、多劳多得"的原则。合作社按照生产的需要和社员的条件,实行以工作日为计算单位的评分计工,实行生产中的责任制,合作社按照社员的入社土地和劳动,按比例分红,并保留对土地的处分权,退股自由,退股时可以带走入社时带来的土地,或取得替代的土地。从以上规定的内容看,我们可以将初级合作社的土地或其他生产资料界定为按份共有形式。而根据1956年6月《高级农业生产合作社示范章程》的规定,入社的农民必须把私有的土地和耕畜、大型农具等主要生产资料转为合作社集体所有,高级农业合作社彻底废除了农村土地的私有制,要求全体社员参加集体统一劳动,取消了初级合作社的土地分红,按劳动所得工分进行分配。从法律上确定了农村土地的集体所有制。

从以上规定可以看出,这一阶段主要是将农民拥有的股份和所有权逐渐移转到合作社里,在法律上,农民个人仅保留股份,而集体取得了土地及生产资料的所有权。单从该阶段的地权结构来看,基本上还是按民法的相关原则建立起来的,也就是说,从某种意义上,农民仍然享有较为完整的地权。但这种表面的自愿、平等、公平,并不意味着是全体农民意思自治的表达,大多数情况下是国家通过政治运动推动的结果,在此过程中农民没有任何选择的余地,只能被动地、毫无保留地将土地及其所有的财产交给国家或集体,被动成为集体的一员。

(三) 公社化运动与农村土地公有制的形成

1958年,在党和国家的号召和政策下,全国各地农村掀起了合并高级社,大办人民公社的运动,在短短两三个月时间内,就将全国74万多个农业合作社改组成2.6万个人民公社,有99%以上的农户参加了人民公社,全国农村普遍实现了人民公社化,实现了土地等生产资料的公社所有制。但由于"公社所有制超越了当时的生产力水平,导致生产力的极大破坏,为了纠正人民公社运动所造成的农业经济滑坡,而逐步对农村土地制度进行了调整,形成了'三级所有,队为基础'的经营管理体制"[①]。1961年3月起草的《农村人民公社工作条例(草案)》和1961年6月的该条例修正草案又开始调整公社内部公社、生产大队和生产队三者之间的关系,而把生产大队(相当于高级社)作为三级所有的基础和核算单位,这样的规定存在的一个明显的弊病就是在产权关系上,穷

---

① 王克强、王洪卫、刘红梅:《土地经济学》,上海财经大学出版社2005年版,第30页。

生产队共了富生产队的产。① 直到1962年6月27日，党的八届十中全会通过的《农村人民公社工作条例修正草案》才将三级所有的基础和基本核算单位降为生产队，规定："生产队是人民公社的基本核算单位。它实行独立核算，自负盈亏，直接组织生产，组织收益的分配，这种制度定下来后，至少三十年不变。"②

在该阶段，土地财产由人民公社、生产大队、生产小队三级所有，人民公社的入社条件主要是基于身份权。在人民公社时期，农民完全失去了依靠自己所有的土地财产获得收入的可能性，农民在以生产队为基本经济单位的集体里劳动，其身份仅仅是一个劳动者，他们不再是独立的经营主体，转而成为只能依靠劳动获得收入的人民公社社员。这种土地制度不仅严重破坏了我国农村社会经济的健康发展，对我国社会经济的发展也造成严重损害。有学者将这一阶段的土地变革简要地概括为国家不断侵入农民私人领域，同时，农村集体和国家之间进行不断博弈的过程。③ 一些经济学者认为，这种集体化绝不是农村社区内农户之间基于私人产权的合作关系，而是国家控制农村经济权利的一种形式。农村集体所有制与国家所有制是一致的，而真正的区别只是在于，国家支配和控制集体经济但并不对其控制后果负直接的财务责任。而当国家控制全民经济时，却以财政担保其就业工资和其他福利。④

从上述我国农地制度确立、发展、变化的实际情况，我们可以看出，随着农业合作化运动的升级，国家权力逐步侵蚀了农民的土地权利。在互助合作和初级社阶段，国家剥夺了农民的土地经营使用权；在高级社阶段，国家又剥夺了农民的土地所有权；在人民公社时期，国家权力开始对农地无偿调拨，1962年调整中所形成的"三级所有，队为基础"的基本模式构成了整个计划经济体制的基石。为了确保城市粮食供应和重工业发展，国家实施了城乡不同的户籍、粮食供给、教育、就业、养老、住宅等制度，由此形成了中国特有的城乡二元结构。⑤ 在这一结构下，国家对土地实行社会主义公有制。根据我国法律的规

---

① 王耕今：《乡村三十年》（上），农村读物出版社1989年版，第17页。
② 国家农业委员会办公厅：《农业集体化重要文件汇编》（下），中共中央党校出版社1981年版，第634页。
③ 董国礼：《中国土地产权制度变迁：1949—1998》，载《中国社会科学季刊》（香港），2000年秋季号。
④ 周其仁：《产权与制度变迁：中国改革的经验研究》，社会科学文献出版社2002年版，第5—6页。
⑤ 袁铖：《二元结构转型过程中的中国农地法律制度创新：一个产权的视角》，载《法商研究》，2007年第3期。

定,城市市区的土地属于国家所有,而且国家是国有土地所有权的唯一主体,原则上由国务院代表国家行使土地所有权。农村和城市郊区的土地,除由法律规定属于国家所有的以外,属于农民集体所有,并由集体经济组织代表全体农民行使集体土地所有权。

(四) 改革开放与农地承包责任制的发展

改革开放后,中国农村发生了翻天覆地的变换,与此相应,人民公社时期的土地集体所有、集体经营逐步解体,始于20世纪70年代末的家庭联产承包责任制,虽在一定程度上重复20世纪60年代初的经验,不带有制度创新的特征,但是,相对于在此之前的人民公社制度来说,仍具有制度创新的味道。联产承包经营方式起源于1979年春安徽省凤阳县悄悄搞起的"大包干"。当时安徽省遇到干旱,秋种难以落实。在偏僻的安徽凤阳县的梨园公社小岗生产队,18户农民聚集在村民严立华家中,在队长严俊昌的主持下,通过了一项后来引发了中国农村大变革的有关"包产到户"的"保证书"——他们竟偷偷地把属于生产队集体的517亩耕地和10头耕牛按人头平均分给"社员"们承包经营。这一措施使该村当年的粮食产量等于1966—1970年整整五年的总和,该村由过去的"讨饭村"一跃成为"冒尖户",在全县产生了很大的反响。从此以后,"大包干到户"像潮流一样"势不可挡",自发地突破了这个界限(即大包干到组),新的土地制度安排迅速在全国推行开来。① 至1983年年底,全国绝大多数农村最终采取了大包干的土地承包形式。在经历了联产责任制—包产到组—包产到户—包干到户的制度变迁后,到20世纪80年代中期,在全国农村全面实行家庭联产承包责任制,农民获得了生产自主权。同时,国家提高粮食收购价,各地开始鼓励农户承包四荒土地,从事规模经营。在此基础上,以立法形式确立了我国现行农地集体所有和集体成员享有使用权的法律形式。

具体来讲,在现行土地法律关系中,土地的所有权并没有发生任何变化,它仍属于集体经济组织所有,只是土地的使用权由集体经济组织作为发包方,通过与农民签订土地承包合同的方式发包给农户。集体经济组织以土地所有者的身份,向农户收取土地承包费;而农户则以承包土地的使用权,获取土地产出的全部产品,完成国家赋予的税费任务。据测算,1979年至1984年,中国农业(不含村和村以下工业)年均增长7.98%,种植业增长6.77%,超过二战后

---

① 董国礼:《中国土地产权制度变迁:1949—1998》,载《中国社会科学季刊》(香港),2000年秋季号。

世界各国农业的增长速度。① 在此背景下，1984年，中共中央1号文件《中共中央关于1984年农村工作的通知》更明确规定"土地承包制一般应在15年以上"，同时，"鼓励土地逐步向种田能手集中，社员在承包期内，因无力耕种或转营他业而要求不包或少包土地的，可以将土地交给集体统一安排，也可以经集体同意，由社员自找对象协商转包。但不能擅自改变向集体承包合同的内容"。由此可见，土地承包责任制是我国改革开放以来，根据中国农村经济发展实际而设计的一项重要土地法律制度，这一制度有效地激发了我国农民从事农业生产的积极性，提高了农村土地的利用率和劳动生产率，不仅对促进我国农村经济的发展，而且对加快我国工业化、城市化进程，推进我国农业发展，均发挥了极大的作用。

与此同时，我们也要清楚地看到，尽管在该阶段，农民从事农业生产的积极性非常高，对土地的投入很大，农村生产力确实得到了快速发展，但究其原因，这是与我国特定的农村社会经济发展背景相联系的。即在当时，我国实行的是计划经济，而在计划经济条件下，实行的是严格的城乡分割，计划管理，造成农村商品经济的贫弱，按当时的国家政策，不允许农民自由迁徙或进城务工，长期将农民束缚在土地上，农村商品经济不发达，土地成为农民唯一的财富来源。在此背景下，农民只有选择增加对土地的投入，才能获得更多的财富或劳动回报，这是土地承包经营制在我国农村特定社会历史背景下发挥作用的主要原因。但随我国改革的发展与深入，随着我国农村经济的不断发展，土地承包经营制也逐渐暴露出它的缺陷与不足，这是我们在研究农村土地承包制或制定法律、政策时需要正视的重要问题。

四、农地流转基本状况及发展趋势

自20世纪80年代初中国实行农村土地家庭承包责任制以来，国内外学者对中国的农地流转状况进行了大量研究。有学者认为，20世纪90年代中期以前，土地使用权流转的发生率一直偏低。② 据原农业部1993年的抽样调查结果，1992年全国有473.3万承包农户转包、转让农地77.4万hm^2，分别为承包土地

---

① 财经：《两权分离下的农地制度演变》，载http：//economiclaw.whu.edu.cn/suo/ShowArticle.asp? ArticleID = 1078
② 张红宇：《中国农地调整与使用权流转：几点评论》，载《管理世界》，2002年第5期。

农户总数的2.3%和承包土地总面积的2.9%。① 20世纪90年代末以来，随着经济的发展，许多农村劳动力转向非农产业，农地流转也日益活跃。据原农业部1999年对浙江、河北等6个省的农地流转调查数据显示，有24.5%的农户在1998年从事了农地流转，土地流转比例平均为14.3%。土地流转比例较高的浙江省，流转农地的农户占33.3%，土地流转比例为35.0%。国务院发展研究中心农村部2002年对福建、黑龙江省的抽样调查显示，将近25.0%的农户参与了土地租赁市场，土地流转平均为21.8%。② 据统计，2006年全国农村土地流转面积为5551.2万亩，占家庭承包耕地面积的4.57%。到2008年年底，全国土地承包经营权流转面积达到1.09亿亩，占农户承包耕地总面积的8.9%。原农业部政策法规司副司长王乐君在2009年"中国农村法治论坛"中谈到，截至目前，全国农村土地流转面积已达1.5亿亩，超过全国承包耕地面积的12%。总体而言，我国农村土地流转已经由禁止变成允许，流转方式逐渐多样化，流转区域和范围逐渐扩大化，调整规范由政策性调整逐渐转向法律和政策并重，并以法律调整和规范为主。③ 我国农村土地流转大致可以分成四个阶段：

（一）1978—1987年为土地流转的严格禁止阶段

在该阶段人民公社制度被瓦解，家庭联产承包责任制在全国农村广泛推开，全国绝大多数的生产队采取了大包干的土地承包形式，并取得重大成绩，彻底改变了我国农村的面貌。但我们也看到，在该阶段，国家法律或政策都严格禁止农村土地的流转。如《中华人民共和国宪法》（1982年）第10条规定："任何组织或者个人不得侵占、买卖、出租或者以其他形式非法转让土地。"《中华人民共和国民法通则》（1986年）第80条也明确规定："土地不得买卖、出租、抵押或者以其他形式非法转让。"这表明在20世纪80年代前期，我国对于农村集体所有土地基本采取禁止流转的态度，实践中，即使有少量的转让也大多采取规避法律、政策，在私下交易的方式进行。

（二）1988—1993年为土地流转的起步阶段

随着我国社会经济的发展和改革开放的不断推进，特别是随着市场经济的

---

① 詹和平：《农村土地流转问题实证研究综述》，载《安徽农业科学》，2007年第24期。
② 陈和午、聂斌：《农户土地租赁行为分析——基于福建省和黑龙江省的农户调查》，载《中国农村经济》，2006年第2期。
③ 李长健、梁菊：《农村土地流转国内外研究综述与展望》，载《广西社会主义学院学报》，2010年第2期。

确立，乡镇企业、民营经济得到快速发展，农民进城务工十分普遍，截至2003年年底，进城打工的农民已经达到11390万，占农村劳动力总数的23.2%。其中举家进城打工的农民2430万人，占全部进城打工农民总数的21.3%。① 土地承包等农业收入在农民的总体收入中所占的比重在不断下降，农民的收入途径趋于多样化，加之土地投入的低效益和高风险，要求农民把更多的资源投入到土地，既不现实，也不可能。于是我们看到，在我国广大农村，特别是乡镇、民营经济比较发达的东部沿海地区，出现了大量将承包土地撂荒的现象。与此同时，乡镇企业、民营经济的快速发展，也为大量农业劳动力快速向第二、三产业转移，为农村土地适度规模经营创造了条件或可能。

为了稳定粮食生产、稳定农村经济的发展，国家和地方政府出台了许多政策、法规，一方面鼓励农民积极从事农业生产，另一方面也允许农村土地的合理流转。如1988年通过的宪法修正案，明确规定"任何组织或者个人不得侵占、买卖或者以其他形式非法转让土地。土地的使用权可以依照法律的规定转让"。这在我国立法史上第一次明确了农村土地流转的合法地位。同年修订的《中华人民共和国土地管理法》第2条也增加了"土地的使用权可以依法转让"的相关条文。又如，1988年浙江省政府出台了《关于经济发达地区推进土地适度规模经营的若干政策规定》，出台了提供补农资金、实行贷款倾斜、上门收购粮食等11条扶持政策。在该阶段，在沿海诸如广东、浙江、江苏、山东等经济发达地区，以政策性因素推动为主要特征的土地流转，催生出一大批种粮经营大户，农业规模经济成为经济发达地区农业发展的新问题。而在经济发展相对落后的中西部，则主要是通过"统分结合、双层经营"制度的完善，来推进土地承包制度的深入，农民从事农业生产的积极性得到进一步提高。

至1993年，按政策规定，农地15年的承包期限即将临近，土地面临新一轮的承包，为了稳定民心，1993年11月，《中共中央、国务院关于当前农业和农村经济发展若干政策措施》做出明确决定，在原定的承包期到期后，再延长30年不变；提倡在承包期内实行"增人不增地，减人不减地"的办法；在坚持土地集体所有和不改变土地用途的前提下，经发包方同意，允许土地使用权依法有偿转让；可以从实际出发，尊重农民的意愿，对承包土地做必要的调整，实行适度的规模经营。允许土地使用权依法有偿转让，为土地流转市场创造了前提，而实行适度规模经营则有助于提高农业劳动生产率，推动农村城镇化和实现农业现代化。

---

① 陈锡文：《当前我国的农村经济和农村政策》，载《改革》，2004年第3期。

(三) 1994—2001 年为土地流转的调整回落阶段

在该阶段，制度变迁的政策除了强调土地承包期限实行 30 年不变外，主要是强化和稳定农户家庭对土地经营拥有权利的完整性。1998 年，我国《土地管理法》修订通过，首次将农村土地承包 30 年不变的政策以法律形式固定下来。1998 年 10 月，中共中央十五届三中全会通过的《关于农业和农村工作若干重大问题的决定》，再次明确提出要坚定不移地贯彻土地承包期再延长 30 年的政策，同时要抓紧制定确保农村土地承包关系长期稳定的法律法规，赋予农民长期而有保障的土地使用权。适逢农业结构调整、发展效益农业和粮食流通体制市场化改革，粮食生产由指令性定购向自愿合同订单转变，农民能够自主决定种植经济效益高的作物，土地的使用价值逐步回升，农地流转价格上升，使原本凭借土地使用成本和粮食生产优惠政策扶持起来的规模经营呈萎缩之势。

(四) 2002 年起土地流转的快速推进阶段

2002 年起我国农村土地进入快速流转阶段，至今这一阶段仍在进行之中。在该阶段，为稳定和完善以家庭承包经营为基础、统分结合的双层经营体制，赋予农民长期而有保障的土地使用权，维护农村土地承包当事人的合法权益，促进农业、农村经济发展和农村社会稳定，国家制定、颁布了《农村土地承包法》。2002 年《农村土地承包法》的颁布，标志着我国农地承包经营权的管理进入了法治阶段。2002 年，中共十六大明确提出统筹城乡发展，实施"多予少取放活"的方针，2004—2007 年，中央连续四年下发 4 个涉农"1 号文件"，减免以土地为征收对象的农业税和农民负担、实行粮食直接补偿等一系列支农惠农政策，农民持有承包土地的成本为零，使土地流转价格成为净收益。随着农业产业化程度的提高和高效生态农业的实施，催生大量新型的土地流入方市场主体。土地流转在真正意义上受市场机制调节的条件基本具备，流转的速度逐步加快。

五、农地产权及流转法律制度缺陷分析

土地流转是指拥有土地使用权的个人、集体以及其他组织，在法律规定或合同约定的范围内，将土地使用权部分或全部转让给其他民事主体从事农业生产的交易行为。随着改革开放的深入，特别是随着我国社会经济、法治的快速

发展，现行农地制度深层次的矛盾也逐渐显现，在某些情况下甚至以十分激烈的方式表现出来，给我国社会经济、法治建设的发展已经或正在造成破坏，农地问题已经成为制约我国社会经济发展的重要问题，成为严重影响我国社会和谐，激化社会矛盾、冲突的不安定因素。归结起来，我国现行农地产权及流转制度存在以下五种重大的制度缺陷：

（一）农地流转主体的法律地位不明确

我国农地实行的是所谓"两权分离""统分结合，双层经营"的管理模式。所谓"两权分离"，是指将土地产权分解为土地所有权与土地经营使用权。土地所有权仍属于集体经济组织，而土地使用权则通过发包与承包关系，按农村人口平均发包给农户。在这一法律关系中，集体经济组织是发包方，以土地所有权向农户收取土地承包费；农户是承包方，以承包土地的使用权，获取土地产出的全部产品，完成国家赋予的税费任务。所谓"统分结合，双层经营"，是指在代表集体的社会合作经济组织内部可以有两种不同的经营方式：一是以家庭承包为基础，农户自主分散生产经营；二是集体统一集中经营，由集体为农户生产经营提供服务，同时管理集体企业和公共事业。我国现行宪法、民法通则、物权法、农业法、土地管理法、土地承包法等法律、法规都规定，农村土地除国家享有的之外归农村集体所有，但相关法律都没有明确指出究竟是归哪一级农村集体，农地所有权主体缺位、产权不明晰的状况相当严重。

集体所有权又称为劳动群众集体所有权，是指劳动群众集体组织对其财产依法享有的占有、使用、收益、处分的权利，是我国劳动群众集体所有制在法律上的体现。我国宪法规定农村土地为集体所有，民法通则规定农村土地为乡（镇）、村两级所有；物权法、农业法和土地管理法中规定农村土地为乡（镇）、村或村内集体经济组织所有；土地承包法则规定农村土地为农民集体所有。从上述法律的规定来看，集体所有权的主体究竟是哪一级的劳动群众集体组织，我们还无法从现行法律制度中找到明确的答案。在我国目前农村经济发展的特定背景下，不论在理论上，还是在实践中，农村劳动群众集体组织实际上是一个被高度概括化和抽象化了的概念，而我国许多地方的农村集体组织，随着20世纪80年代农村经济体制的改革或土地承包经营权的广泛推行，实际上已经处于名存实亡或被严重虚化的状态。从我国农地流转的社会实践看，农地流转中所有权的主体实际上是缺位的。再从农地流转中集体成员的法律地位来看，按我国现行物权法、土地管理法的相关规定，对于劳动群众集体组织所有的财产，集体组织的单个成员既不享有所有权，也不享有共有权。进一步讲，农民对所承包的土地、宅基地在法律上只是一种使用权或租赁权。与此相应，其流转也就不同于一般法律意义上的流转。

也正是由于我国劳动群众集体概念的抽象性和集体所有制经济形成原因的复杂性、多样性，目前，我国的劳动群众集体组织具有广泛性和多样性的特征，如农民集体有乡（镇）、村两级组织及其代表乡（镇）、村民委员会、农业生产合作社、乡村集体企业、城镇集体企业、集体企业的联合经济组织、股份合作企业等。可见，农村集体组织的概念在我国法律制度上是一个非常含糊的概念，具有不确定性。尽管相关法律规定了农村土地属于农村集体所有，但在众多的集体组织中，究竟由谁代表农村集体行使土地的所有权，法律规定并不明确。另外，作为集体组织成员的村民个人，在这一法律关系中，仅具有身份权，没有或不享有任何财产管理权。换句话说，在此社会法治背景下，国家及其各级地方政府组织，在农地流转的社会实践中只是通过"村委会"对农村土地进行控制或征收、征用；农村集体所有的土地及其权利的行使也都是由所谓政府"表象授权"的村委会来行使，而在我国目前社会及法治环境下，村委会已经被严重虚化，它既不是一级行政组织，也无法代表村民进行民事法律行为，更无法代表村民行使权利，与政府建立平等的民事法律关系。因此，农民不能真正成为土地物权法律关系的主体，而这也从根本上制约了我国农村社会经济的发展和新农村建设目标的实现。对此，有学者提出通过实行农村土地国有化或私有化改革的观点来解决上述问题，也有学者认为，通过进一步充实"集体所有"内容，做好明晰产权关系、规范凭证管理、完善征地制度等相关的立法工作，才能彻底解决集体土地所有权主体虚置的问题。但我们认为，如果没有国家现行法律制度的根本变革，只是在现有法律、政策框架下谋求出路或寻找突破口，其效果必然是有限的，只能是治标不治本。

（二）农地使用权残缺，无法确立正常的农地流转法律关系

从法律性质上讲，农地使用权作为一项重要的物权法律制度，具有私权性质，它是自然人、法人及其他社会组织的一项重要财产权。但在我国，由于受法律或政策的双重制约，农民既不能根据市场需求自由地经营土地，最大限度地实现土地的经济效益与使用价值，更不能自由出租、转让、抵押所经营或使用的土地。我国农地所有权在法律上归农村集体所有，农民仅享有土地的使用权。但即便如此，按我国现行法律的规定，农民也不完全享有土地使用权，我国农民实际上享有的只是一种不完整的土地使用权。从用益物权的角度看，农村土地使用权是指农村集体组织成员及其他民事主体对国家或者集体所有的土地，依照法律规定或者合同的约定对其承包、使用的土地享有占有、使用、收益或一定程度的处分权。因此，完整的土地使用权应该包括权利主体对土地的占有、使用、收益等项权能，或出租、转让、抵押、继承等一系列权利，如果缺少了这些必需的权利，农地使用权将是不完整的。从我国农村土地流转的实际情况看，农民或集体成员实际上不享有上述权利。

究其原因，土地作为人类社会生产、生活的物质基础，始终是国家或权力集团严格控制或争夺的重要资源，因此，"自有人类以来，有关土地归属和利用的种种制度设置和制度运行，便始终与社会安宁和社会发展紧密相连，与社稷的兴衰和人民的福祉息息相关"①。随着我国市场经济的确立与发展，特别是城市化的快速推进，一方面，社会各方利益日益呈现多元化趋向；另一方面，土地资源日益紧缺成为社会经济发展的重要资源。在此社会发展背景下，社会各方主体对土地资源的争夺将不可避免，矛盾、冲突在所难免，而在各利益主体的激烈博弈之下，农民的土地承包经营权、宅基地和建设用地使用权始终处于极度不稳定状态，土地常常被非法征收、征用，土地承包期限经常被改变，使农民对所承包土地的预期大大降低，加剧了土地使用权的不稳定性，使农民的土地使用权残缺不全。从某些方面讲，农地使用权残缺、农地流转的民事法律关系无法确立的局面，将是一个长期困扰我国社会经济发展的突出问题。

（三）农地流转程序不规范、管理混乱、问题突出

虽然土地流转在我国社会生活实践中早已出现，但不论在法律还是国家政策层面上，都没有单独、统一的国家立法或政策规定，至今尚未建立起一套规范、合理的农地流转程序。各地仍是各行其是，缺乏法治的统一性。

一是没有建立起统一的土地流转登记机构。我们知道，在法制健全的发达国家，一般都有专门的机构负责不动产登记事宜，此即所谓的"统一登记制"。而在我国，目前实行的是"分别登记制"，即有多个行政管理部门分别负责不动产的登记。根据现行法律，在我国集体土地所有权、集体建设用地使用权由国土部门登记，而土地承包经营权由农业部门登记，林地则由林业管理部门登记等。这种制度存在很多弊端，不利于不动产的登记与管理，但由于诸多社会原因，此种现象在短期内很难改变。

二是土地流转缺乏统一的登记程序。物权的公示与公示的公信力，历来是物权法上的重要问题。物权的变动如果不能以一定的方式公开、透明，则就既

---

① 王卫国：《中国土地权利研究》，中国政法大学出版社1997年版，第1页。

不利于明确物权人的权利并加以保护，也不利于维护善意第三人的利益，难免对交易安全造成极大妨害。不动产登记有公示和公信力的作用，一方面通过公示能降低交易的信息搜寻成本、减少各种权属纠纷，另一方面，通过公示取得公信力，是不动产权利行使和保护的重要法律保障。作为用益物权的农地使用权，登记是其产生法律效力或对抗力的必需要件，是权利取得、行使、保护的前提，是一项十分重大的民事法律行为。但在我国，土地相关权利的登记极不规范、不统一，有的地方以财政困难、经费紧张或农民不愿意缴纳成本费为由，没有颁发宅基地使用权证书，甚至不印发承包权证书；有的地区村委会以农户不愿意交工本费为由而扣发证书，造成了宅基地使用权特别是土地承包经营权无法有效保障的局面。由此也造成农地流转不能或无效等诸多问题，对农地使用权、经营权的取得、行使、保护十分不利。

三是流转缺乏书面合同。我国现行立法明文确认，土地承包经营权、宅基地使用权等为农村土地上存在的一种他物权。农村集体的成员要与本集体经济组织或其他农业集体经济组织建立土地承包关系、农村集体经济组织要与其他农民集体或国家建立土地承包关系，必经依照法律的规定，订立书面的承包经营合同。承包经营合同，是发包方和承包方为承包经营集体所有或国家所有、由集体使用的土地及其他自然资源明确彼此权利义务关系的协议。尽管取得土地承包的直接依据是承包经营合同，但对农村集体土地以承包经营的方式从事农业生产经营是我国农村土地法律和相关政策的一般要求。所以，农村集体经济组织通常不得以契约自由为理由拒绝将土地向本集体经济组织的成员承包，尤其是作为保障基本生产、生活来源部分的土地，农村集体经济组织有义务对本集体的每一个成员（或户）设定承包经营的土地，取得承包经营权。对于保障本集体经济组织成员生产、生活必需土地之外的土地，或国家所有集体使用的土地，可以由本集体经济组织的成员承包，也可以由本集体经济组织以外的单位或个人取得承包经营权。

与此相应，农地流转也必须通过书面合同依法进行，但由于目前我国农地管理制度的不规范、不健全，各民事主体的法律意识十分淡薄，很多农民进行土地流转实际上并不依据法律规定征得集体同意，更没有到主管部门登记备案。一般情况下，仅凭转让双方口头协商来确定土地的转让，由于缺乏书面合同，一旦出现对方不支付或不能足额支付租金、不兑现收益分成等情况，或受让方将土地使用权自行再次转让、土地使用权发生权属纠纷时，就难以从法律和行政角度进行协调。总之，目前我国农地流转中不规范、不合法的现象还相当普遍。

（四）农地流转中行政权力的膨胀与滥用，使集体土地征用机制弊端突出

在我国，集体土地使用权只有经国家征用程序，才能进入土地市场流转领域，而土地价值在进入市场前无法确定。原则上，由政府凭借行政管理权利单方决定征用土地的补偿费用。因此，征收补偿额度是与市场无关的政策性价格。根据我国民法通则、物权法、土地管理法的规定，国有土地的所有权、使用权分离后，使用权可以转让、抵押、出租；而集体土地所有权各项权能即使分离后也不能自由流转，其流转要受许多限制。根据相关法律规定，国家为了公共利益的需要，可以征收集体土地，使集体土地转变为国有土地后，再进入市场进行流转，即土地一级市场的国家垄断。最终在我国形成了两种所有权、两个市场的二元结构模式。众所周知，在法律上不能自由流转的土地使用权实际上是残缺的、模糊的，甚至不具有严格的法律意义。我国土地征用的实践证明，国家特别是地方政府往往会利用强大的行政权力，通过强制的方式征用、征收农民集体所有或农民拥有使用权的土地，而且在这些征用、征收过程中，一般都是通过村委会，农民的意志往往得不到足够的重视与尊重，作为集体成员的农民，在农地征收、征用过程中始终处在消极、被动或被支配的地位。

纵观国内外法治实践，我们可以看到，征地是中国特有的一项法律制度，而且在实施过程中有诸多限制性的行政规定。根据我国现行法律对农村集体土地征用的流程，其先由政府土地主管部门将土地征为国有，并对被征用的农村集体经济组织进行补偿，再由政府土地主管部门将被征用的土地出让给土地使用人使用。所以，学界一般不把这种流转看成正常的土地流转问题，民事理论研究方面大多不去涉猎，故而，这成为土地流转理论研究的空白地带。诚然，这种土地流转不符合民法平等、自愿、公平、等价有偿的基本原则，大多数情形下，它是由各级政府主导的一种类似行政的行为，但我们说，它又确实是市场经济条件下，市民社会中的私法问题，只是由于我国特殊的社会历史原因，在法律上一直没有得到很好的解决，学术探讨的也比较少。我们认为，对此重大的社会问题没有回避的必要，必须加以正视并给予适当的关注才是必要的。

可以肯定的是，随着我国社会经济的发展和改革的不断深入，征地这种单向性的、主体地位不平等的流转现象迟早会退出历史舞台，而建立正常的、双向性的、开放的、主体地位平等的民事土地流转制度，是我国现代社会经济和法治发展的必然选择。不过，民事土地流转制度必然要包括各民事主体之间土地的自由流转，其中，也包括农民集体土地通过正常的市场交易流入国家或其他民事主体，反之，国家土地也可通过市场交易流入集体或其他民事主体。我们认为，这一科学、合理的土地流转制度，才是我国未来社会经济、法治发展的正确途径，它完全符合全体民众的利益需求。但这一制度的建立需要经济、法治，特别是政治体制的深入改革才能实现。因此，我们认为，在完善现有农地法律制度的前提下，农地征收制度改革可分两步走：一是建立、健全现有的农地征收制度，以协调各民事主体，特别是政府与农民的利益关系，建立合理的国有和集体土地之间的流转机制；二是在国家土地制度进一步改革的基础上，彻底废除土地征收制度，真正实现国家土地所有权与集体土地所有权的平等及使用权的自由流转。

在目前阶段，按照征收土地原用途予以补偿是我国征地补偿额的原则之一，土地的原用途不同，补偿费支付的标准也不同，其中，耕地的原经济价值最高，补偿标准也就最高。其他土地，包括荒山、荒地，有收益的，也可以参照补偿。[1] 根据《中华人民共和国土地管理法》第47条的规定，征收耕地的补偿费用包括土地补偿费、安置补助费以及地上附着物和青苗的补偿费等。征收耕地土地补偿费的标准，是为该耕地被征收前三年平均年产值的六至十倍；征收耕地的安置补助费，按照需要安置的农业人口数计算，需要安置的农业人口数，按照被征收的耕地数量除以征地前被征收单位平均每人占有耕地的数量计算，每一个需要安置的农业人口的安置补助费标准，为该耕地被征收前三年平均年产值的四至六倍；地上附着物和青苗的补偿费是对被征用土地上人工形成的房屋、构筑物、树木、农作物等的补偿费用。另外，对征收菜地有特别规定，用地单位除缴纳上述费用外，还需缴纳新菜地开发建设基金。[2] 实践中，由于征收、征用行为过于偏离土地的市场价值和农民的合理预期，造成了许多法律纠纷。特别是在公共利益界定不清的前提下，征用的公平性已不复存在，因为实际上，这一程序已从法律层面排除了被征地农民参与土地增值收益分配的机会。在许多情况下，政府为吸引投资，往往压低地价，以牺牲农民合法利益来搞地方建设，将本应由各级政府承担的成本转嫁给农民承担，造成严重的不公平。

（五）农地流转中权利主体不明确，处分权缺失严重

由于我国现行法律规定农民不是农地的所有者，在法律上，农地属于农村

---

[1] 中国法制出版社：《法律法规新解读丛书之物权法新解读》，中国法制出版社2007年版，第181页。

[2] 农牧渔业部、国家计委、商业部：《国家建设征用菜地缴纳新菜地开发建设基金暂行管理办法》，载 http://china.findlaw.cn/fagui/p_ 1/290826.html

集体经济组织所有。与此相应，作为集体组织成员的农民在法律上不享有农地的处分权。在我国，农地处分权是农地所有权的一项重要权能，是所有权的重要标志，一般是指作为所有者的集体经济组织处分属于集体所有土地的权利。但我们认为，在我国特定的社会经济、法律背景下，它应该包括集体经济组织成员处分所承包土地的经营权、宅基地使用权和各民事主体建设用地使用权。否则，农地自由流转的问题就无法解决。因此，农地处分权在法律上包括所有权的处分和使用权的处分两种类型。所有权处分一般是指土地的征收、买卖、继承等，使用权的处分是指土地的抵押、转包、租赁、投资、入股、继承等。从我国农地所有权处分来看，依据现行相关法律，不论是农村集体经济组织，还是农民个人都不享有买卖集体所有土地的权利，集体土地在法律上不能买卖，集体土地的流转只能通过国家征收的方式进行，并通过流转，由集体土地转变为国家所有的土地，从而使集体土地所有权的性质发生变化。在这里，即使农民依法享有集体土地的继承权，也只是承包意义上的土地经营权和宅基地使用权的继承，而不属于集体土地所有权的继承。在我国，由于农地不能进入一级市场进行等价交易，也就无法实现农地的增值，在土地流转特别是被国家征收中，农民只能得到象征性的补偿，不能完全体现土地的价值。因此，在土地流转过程中，农民的利益会受到很大的损失。从集体土地使用权的处分来看，根据相关法律，农地使用权的流转只能通过农民的转包、租赁和集体调整等来进行，在法律上不允许农民对所承包土地的经营权进行抵押、出卖或私自进行投资、入股。就我国现行各项法律制度来看，很难形成有效的法律机制来规范土地流转法律关系，土地流转制度缺陷十分明显，给我国社会经济的发展造成严重损失。

随着我国市场经济的发展和城市化的快速推进，土地资源日益紧缺，其价值不断体现出来。于是，一些地方政府或利益集团，往往借助农地系集体所有、权利主体不明这一便利条件，打着公共利益的幌子，通过各种手段，蓄意侵害集体土地和农民的土地使用权或经营权，从而使集体经济组织和农民所享有的民事权利不断受到来自公权力的肆意侵害。而作为土地出让者的某些村委会及其管理人员，则利用集体土地所有权代管人的身份，与某些利益集团相互勾结，控制土地交易市场，操纵土地交易价格，大肆收受贿赂、中饱私囊，使农地流转中的腐败现象大量滋生，农村集体经济组织和农民的人身、财产利益受到很大伤害，是影响我国社会经济、法治稳定的重要破坏因素。另外，本应作为土地真正主人的农民，只能以土地承包或使用者的弱势身份，任人宰割。面对如此情况，他们无法珍惜赖以生存的、宝贵的土地资源，在个人利益的驱动下，甚至为了眼前、短期利益，对所承包的土地只能进行掠夺式的开发，其后果是导致水土流失严重，土地沙漠化、荒漠化，土地后续开发能力萎缩，农村环境日益恶化。因此，我们必须进一步加强农地法制建设，在法律上明确农民才是土地真正的主人。农民是农地流转的权利主体，必须充分尊重农民的意愿，强化农地流转的法律程序，建立适应我国社会经济发展的农地流转关系。

综上所述，由于我国农地产权及其流转存在着严重的制度缺陷，使农地使用权的各项权能难以充分发挥应有的作用，以至于各级政府与各利益集团经常利用农地征收或所有权不明的情况不时侵害农地的使用权；使公权力借助农地制度的缺陷，肆无忌惮地侵害各民事主体特别是农民的合法权益有了充足的理由或借口。与此相应，各民事主体无法有效地依法行使农地的使用权。具体来讲，在我国土地市场上，集体土地所有权除非通过国家征收程序转为国有土地外，不得自由转让、变更，不允许农村集体组织或农民进行任何形式的土地所有权交易。尽管在法律上农村土地为集体所有，农村集体经济组织依法享有所有权，但这种所有权实际上已经受到严格限制。在乡镇企业土地使用权的转让中，如果受让人为集体组织以外的民事主体时，必须依法经过"先征后让"的办法，方可流转，并且向国家补交土地出让金，这样，一方面人为地提高了农村建设用地的交易成本，阻碍了乡镇企业发展的资本优化；另一方面，农地所有权与使用权的不适当限制，也妨碍了农村社会经济的快速发展。根据物权法等法律规定，宅基地使用权只能随房屋所有权的转移而转移，不能单独买卖、出租、抵押；以家庭承包方式取得的土地承包经营权，在法律上虽然可以转包、转让、出租、互换等方式流转，但土地承包经营权的流转也有诸多限制。如《土地承包法》明确规定，土地承包经营权采取转让方式流转的，应当经发包方同意；土地管理法也规定，集体土地使用权不得出让、转让和出租用于非农建设等。因此，我国农地及其流转在法律上存在着重大的制度缺陷，对我国社会经济特别是农村的发展极其不利，必须通过法律制度的创新，予以改变。

第二章

农地流转法律关系的性质及理论定位

改革开放以来，我国农地流转取得了很大的成绩，市场机制在土地资源的流转、配置中发挥了重要的作用，国家对耕地的保护政策和措施不断强化，政府对土地利用的调控能力也不断提高。这对促进我国社会、经济和法治建设，特别是繁荣农村经济、加速农业的现代化建设都起到积极作用。但同时，我们也看到，在农地流转过程中，由于种种社会、政治、经济原因，法律制度的设计不尽科学、合理的现象相当普遍。我们知道，土地制度始终是社会经济发展的基础，一个科学、合理的土地制度不仅对土地资源的优化配置及效率的提升具有重大影响，而且对社会的稳定、和谐发展具有重大作用。因此，建立科学、合理的农地流转制度，通过法律制度实现土地资源的优化配置，以保护稀缺的土地资源特别是耕地，切实保障土地流转中各民事主体的合法利益，便成为加强农地法制建设的重要课题。要达到这一目标，就需要我们从立法、执法、司法诸多方面探讨农地流转中出现的各种新情况、新问题，并按照平等、自愿、科学、合理的要求，进一步完善农地流转法律制度，为农地流转提供制度保障。

一、农地流转的法律依据及性质

根据我国宪法和相关法律的规定，我国土地的性质为公有制，在理论上，全体公民都享有土地的所有权，但在社会实践中，土地使用权仅限于直接使用土地的各民事主体。我国土地所有权的公有制具体体现为国家土地所有权、集体土地所有权两种形式，即在法律上不允许土地的私人所有。这一法律制度与西方经济发达国家完全不同，这同时也就意味着我国的土地流转与国外有所不同。我们知道，土地的使用权和所有权是密切联系在一起的。在宪法和相关法律中对土地流转制度明确予以规定，不仅有利于促进我国社会经济的快速发展，推动城市化进程，而且也有利于农村社会经济的健康发展，使我国稀缺的土地资源得到合理、优化的配置。

(一) 农地流转概念的界定与法律依据

在我国，由于人们对农地流转范围的认识与限定不一样，对流转概念的理解与界定也就有所不同，至目前还无法统一。一种具有代表性的观点认为，农村土地流转是指农村家庭承包的土地通过合法的形式保留承包权、将经营权转让给其他农户或其他经济组织的行为。农村土地流转是农村经济发展到一定阶段的产物，通过土地流转，可以开展规模化、集约化、现代化的农业经营模式。我们认为这种看法有待商榷。从财产角度观察，农地所有权及各项权能是一种财产权，土地流转实际上是指土地作为财产权在民事主体之间的权利变动，即土地所有权或使用权在不同经济实体（企业或农户）之间的流动和转让。

我们认为，农地流转不仅仅局限在土地承包经营权的流转。从物权视角分析，农地流转有广义和狭义之分，狭义的农地流转是指在农村集体所有土地上设立的用益物权，其权利人由于自身并不对农地直接进行使用，而采用将其享有的土地使用权通过法定方式，部分或者全部让渡与其他民事主体享有的法律行为。在这一转让过程中所形成的转让人与受转让人之间的民事法律关系就是农地流转法律关系，它包括农地承包经营权、宅基地使用权和农地建设用地使用权的流转这三个方面。在农地承包经营权的流转中，权利人一般转让的是部分权利，作为法定承包人特别是农村集体成员会保留承包权，流转的只是承包经营权。而宅基地使用权和农地建设用地使用权的流转，一般权利人需要转让全部权利，在这一法律关系中受让人成为土地使用权新的民事主体。而从广义角度来看，农地流转还包括农地所有权的流转。在我国，主要通过土地征收的方式，国家将农民集体所有的土地转化为国家所有的土地。我们在本课题中讨论的是广义的农地流转。

随着我国改革开放的不断发展，《中华人民共和国宪法修正案》（1988年）第2条将宪法第10条第4款"任何组织或者个人不得侵占、买卖、出租或者以其他形式非法转让土地"修改为："任何组织或个人不得侵占、买卖或者以其他形式非法转让土地，土地的使用权可以依照法律的规定转让。"这一规定成为我国农地流转的法律根据。自此，农地使用权的流转成为我国社会经济生活中的重要现象。《中华人民共和国物权法》第128条规定："土地承包经营权人依照农村土地承包法的规定，有权将土地承包经营权采取转包、互换、转让等方式流转。流转的期限不得超过承包期的剩余期限。未经依法批准，不得将承包地用于非农建设。"第129条规定："土地承包经营权人将土地承包经营权互换、转让，当事人要求登记的，应当向县级以上地方人民政府申请土地承包经营权变更登记；未经登记，不得对抗善意第三人。"第 153 条规定："宅基地使用权的取得、行使和转让，适用土地管理法等法律和国家有关规定。"第 155 条规定："已经登记的宅基地使用权转让或者消灭的，应当及时办理变更登记或者注销登记。"《中华人民共和国土地管理法》第 63 条规定："农民集体所有的土地的使用权不得出让、转让或者出租用于非农业建设；但是，符合土地利用总体规划并依法取得建设用地的企业，因破产、兼并等情形致使土地使用权依法发生转移的除外。"可见，法律就农地承包经营权、宅基地及集体建设用地使用权的流转中，原则、方式、条件、流转期限及变更登记等重大问题在法律上做了明确规定。

除宪法和物权基本法对农地的流转做了原则性的规定外，《中华人民共和国农村土地承包法》第 2 章第 5 节还专门规定了土地承包经营权的流转，第 32 条至 43 条就农村土地承包经营权的流转方式，遵循原则以及流转合同的内容等做了明确的规定；农村土地承包经营纠纷调解仲裁法，对包括因农村土地承包经营权转包、出租、互换、转让、入股等流转发生的纠纷在内的农村土地承包经营纠纷的调解和仲裁做了明确规定，使我国农地流转在法律层面得到比较好的制度保障。另外，在法规层面，原农业部专门制定、颁布了农村土地承包经营权流转管理办法，对农村土地承包经营权的流转、管理、监督及纠纷裁决等问题做了明确、细致的规定。这些规定使我国农地流转有了法律上的依据。

（二）我国农地流转的法律属性

长期以来，我国法学界对农地流转法律性质的探讨，主要集中在对农地承包经营权的性质是债权还是物权的讨论方面，持"债权说"的学者从农地承包经营权的产生与实际运行出发，认为土地承包经营权仍然具有明显的债权性质。[①] 尽管"债权说"有现实的法律关系依据，但由于债权性质的土地承包经营权造成了农地承包关系的不稳定，"债权说"已经为大多数学者所摒弃。从制度变迁的动态角度看，农地承包经营权有着由债权性质，向着物权性质演进的趋势，这主要表现在三个方面：第一，从"四荒地"的拍卖开始，允许集体以外的人来承包，在经济发达的大城市郊区和沿海地区，家庭承包的土地也纷纷向外来人口出租，这样农地承包权的义务主体从特定行为人扩大到除了承包主体以外的任何人，逐步具备了对世权特征；第二，承包权人对承包土地有在法

---

① 梁慧星：《中国物权法研究》（下），法律出版社 1998 年版，第 705—716 页。

律规定范围内的直接占有、使用、收益和有限处分的权利，农民对土地直接利用、控制的权利不断增强；第三，土地承包期在不断延长，土地调整的幅度和频率在逐步减少，我国农地承包经营权的期限超出了各国法律上普遍规定的20年最长租赁期限。"物权说"目前已为学术界、实务界和广大农民所接受。① 我们认为，对我国农地流转的法律性质，可以从以下几个方面考察：

1. 农地流转反映的是具有私权属性的民事法律关系

法律分为公法与私法，乃是人类社会文明发展的重大成果。正如德国学者基尔克所指出的，公法与私法的区别是今日整个法律秩序的基础。如果这一区别被混淆，甚至无视公法与私法的本质差异，那么，作为社会调整器的法律将会失灵，社会关系和社会秩序将会处于混乱之中。因此，在市民社会中，公共利益和个人利益虽然有密切的联系，但两者毕竟是两种不同的利益。从根本上说，公共利益的实现乃是为了更好地保护和实现个人利益，即使当二者发生冲突，国家在给予个人充分的补偿之前，也不能以实现公共利益为由侵害个人的合法利益。法治社会要求有侵害就有救济，尤其是人们的生活的可预期，它禁止公权以任何理由干预私人的生活空间。因为，民事法律关系是基于民事法律事实，由民事法律规范调整而形成的，以民事权利和民事义务为核心内容的社会关系，是民法所调整的平等主体之间的财产关系和人身关系在法律上的表现。它是众多法律关系中的一种，是现代社会中最为重要的一类法律关系。民法正是通过对民事法律关系的调整来实现组织、维护社会秩序的功能。概括起来，与其他法律关系相比较，民事法律关系具有以下特征：

（1）民事法律关系是平等主体之间的关系

民法调整平等主体之间的财产关系和人身关系，这就决定了参加民事法律关系的主体法律地位平等，他们相互独立、互不隶属。同时，由于主体地位平等，决定了其权利义务一般也是对等的，一方在享受权利的同时，也要承担相应的义务。

（2）民事法律关系是民事主体之间的权利与义务关系

民法调整一定的财产关系和人身关系，是赋予当事人以民事权利和民事义务，在民事法律关系产生以后，民事法律规范所确定的抽象的民事权利和民事义务，便落实为约束当事人行为的具体的民事权利和民事义务。以民事权利和民事义务为内容，正是民事法律关系与其他法律关系的重要区别。

---

① 袁铖：《二元结构转型过程中的中国农地法律制度创新：一个产权的视角》，载《法商研究》，2007年第3期。

(3) 民事法律关系大多依民事主体的意志发生

由于民事法律规范大多为任意性规范，同时，在民事领域奉行私法自治原则，因此，民事法律关系大多依民事主体的意志发生，体现民事主体的意志。这在合同法里表现得最为明显，当事人是否订立合同、和谁订立合同、以什么形式订立合同等事项，只要不违反法律的强行性规定，均可依当事人的意愿确定。当然，在法律已有强行性规定的情况下，当事人则应依法办事，否则，其行为就会因违法而无效。

(4) 民事法律关系以财产关系和人身关系并重

虽然民法以财产关系为其主要调整对象，因此，民事法律关系也主要表现为财产关系，但是，"随着民法现代化、文明化的发展进程，人们对人身关系的重视程度不断增强，与此相适应，民法已经逐步摆脱财产法的偏狭。所以，民事法律关系应该理解为既包括财产关系，也包含人身关系，对二者的并重是民事法律关系又一新的特征"[①]。

将农地流转法律关系归入私法的范畴，归入民事法律关系的范畴，强调对民事主体权利的充分保护，对于培育和发展市民社会中的权利意识和平等观念，是十分必要的。我国土地管理立法中要尽量减少有关国家行政机关的管理规则，努力减少对当事人从事合法的民事行为所施加的限制。

2. 农地流转的性质为物权

由于农地法律关系的复杂性、类型的多样性，对其流转的法律属性，我国法学界存在不同的看法，主要围绕农地流转究竟属于物权还是债权又或者兼具物权和债权双重属性进行争论。我们认为，农地流转的性质为物权。因为从法律属性来看，我国农村土地是指农民集体所有和国家所有依法由农民集体使用的耕地、林地、草地及其他依法用于农业的土地。集体所有权又称为劳动群众集体所有权，是指劳动群众集体组织对其财产依法享有的占有、使用、收益、处分的权利。根据我国相关法律的规定，农村土地包括两部分，一是农民集体所有的土地，二是国家所有、依法由农民集体使用的土地。我们认为，属于农民集体所有土地的流转，原则上应该是自由的、平等的，不加限制的。但属于国家所有依法由农民集体使用土地的流转，由于土地所有权的性质是国家所有，农民集体只享有使用权，其流转应该在法律上根据分别情况给予明确规定，即在国家依法征收的情况下，这部分土地的性质与农民集体所有土地的性质是不同的。不存在土地性质的转换，只是土地使用权的变更，其相关问题的处理就

---

① 马俊驹、余延满：《民法原论》（上），法律出版社1998年版，第75页。

不完全相同于对农民集体土地的征收问题的处理。除此之外，其经营权、使用权的流转应该与农民集体土地的流转完全相同。农地使用权及其流转是一种民事权利，是劳动群众集体所有制各项权能行使及分离的必然结果，是用益物权在法律上的充分体现。

根据民事权利人权利的实现方式，财产法律关系可分为物权关系和债权关系，它是绝对法律关系和相对法律关系在财产法律关系中的具体体现。物权关系，是指权利人可以通过直接支配物而不需要义务人实施某种积极行为予以配合便能实现其权利的民事法律关系。在物权关系中，义务人为权利人之外的一切不特定人，其义务一般为不实施妨害权利人行使其权利的行为。因此，物权是一种绝对法律关系，所有权关系、用益物权关系以及担保物权关系都是绝对的物权法律关系。而债权关系，是指权利人的权利必须由义务人实施一定行为相配合，才能行使和实现的民事法律关系。在债权关系中，义务人可以为一人也可以为数人，但总是特定的，其义务是实施一定行为，通常是积极的行为，如通过给付行为来配合权利人的权利行使与实现。所以，债权关系属于相对法律关系。合同法律关系、不当得利与无因管理法律关系、侵权损害赔偿法律关系都属于债权法律关系。将财产法律关系具体区分为物权关系和债权关系，有助于明确物权和债权的不同特点。也正是因为如此，民法中建立了物权法和债权法两大财产法律制度。由此可见，物权与债权是两种不同性质的权利表现形式，其属性的不同，可从物权与债权不同的法律效力得到证明：

（1）物权具有支配的效力

物权的支配效力，是指物权享有人对物权客体依自己的意志而不必借助其他人的行为进行支配、控制并享受其利益的效力。在物权法律关系中，物权人是直接实施对物的支配行为还是将物交给他人支配以及进行何种方式的支配，除法律明确限定的以外，均依权利人自己的支配意志而确定。所有权是完全物权，有完全的支配力，他物权在法律规定或合同限定的范围内则有某些方面特定的支配效力。农地流转的法治实践明确表明，农地流转中的所有权（农地征用）、土地承包经营权以及宅基地、农业建设用地使用权作为一项重要的民事权利，权利人依法对农地享有的是直接支配的权利，而债权的内容与物权相反，债权人一般不是直接支配一定的物，而是请求债务人依照债的规定为一定行为或不为一定行为。由此可见，农地流转中权利人享有的不是债权中所享有的请求权，这充分说明农地流转属于物权性质。

（2）物权具有排他的效力

物权的排他效力是指同一标的物上不得同时成立内容相同、不能相容的两个或两个以上的物权,即一物一权规则。物权的排他效力具体表现在三个方面:其一,同一物上不得同时成立两个所有权。其二,同一物上不得同时存在两个以上内容不能相容的用益物权。若两个用益物权均需要以占有为内容时,就不得同时存在。如在农地流转中,某甲取得某一地块的承包经营权或者宅基地使用权,则其他人不能同时对该地块拥有另一个经营权或者宅基地使用权。再若两个用益物权的权利不可能同时实现时,也不得同时存在。如在农地建设用地的流转中,某农村集体经济组织将某一块土地确定由某甲建造家庭住房,享有宅基地使用权,则不得同时再将该地块交由乙企业建造厂房,在该地块上设定建设用地使用权。其三,同一物上不能同时存在均须以转移占有为要件的用益物权和担保物权。如甲将自己的动产设定用益权给乙,就不能同时设定质权给丙。除此之外,用益物权与担保物权可能同时存在于同一物之上,多个担保物权一般情况下也可同时存在于同一物上,其效力依法律规定确定先后顺序。在农地流转的法治实践中,上述法律规则完全适应于农地承包经营权、宅基地及农地建设用地使用权的流转,由此说明农地流转是典型的物权。

(3) 物权具有优先的效力

物权的优先效力,又称为物权的优先权。对物权的优先效力的范围或物权优先权的涵义,在理论中有不同的认识。一种观点认为,物权的优先权既包括物权与债权并存时,物权具有优先于债权的效力,也包括同一物上有两个或两个以上不同内容或性质的物权存在,成立在先的物权优先于成立在后的物权。[①] 理论界多数学者持此观点。另一种观点认为,物权的优先权仅指物权优先于债权的效力。[②] 我们同意后一种观点,但由于该问题不是本课题讨论的主要问题,这里便不再去探讨。我们认为,物权与债权相比较,其优先性主要表现在以下几个方面:

第一,所有权的实现或保护优先于债权的实现或保护。主要指在一物多卖的情况下,某一特定物上享有所有权的主体与享有债权的主体其权利发生冲突时,所有权人的权利优先于债权人的权利。如甲将房屋卖给乙,此后甲又将同一房屋卖给丙,并办理了登记。在此情形下,则甲无权要求丙交还房屋,丙享有的房屋所有权将被确认,此种权利明显优先于乙对该房屋所享有的债权,乙只享有要求甲交付房屋的请求权。

第二,用益物权与债权并存时,用益物权优先于债权。即当某一物虽然确

---

① 梁慧星、陈华彬:《物权法》,法律出版社2007年版,第57页。
② 张俊浩:《民法学原理》,中国政法大学出版社2000年版,第401页。

定为债权的履行标的，但该物上同时存在用益物权时，则无论该用益物权的成立在债权之前或之后，均有优先于债权的效力。债权人不得请求用益物权人交付或转移其物，也不得请求除去该物上的用益物权。用益物权的实现或行使与债权发生冲突时，用益物权优先实现。

第三，担保物权与其他普通债权并存时，享有担保物权的人有优先于普通债权人就该标的物受偿的权利。担保物权标的被其他普通债权人申请法院强制执行时，担保物权人可基于其优先权提出异议，请求排除该执行。

当然，任何事物都不是绝对的，物权优先于债权也有例外情形，即租赁合同中承租人的租赁权，其效力优于后设定的物权。具体地说，在租赁期内，出租人将房屋等租赁物转让于他人时，承租人的租赁权仍然有效。这就是通常所说的"买卖不破租赁"的规则。在此情况下，承租人的租赁权的行使要优先于新的所有人对标的物的占有、使用权。此外，在某些特殊情况下，基于社会公益或社会政策的需要，法律也规定某些物权不能优先于债权。但物权优先于债权仍然是基本的民事规则。

（4）物权具有排除妨害的效力

物权的妨害排除效力，从权利的角度观察，可称为"排除妨害请求权""物权请求权"或"物上请求权"。物权请求权，是指物权的圆满状态受到妨害或有被妨害之虞时，物权人得请求妨害人除去妨害或防患于未然，以回复其物权的圆满状态的权利。一般认为，物权请求权分为物之返还请求权、妨害排除请求权、妨害预防请求权三类。相应于民法通则中承担民事责任方式的规定，返还原物请求权，即为物之返还请求权；停止侵害、排除妨碍以及恢复原状请求权，一般认为可归为妨害除去请求权；消除危险请求权，则属妨害预防请求权。物权请求权不仅可以基于所有权而发生，而且也可基于用益物权、担保物权而发生，唯基于不同物权而发生的物权请求权，其具体内容略有不同而已。

一般认为，物上请求权是一个独立的权利种类，是与物权密不可分的并以物权为基础的请求权。民法理论中通说认为，物上请求权是一个物权效力所产生的独立权利。在物权人的权利受到侵害、标的物尚存在时，权利人即有一定独立的请求权，这种请求权以恢复物权的支配状态为目的，且于物权的存续期间因物权受侵害而发生，如果标的物灭失，物权即消灭，物权请求权也就无从行使，此时受损害人只能行使债权请求权，要求侵权人赔偿损失。

从以上的论述中，我们可以看到，物权与债权作为一组相对应的民事权利，共同构成民法中最基本的财产权形式。物权与债权既有紧密的联系，也有重大区别。其区别可以概括为五个主要方面：其一，在权利性质上，物权为支配权，债权为请求权。其二，在权利客体上，物权的客体是特定的、独立的、既存的、有形的动产或不动产（物），而债权的客体是"给付"，至于给付行为之对象，则可以是物、劳务、智力成果等。其三，在权利效力上，物权具有支配力、排他力，而且其效力及于任何人，而债权的基本效力为请求力，且其效力原则上只及于特定的债务人，债权之间具有相容性和平等性。其四，在权利设定上，物权的设定实行法定原则且还须公示，而债权的设定则实行任意主义且无须公示。其五，在权利期限上，物权中的所有权具有无期性、恒久性，而一切债权均有其存续期限。从这些区别与特点来分析、对照，我们可以清楚地看到，农地流转是一种典型的物权形态，与债权形态具有很大的差别。

3. 农地流转具有用益物权属性

用益物权是以使用、收益为目的，在他人所有的物上设定的他物权。《中华人民共和国物权法》第117条规定："用益物权人对他人所有的不动产或者动产，依法享有占有、使用和收益的权利。"可见，用益物权是所有权与其权能相分离的结果，这种分离适应现代社会经济的发展需要，适应市场经济条件下进一步扩大所有权的要求，这种分离或者用益物权制度的出现，对于扩展财产使用价值，优化资源配置起到十分重要的作用。

（1）用益物权是一类他物权

与担保物权相对应，设立用益物权的目的就是对他人所有的财产进行使用、收益，即为了追求物的使用价值而对他人的物在一定范围内进行支配。与此相应，用益物权的内容也主要是行使使用、收益的权能。从法律性质上讲，用益物权属于他物权。其设立要以对标的物的占有为要件。也就是说，必须将标的物的占有移转给用益物权人，由其在实体上支配标的物，否则，无法实现用益物权使用、收益的目的。可见，就对标的物的支配方式而言，用益物权是对标的物的有形支配，而且这种有形支配是作为对物的利用的前提而存在的。

（2）用益物权是一种限制物权

与所有权相比，用益物权只是在一定方面支配标的物的权利，没有完全的支配力。用益物权人在法律规定或合同约定的权利范围内，具体支财产，并可以对抗一切人，包括所有权人，从而形成对所有权的限制。如集体经济组织是集体土地的所有权人，但它不得非法干涉土地承包经营权人承包经营土地的各项权利，承包人享有的土地承包经营权在法律上具有相对的独立性。即使国有土地，其土地使用权一经确定，使用权人就依法享有占有土地的权利，作为所有者代表人的国家或政府，也不得干涉或强行占有。可见，用益物权实际上是根据所有人的意志在所有权上设定的负担，起着限制所有权的作用。因此，在权利的效力范围上，用益物权比所有权具有优先的效力。

(3) 用益物权是法定物权

用益物权主要以民事基本法——民法典为依据，但也有以特别法为依据的，典型的用益物权是民法典上的用益物权。在我国没有民法典，民法通则、物权法就是用益物权的法律依据。如各国立法上的地上权、永佃权、典权、居住权、地役权，我国民法通则、物权法规定的建设用地使用权、土地承包经营权、宅基地使用权等，就是典型的用益物权。这些典型的用益物权不仅地位重要，而且适用范围也十分广泛。另外，土地管理法、自然资源法、公司企业法等特别法上也有一些用益物权形式，如国有企业经营权、采矿权、水权等。这些用益物权在主体、客体或效力范围等方面都具有一定的特殊性。所以，在法律适用上应当首先适用特别法，只有在特别法无规定时，才适用民法通则或物权法。

(4) 用益物权是一种有期限物权

与所有权不同，所有权是没有存续期限而永久存续的物权，而用益物权则有一定的期限，在其存续期限届满时用益物权即当然归于消灭。在法律上，之所以设定用益物权的存续期限，是因为用益物权是在他人之物上设定的权利，起着限制所有权的作用。如果允许设定永久无期的用益物权，则所有权会处于一种有名无实的境地，无法体现所有权的本质属性。

4. 农地使用权及其流转是一种受严格限制的用益物权

农地使用权的综合性、复杂性特点，决定了农地流转的综合性、复杂性特点，同时，也决定了这一权利的行使和流转会在法律上、政策上受到多方面的限制。由于我国耕地资源十分稀缺，人多地少的矛盾一直是困扰或制约我国社会经济发展的重要因素。《全国土地利用总体规划纲要 (2006—2020 年)》一书，从保障我国粮食、经济安全和社会稳定出发，提出了坚守18亿亩耕地红线的目标。由此可见，在我国社会经济发展中，严格保护耕地是我们的基本国策，对土地用途进行严格管制是我国土地管理制度的核心内容。

由于土地是关系到人类社会命运的自然资源，同时，也是无法移动的财产，因此，与动产相比较，土地所有权及使用权的行使都受到较多的限制，这种限制不仅包括私法上的限制，还包括许多公法上的限制，如土地规划、耕地保护、土地征用、土地用途等方面都以公法规范加以强制性规定，从而构成对土地所有权及使用权的限制。如《中华人民共和国土地管理法》第 2 条规定："中华人民共和国实行社会主义公有制，即全民所有制和劳动群众集体所有制两种形式。"这一规定，在法律上明确了我国土地公有制性质，即土地属于国家和农民集体所有，土地所有权不得买卖和非法转让。同时，根据相关法律规定，土地流转的只能是使用权，不能是所有权。再如，《中华人民共和国土地管理法》第9条规定："国家对土地实行用途管制制度。"第63条规定："农民集体所有的土地的使用权不得出让、转让或者用于出租用于非农业建设。"，《中华人民共和国农村土地承包法》第33条规定："土地承包经营权流转不得改变土地所有权的性质和土地的农业用途。"这些规定明确限制农村土地流转不得改变农业用途。

综上所述，农地使用权流转的本质，就是推进土地要素的市场化，它必然会引发其他要素市场包括农村资本市场的发育。土地流转能够有效改善土地资源配置效率，进一步激活农业剩余劳动力的转移，为农业规模化、集约化、高效化经营提供广阔空间。构建和规范农村集体建设用地的流转机制，可以使农民更充分地参与分享城市化、工业化的成果，显示集体土地资产价值，促进农民获得财产性增收。一方面，通过适当的集中与合理的土地置换，可以避免农村居民点过于分散的住房方式所造成的土地浪费，推进新农村建设并化解耕地红线失守的尴尬。另一方面，"宅基地换住房，承包地换社保"，有利于提高农民非农转移的稳定性，从而有利于弱化城乡二元体制并推进城乡一体化进程。此外，当前农村经济发展的一个重要瓶颈是农村金融服务严重滞后，而宅基地及其建筑物的流转和抵押，无疑会有力推进农村金融及农村土地的资本化与市场化。

二、农地流转法律关系及其构成要素

长期以来，我国在土地管理上一直实行的是城乡分治的土地管理策略，对农村与城市土地分别适用不同的法律规则，并由不同的管理机构进行管理。即国有土地属于国家所有，由国务院代表国家行使权利，而农村土地属于农村集体经济组织所有，由农村集体经济组织代表集体行使权利。在此基础上形成不同的土地市场和权利体系，由此也形成了我国土地市场城乡分割、政府主导的独特格局。改革开放以来，这种独特的二元土地制度为我国社会经济的快速发展和城市化进程的加速确实做出了重大贡献。但另一方面，由于行政色彩太浓，使我国的土地市场长期发育不良、不能形成开放的、良性互动的土地市场，在畸形的土地市场中，农民的权利特别是土地财产权利往往被非法侵害，使我国各民事主体的土地利益矛盾日益加剧。因此，正常、有序的农地法律制度必须建立在规范的民事法律关系的基础上。这是我们研究、讨论农地流转问题时必须明确的。而合理、正常的农地法律关系主要由参与民事法律关系的主体、客体、内容（权利与义务）构成。

（一）我国农地流转法律关系的主体

农地流转是一种民事法律关系。作为民事法律关系的主体，也称为民事权利义务的主体或简称为民事主体，是指参加民事法律关系、享受民事权利并承担民事义务的人。民事法律关系的主体主要是自然人、法人。此外，没有法人资格的组织如果符合一定的条件，如合伙、创作作品的非法人单位以及特殊情况下的国家，也是民事主体。根据我国法律的规定，城市市区的土地属于国家所有，即国有土地所有权的权利主体只能是国家，其具有唯一性和统一性。换句话说，任何组织和个人都不能成为国有土地的所有人，也不得同国家共享对国有土地的所有权。作为国家最高行政权力机构的国务院依法代表国家行使国有土地的所有权，地方各级政府机构可以在相应范围内依法代表国家管理国有土地、行使所有权，但其本身并不是国有土地所有人。在法律上，国有土地既可由国家机关或事业单位直接占有、使用、受益，其主要目的是实现社会整体利益的最大化和满足社会公共事业的需要，体现土地所有权的价值；也可由其他民事主体依法占有、使用、受益，在市场经济条件下，这些大都具有明确的营利目的，体现国有土地用益物权的性质。农村和城市郊区的土地，除依法属于国家所有的以外，属于农民集体所有。集体土地所有权是指农村集体经济组织对法律规定范围内的土地依法所享有的占有、使用、收益及处分的权利。

1. 农村集体所有权的特点与表现形式

农村集体经济组织，一般指对改革开放之前以土地公有制为基础的基本核算单位公社、大队、生产队等进行改革后建立起来的乡村和村民小组等农村地区性经济组织。农村地区性经济组织尽管在统一与分散的综合程度、组织规模、名称等方面各不相同，但仍然是农村集体所有制组织，这种组织可以以村范围设置，也可以以村民小组为范围设置。此外，还可以设立乡联合经济组织。在法律上，集体所有权的特点，可以归纳为以下几点：

（1）主体的广泛性和多样性

集体所有权的主体即所有人是"劳动群众集体组织"，劳动群众集体组织是一个高度概括化和抽象化的概念。对于劳动群众集体组织所有的财产，集体组织的单个成员不享有所有权，集体组织的各个成员也不享有共有权，因此，集体所有权不同于财产共有权。由于劳动群众集体概念的抽象性和集体所有制经济形成原因的复杂、多样性，目前，我国的劳动群众集体组织也具有广泛性多样性的特征，如村农民集体及其代表村民委员会、农业生产合作社、乡村集体企业、城镇集体企业、集体企业的联合经济组织、股份合作企业等。

（2）客体一定程度的广泛性

集体所有权的客体，尽管没有国家所有权那样广泛，但除依法属于国家专有的财产以外，其他一切生产资料和生活资料都可以成为集体所有权的客体，主要包括：法律规定为集体所有的土地、森林、山岭、草原、荒地、滩涂等；集体经济组织的财产；集体所有的建筑物、水库、农田水利设施和教育、科学、文化、卫生体育等设施；集体所有的其他财产。

（3）性质的特殊性

集体所有权是一种具有特殊性质的所有权，它既不是国家所有，也不一定是法人所有，也不同于集体成员对财产所拥有的共有权。集体所有权是通过法律规定的整体上代表相应范围内劳动群众集体的某一机构、单位、组织来行使所有权的，而不是若干集体成员按照份额行使所有权。在某一具体的物上，集体所有权的主体只有一个。不同形态的集体所有权，其集体成员所享有的权利不尽相同。

从上述法律特点中我们可以清楚地看到，农民集体在法律上其实是一个较为抽象的概念，具有很大的不确定性。根据《中华人民共和国物权法》第60条的规定："对于集体所有的土地和森林、山岭、草原、荒地、滩涂等，依照下列规定行使所有权：（一）属于村农民集体所有的，由村集体经济组织或者村民委员会代表集体行使所有权；（二）分别属于村内两个以上农民集体所有的，由村内各该集体经济组织或者村民小组代表集体行使所有权；（三）属于乡镇农民集体所有的，由乡镇集体经济组织代表集体行使所有权。"在农地管理实践中，农民集体土地所有权一般是通过相应范围内的农村集体经济组织代表农民集体行使所有权。农村集体经济组织的财产主要有农村集体的土地、山林、草场，集体企业财产、集体设施、公共积累等。农民集体土地所有权主要分为以下三种情况：

第一，村农民集体所有。其所有权主体是以村为单元范围内的农民集体，由村集体经济组织或者村民委员会管理、经营代表村农民集体行使所有权。

第二，村民小组农民集体所有。其所有权主体是以村内两个以上集体经济组织（村民小组）为单元范围内的农民集体所有，由村内各村民小组或农村集体经济组织经营、管理。

第三，乡农村集体所有。其所有权主体是以乡为单元范围内的农民集体，由乡农村集体经济组织经营、管理，代表乡农民集体行使所有权。总体而言，现行法律关于农村集体土地主体的规定是比较抽象、不易操作的。

在我国，由于土地所有权的公有制性质，决定了不论是国有土地还是农村集体土地，其所有权的主体只能是国家和集体（包括乡镇农民集体、村农民集体和农业集体经济组织内的农民集体），而自然人、企业法人和其他社会经济组织等，都不能成为土地所有权的主体。因此，我国集体土地所有权的主体，只能是农民集体经济组织。但作为自然人、企业法人和其他社会经济组织，依据法律可获得土地使用权，成为土地使用权的主体。

2. 农地流转法律关系中民事主体的界定

农地使用权是指民事主体在法律规定的范围内依法或依约定对集体所有或国家所有，但归集体使用的土地享有占有、使用、收益的权利。在我国传统的计划经济和土地公有制条件下，集体土地所有权和使用权紧密联系，不相分离，即土地使用权不脱离集体所有权而单独存在。在农村，由于普遍实行人民公社、生产大队、小队三级核算制，每一个农民都是人民公社的社员；集体的生产、经营、分配采取同工同酬，按劳分配；土地为集体组织公有共用，不存在单独的土地使用权。与此同时，既不存在土地使用权的期限，也不存在土地使用权的有偿出让、转让、出租或抵押等。土地权利非市场化，其后果就是土地资源无法实现合理配置，制约土地价值和利用效益的提高。

改革开放之后，尽管我国土地公有制的性质没有发生变化，但农村集体土地使用权可以通过土地承包、宅基地划拨等方式产生，集体土地使用权逐步与集体所有权相分离。与此相应，农地流转法律关系的设立日益普遍，成为我国社会经济发展中的重要法律关系，在这一法律关系中，主体应该是参与农地流转关系的各民事主体，包括自然人、法人和其他社会经济组织。我国民法通则将土地使用权作为一项单独的财产权加以规定，土地管理法也将土地使用权与土地所有权作并列规定，而物权法则明确将土地承包经营权、宅基地使用权和农地建设用地使用权等纳入用益物权范畴，并明确予以规定，使农地使用权与所有权得以分离，为农地的优化配置或高效使用创造条件。

（二）农地流转法律关系客体探析

民事法律关系的客体，是指民事法律关系主体享有民事权利和承担的民事义务共同指向的对象。如果没有民事法律关系的客体，民事权利和民事义务就没有依托和着落。一般认为，民事法律关系的客体主要是物、行为、智力成果和与人身不可分离的非物质利益。① 根据我国法律的规定，农村集体组织的成员和集体组织兴办的企业，以及由集体或者国家投资兴办、为农村社区服务的社会公益事业，可以直接向集体土地所有权人获取集体土地使用权。在使用权的存续、行使过程中，根据法律规定，可以在各民事主体之间自由流转。

1. 集体土地所有权的客体

《中华人民共和国物权法》第 58 条："集体所有的不动产和动产包括：（一）法律规定属于集体所有的土地和森林、山岭、草原、荒地、滩涂；（二）集体所有的建筑物、生产设施、农田水利设施；（三）集体所有的教育、科学、文化、卫生、体育等设施；（四）集体所有的其他不动产和动产。"《中华人民共和国土地管理法》第 8 条："城市市区的土地属于国家所有。农村和城市郊区的土地，除由法律规定属于国家所有的以外，属于农民集体所有；宅基地和自留地、自留山，属于农民集体所有。"《中华人民共和国土地管理法》第 9 条："国有土地和农民集体所有的土地，可以依法确定给单位或者个人使用。使用土地的单位和个人，有保护、管理和合理利用土地的义务。"根据以上规定，我国集体土地所有权的客体范围应该包括三个方面：一是农村和城市郊区的土地，除确定国家所有的部分以外的土地；二是农村的宅基地、自留地等；三是法律明确规定或依法确定为集体所有的山岭、草原、荒地、滩涂等。

2. 农地使用权流转的客体

《中华人民共和国物权法》第 124 条明确规定"农民集体所有和国家所有由农民集体使用的耕地、林地、草地以及其他用于农业的土地，依法实行土地承包经营制度"；第 125 条规定"土地承包经营权人依法对其承包经营的耕地、林地、草地等享有占有、使用和收益的权利"；第 128 条规定"土地承包经营权人依照农村土地承包法的规定，有权将土地承包经营权采取转包、互换、转让等方式流转。流转的期限不得超过承包期的剩余期限。未经依法批准，不得将承包地用于非农建设"；第 152 条规定"宅基地使用权人依法对集体所有的土地享有占有和使用的权利，有权依法利用该土地建造住宅及其附属设施"；第 153 条规定"宅基地使用权的取得、行使和转让，适用土地管理法等法律和国家有关规定"。《中华人民共和国土地管理法》第 11 条 2 款规定："农民集体所有的土地依法用于非农业建设的，由县级人民政府登记造册，核发证书，确认建设用地使用权"。从上述法律规定来看，我国农地流转客体，应该包括三个方面：

---

① 王利明：《民法新论》（上），中国政法大学出版社 1987 年版，第 116—117 页。

(1) 承包经营权流转的客体是集体所有或使用的耕地

土地承包经营权,是指农村集体经济组织的个人或集体,依照土地承包经营合同,以承包的方式对农村集体所有的或国家所有、农村集体经济组织使用的土地享有的占有、使用,从事种植业、林业、畜牧业、渔业等生产并进行收益的权利。土地承包经营权是我国农村现行土地制度的基本内容,是农用地使用与经营的主要方式。此种物权形式对我国农业生产与全社会经济发展有着重大的积极作用。根据《中华人民共和国土地管理法》《中华人民共和国农业法》《中华人民共和国土地承包法》的有关规定,土地承包经营权包括以下几种具体类型:一是农村集体经济组织的成员对本集体经济组织农民集体所有土地的承包经营权;二是本集体经济组织以外的单位或个人对农民集体所有的土地的承包经营权;三是农村集体经济组织或个人对国家所有由农村集体经济组织使用的土地的承包经营权。以上三种方式中,最普遍的是农村集体经济组织成员对本集体经济组织的农民集体所有土地的承包经营权。在农地承包法律关系中,其客体一般是由农村集体成员及其他民事主体依法承包的农业用地,又称农地或耕地。

(2) 集体建设用地使用权流转的客体是集体所有的建设用地

农村集体建设用地使用权是指在集体所有的土地上用于非农业建设的建设用地使用权。集体建设用地有广义与狭义之分,狭义的集体建设用地是指集体组织乡镇企业建设用地、农村集体公共设施和公益事业建设用地;广义上的集体建设用地还包括农村村民住宅建设用地。但由于村民住宅建设用地所涉及的使用权长期以来被称为宅基地使用权,并且在国家相关立法中单独进行规定,具有一定的独立性和特殊性,一直被作为独立的民事权利来看待。所以,在理论上一般使用的是狭义的概念。

(3) 宅基地使用权流转的客体是集体所有的宅基地

宅基地使用权是公民个人依法定程序取得的、在国家所有或农民集体所有的土地上建造住宅并居住使用的权利。宅基地使用权分为城镇非农业户口居民宅基地使用权、农村居民宅基地使用权两种。城镇非农业户口居民在城镇依法建造住宅,房屋所有权归个人享有,房屋、庭院所占用的土地,属国家所有,房主只有使用权。农村村民依法建造、拥有的房屋,根据物权法的规定,宅基地的所有权为农民集体,使用权归集体成员,但建筑物所有权归个人或家庭所有。本课题研究的仅限于农村村民依法享有的宅基地使用权。

在上述三种农村土地流转法律关系的客体中,由于土地性质、用途、使用范围等的不同,在法律和实践中又有很大的区别或不同,我们将分别研究。但总的来讲,他们都是一种典型的土地流转客体种类。

(三) 农地流转法律关系的内容

农地使用权作为用益物权的一种，是从土地集体所有权中派生出来的他物权，它的存在、行使都依赖于集体土地所有权建立起来的一种民事权利，所以，它的权利义务内容以及实施权利的方式都有赖于土地所有权人的规定。我国农地流转法律关系是由主体、客体、内容三个要素所构成并不可分离的有机整体，其中，而内容则是权利义务之具体化。农地流转法律关系的内容是指农地流转中各民事主体所享有的权利和承担的义务，这是农地流转法律关系的核心要素。事实上，主体要素和客体要素从本质上说都属于法律关系的形式要素，因为缺少它们就无法形成法律关系。但法律关系之所以有意义、有价值，主体之所以要缔结法律关系，是因为主体通过参与法律关系能为其带来利益，即享有法律上的权利，这才是法律关系的实质要素。这种权利义务内容是民法调整的社会关系在法律上的直接表现。任何个人和组织作为民事主体，参与民事法律关系，必然要享受民事权利、承担民事义务。

从权利与义务二者的关系来看，权利与义务总是相伴产生、同时存在且互为对应的，即没有无义务的权利，也没有无权利的义务。在绝大多数法律关系中，当事人既为权利人又为义务人，而且一方的权利就是对方的义务，一方的义务就是对方的权利。需注意的是，民法以权利为本位、以保护权利为宗旨，权利为法律关系的核心和终极目标，义务则是因为权利而存在的，是实现权利的手段和途径。离开了权利，义务便无法存在，更无意义。因而，在某种意义上说，民事义务是当事人为实现他方的权利而受行为限制的界限。

1. 农地流转中受让人的权利与义务

农地流转中受让人的民事权利，是指法律赋予土地流转中民事权利主体所享有的、为实现某种权益而为一定行为或不为一定行为的可能性。从性质上看，民事权利都体现着一定的利益，但它并不是生活中的一切利益，只有那些为法律所确认和保护的利益才体现为权利。

具体而言，农地流转法律关系中，受让人的权利包括以下几个方面：①受让人依照物权法、农村土地承包法等相关法律的规定，有权获得受让土地的使用权，经营权，但依照法律或合同约定，转让人可以保留的土地承包权等除外；②农地转让双方有权依法采取转包、互换、转让、出租等方式流转农地使用权；③依法流转的承包地、宅基地、农用建设用地在法定或约定期间被征收的，转让人享有获得相应补偿的权利；④在农地使用权受到侵犯时，当事人有请求有关国家机关予以保护或法律救济的权利。

与此相应，受让人的义务主要有以下几项：

①依法进行农地流转登记，继受转让人农地承包经营、使用农地所承担的各项义务；②交付流转费和流转收益费的义务；③依法经营、管理或使用农地，接受集体经济组织和转让人监督的义务；④独立承担农地经营风险的义务。

2. 农地流转中转让人的权利与义务

转让人的权利和义务基本上是与受让人的权利和义务相对应的。在农地流转法律关系中，转让人的义务是指义务人为满足权利人的利益而为一定的行为或不为一定的行为的必要性。民事义务和民事权利一样，它也是由法律所确认的，同样也体现着个人利益和社会利益的统一。不同的是，民事义务体现了主体行为的必要性，而民事权益体现的是主体行为的可能性。

转让人在农地流转法律关系中所享有的权利，主要是向受让人收取转让费及转让的各项收益，并对受让人的农地使用、经营活动进行监督。转让人的义务，主要在于交付所承包或使用的农地给受让人，依法转让集体组织的农林设施给受让人使用，对受让人的生产经营活动或使用权的行使不得随意干涉。

民事法律关系中的权利和义务是相互对立、相互联系在一起的，并统一地束缚着民事双方当事人。在农地流转法律关系中，权利和义务是一致的，权利的内容要通过相应的义务表现，而义务的内容则由相应的权利予以限定。当事人一方享有权利，必然有另一方负有相应的义务，权利和义务往往是同时产生、变更和消灭的。这是农地流转法律关系中转让方与受让方都必须明白的基本道理。

三、农地流转的基本原则

《中华人民共和国土地承包法》第33条规定："土地承包经营权流转应当遵循平等协商、自愿、有偿，任何组织和个人不得强迫或者阻碍承包方进行土地承包经营权流转。"《农村土地承包经营权流转管理办法》第2条也明确规定："农村土地承包经营权流转应当在坚持农户家庭承包经营制度和稳定农村土地承包关系的基础上，遵循平等协商、依法、自愿、有偿的原则。"农地是目前我国大多数农民赖以生存的生活资源，为了保障农民的基本生存条件，避免因农地流转使农民失去基本生活保障，在法律制度上有必要针对农地流转的实际情况设定一些基本原则，使所有农地流转行为和流转关系都必须遵循这些基本原则，以规范农地流转法律关系，保护各民事主体的合法权益。否则，没有基本原则约束的农地流转行为，无法实现法律制度的保障与平衡功能。农地使用权是具有物权性质的权利。换句话说，农地使用权人拥有对所使用土地的占有、使用、收益或一定的支配权。这种权利是一种相对独立的权利，原则上不受任何人的非法干预，即使作为土地所有人的农村集体经济组织和作为土地管理者的政府，也必须充分尊重土地使用权人依法进行的土地使用及其流转，不得进行任何形式的非法干预。因此，在土地承包经营权、宅基地及农村建设用地使用权的流转中，必须完全按照民法基本原则和法律规定来行使各自的权利。具体来讲，农地流转要遵循以下基本原则：

（一）法定、合法原则

农地流转是一种物权行为，关于物权的创设，有两种做法：一是放任主义，即物权的创设依当事人的意思，法律上不予限制；二是物权法定主义，即法律规定物权的种类和内容，不允许当事人依其意思设定与法律规定不同的物权。现代各国民法，大都采法定主义而排斥放任主义，即除法律所规定者外，不允许当事人自由创设。根据《中华人民共和国物权法》第5条的规定："物权的种类和内容，由法律规定。"说明我国实行的是严格的物权法定原则，即能设立哪些种类的物权、各种物权有哪些基本内容，只能由法律明确规定，当事人之间不能自由创立。物权法定原则是在古罗马法时就已经确定的基本原则。在古罗马法中，承认具有物权属性的权利有所有权、地上权、地役权、用益权、抵押权以及质权等。这些权利为对物的直接支配权，具有排他的、绝对的等强有力的效力。这些权利的类型及取得方式都由法律做了明确规定，非以法定方式取得这些权利的，法律不予保护。① 可见，物权的内容不能由权利人一个人说了算，也不能由一个权利人和几个义务人说了算，对权利人和成千上万义务人之间的规范只能由法律规定。这与债权完全不同，尤其是合同实行合同自由原则，而物权则实行物权法定原则，不允许当事人自由创设物权类型，也不允许当事人自己约定新的物权内容。因此，农地流转作为重要的物权类型，必须遵循物权法定原则。正因如此，我国物权法明确规定，农村集体经济组织实行家庭承包经营为基础、统分结合的双层经营体制，同时，以专章分别规定了"土地承包经营权"和"宅基地使用权"。

与此同时，农地流转还必须遵循合法原则。《中华人民共和国物权法》第7条规定："物权的取得和行使，应当遵守法律，尊重社会公德，不得损害公共利

---

① ［罗马］查士丁尼：《法学总论》，商务印书馆1989年版，第48—59页。

益和他人合法权益。"所谓权利就是做法律许可之事。现代社会不承认有不受限制的权利,但随着社会化的发展,物权因公共利益的需要受到越来越多的限制。作为合法原则,主要表现在物权的取得与行使两个方面。首先,从农地使用权的取得来看,应当符合法定的方式。根据我国法律规定,取得不动产物权,法律要求登记的必须登记,否则法律不承认享有物权。作为农地流转,法律虽然没有明确规定所有的农地流转都必须登记,但不登记不具有对抗力则是很明确的。另外,对于流转的农地只能由国家或者集体享有所有权,其他任何人不能取得所有权,通过农地流转方式取得的只能是使用权。其次,从农地使用权的行使来看,法律对权利人享有的物权或者权利人行使权利有诸多方面的限制。合法原则主要包括主体资格、程序、内容、形式等方面的合法,体现国家保护耕地的基本国策,体现对农民合法利益的法律保护。因此,在农地流转中,必须遵循物权法定、合法原则。特别在我国目前社会经济发展条件下,由于国家发展建设征收农地和一些单位违法乱占耕地情况严重,使我国的耕地数量逐年减少。为了保证经济社会可持续发展,就必须采取严格的管理措施保护耕地,保障农地不被非法侵害或挪作他用。因此,农地流转必须坚持法定、合法原则,严格依法进行。

在农地流转中之所以要坚持法定、合法原则,主要在于,物权与社会经济有密切的联系,如果允许任意创设物权种类,对所有权设定种种的限制和负担,会影响对物的利用。另外,以法律明确物权的种类和内容,尽量将切合现实的物权形式纳入物权法,建立能够满足我国社会经济发展需要的权利种类或物权关系,有助于物尽其用。因为,物权具有排他性,通常要涉及第三人的利益,所以,物权的存在及其变动应力求透明。当然,各国立法例在采用物权法定、合法原则上,虽然所依据的侧重点有所不同,如"在立法理由采用上,法国倾向于不得违背公序,着重保护近代物权不受侵害;而德国则注重于保护交易安全"①。但物权法定、合法原则已为各国所遵循已无异议。因此,在我国农地流转中,如果当事人违反物权法定、合法原则的基本要求,其行为一般无效。

(二) 平等协商、自愿有偿原则

平等协商、自愿有偿是民法的基本原则,也应成为农地流转的基本原则。平等、自愿、等价有偿都能充分反映农地流转中权利人行使权利的独立性,任

---

① 段匡:《德国、法国以及日本法中的物权法定主义》,载《民商法论丛》第7卷,梁慧星主编,法律出版社1997年版,第275、275页。

何组织和个人在权利人合法进行农地流转时不得干涉权利人的独立性。《中华人民共和国物权法》明确规定:"国家实行社会主义市场经济,保障一切市场主体的平等法律地位。""国家、集体、私人的物权和其他权利人的物权受法律保护,任何单位和个人不得侵犯。"平等协商、自愿有偿原则的确立,不仅使我国宪法规定的法律精神在物权法中得到贯彻,而且也为建立平等的市场经济规则提供了制度保障。坚持农地流转的平等协商、自愿有偿原则,是指在农地流转关系中,当事人应当在平等的基础上,以协商的方式,合理确定土地承包经营权、宅基地及建设用地使用权流转的方式、内容、条件、费用和期限等,任何一方不得凭借其优势地位,将自己的意志强加给另一方。农地流转平等协商、自愿有偿原则主要体现在以下几个方面:

1. 农地流转中各民事主体法律地位一律平等

在农地流转中确立民事主体法律地位平等原则,能够有效地防止和排除农地流转中各种不当干涉和非法侵害。在农地流转中,这种平等性主要体现为三点:

一是农地流转的物权属性,排除了以公权力身份出现的国家或政府参与农地流转的民事法律关系。在这些法律关系中,即便是在政府主导的农地征收法律关系中,农地所有权的流转,国家或政府也只能作为特殊民事主体参与民事法律关系,国家或政府不具有公权力,不是以行政管理者的身份参与农地流转,而只能以平等民事主体的身份出现。而在农地流转中,即便是国家或政府以特殊民事主体的身份参与民事法律关系,由于其法律地位与其他民事主体的法律地位平等,因而国家或政府无权凌驾于其他民事主体之上,也无权将自己的意志强加于其他民事主体,若给其他民事主体的合法权益构成侵害或对其他民事主体构成违约,也应依法承担侵权或违约责任。

二是各主体人格的平等。即所有参与农地流转的市场主体,在农地流转法律关系中都具有平等的法律地位,这是我国宪法所确认的法律面前人人平等原则在农地流转法律关系中的具体体现。在市场经济条件下,财产权是民事主体进入市场的基础,而人格的平等是行使民事权利的前提,对各民事主体的财产进行平等保护正是市场经济内在要求在我国法律上的体现。如果对各农地的流转主体不给予平等保护,使解决纠纷的办法、承担的法律责任因人而异,就不可能发展健康的市场经济,也不可能坚持和完善我国基本的经济制度。

三是适用法律规则的平等。即民事主体在民事活动中一律平等,只要从事民事活动,无论民事主体的具体形态是什么,都要平等地遵守相同的规则。除了法律特别规定的情况外,任何民事主体在取得、设定和转移物权时,都应当遵循共同的规则。不仅所有权的取得、变更或消灭要合法，具有法律依据，而且他物权的取得、变更或消灭也要合法，具有法律依据。同时，物权的设定和移转必须采取法定的方式，强调平等的保护原则，不允许在农地流转中有特殊的民事主体存在，平等保护是物权的基本规则。

2. 农地流转要充分体现各民事主体的意愿

在农地流转中，要充分尊重各民事主体的意愿，使农地流转在自愿的前提下得以展开。因此，自愿是农地流转的基础，是指民事主体在从事民事活动时，应当充分表达自己的真实意志，根据自己的意愿设立、变更和终止民事法律关系。表现在农地流转中，就是要赋予民事主体在法定的范围内享有广泛的行为自由。此项原则，实际上是民法所奉行的意思自治原则在农地流转法律关系中的体现。从法学层面理解，每一民事主体都有依自己的理性判断，管理自己事务的权利。即私法主体有权自主实施私法行为，他人不得非法干预。私法自治是罗马法时期公法、私法划分理论的直接产物，它以承认民法是私法为理论前提，成为民法之精髓。从法学层面来理解，在市场上，每一个参与市场的当事人都被假定为自身利益的最佳判断者，即每一民事主体都有依自己的理性判断，管理自己事务的权利。因此，民事主体自愿进行的各项自由选择，都应当受到法律的保障，并排除国家和他人的非法干预。从民法的法律传统来看，民事主体有权自主实施私法行为，他人不得非法干预。

在现实社会生活实践中，自愿原则的存在和实现，是以平等原则的存在和实现为前提的。只有在民事主体地位独立、平等的基础上，才能保障当事人从事民事活动时的意志自由。与平等原则一样，自愿原则同样也是市场经济对法律所提出的要求。在农地流转中，能否充分尊重农民的意愿，坚持自愿有偿原则是能否顺利推进我国土地流转的关键因素。集体土地是我国农业发展中最基本的生产资料，是农民生产与生活赖以存在的重要物质基础，农地流转要充分尊重农民的自由与选择，不能采取行政强制的办法强迫农民进行土地流转。坚持土地流转的自愿，就是指流转当事人应当在平等、协商的基础上，自主决定是否流转以及流转的对象、方式、内容、条件、费用和期限等。任何单位和个人不得强迫或者阻碍土地承包经营权人依法流转其土地承包经营权，也不允许任何一方凭借其优势地位，将自己的意志强加给另一方。

由此可见，自愿原则的立法目的在于充分尊重、确保农户的法律主体地位，尊重农民意愿，禁止任何形式的强迫。具体来讲，一方面，要防止任何人包括各级政府的非法干预和乡村组织的包办代替；另一方面，又要求各级政府对农地的流转要积极引导、规范、管理。而遵循有偿的目的主要在于强调市场经济条件下，民事法律行为的商品属性或有偿性。也就是说，土地承包经营权流转的受让人在取得或行使土地承包经营权时应当支付一定的对价，如转包费、租金、转让费等。即一方享有权利，应向对方履行相应的义务，任何一方不得无偿占有、剥夺他方的财产和侵害他方的利益。土地承包经营权、宅基地及农村建设用地使用权是一项重要的用益物权，具有商品属性，如果造成对他方的损害，还应负损害赔偿的法律责任。总之，农地流转应当遵循等价有偿的原则，要充分体现它的使用与交换价值。

3. 农地流转要充分体现平等的法律保护

在农地流转的法律保护上，不论是物权的救济方式、发生物权争议时适用的规则，还是受到侵害后的保护力度，都体现出平等的保护。换句话说，当农地流转受到侵害，各民事主体都可以通过和解、调解予以解决，也可以通过仲裁、诉讼途径解决；因农地流转中物权的归属、内容发生争议，利害关系人可以请求法院依法确认权利的归属，即使是国家与其他民事主体发生农地流转的产权纠纷，当事人都有权请求法院明晰产权、确认归属；当国家、集体、私人的合法权益遭到侵害，各民事主体都可平等地享有返还原物请求权、排除妨害请求权、消除危险请求权、损害赔偿请求权，无论是保护的范围还是保护的力度都应当一致，不能因侵害的是公有财产就要多赔，侵害的是私人财产就要少赔甚至不赔。

我国现行法律制度按照所有制和权利主体将财产所有权分为国家所有权、集体所有权和私人财产所有权三大类。一方面，民法之平等原则内在地要求法律平等地对待不同主体的财产权利，实现公有、私有一体保护。正是在这一原则与理念的指导下，2004年的宪法修正案除了强调社会主义的公共财产神圣不可侵犯、国家保护社会主义的公共财产、禁止任何组织或者个人用任何手段侵占或者破坏国家的和集体的财产之外，也第一次在国家的根本大法中规定了公民的合法的私有财产不受侵犯。国家依照法律规定保护公民的私有财产权和继承权，若国家为了公共利益的需要，依照法律规定对公民的私有财产实行征收或者征用，但应该给予补偿。[①] 2007年颁布的物权法再次对不同所有制与权利主体的物权保护表明了立场：国家保障一切市场主体的平等法律地位和发展权利；国家、集体、私人的物权和其他权利人的物权受法律保护，任何单位和个

---

① 参见《中华人民共和国宪法》（1982年12月4日第五届全国人民代表大会第五次会议通过，2004年第四次修正）第12、13条。

人不得侵犯。① 另一方面，平等原则要求不同的民事主体之间相互尊重各自的物权，即物权的取得和行使不得损害公共利益和他人合法权益。当然，在不同民事主体的物权发生冲突的情况下，为了能够协调冲突并发挥物的最大效用，应该允许法律对相关民事主体的物权做出一定的限制，因为"迄今为止，一直存在着一种不可动摇的趋势，这就是对所有人随心所欲处分其财产的自由，加强法律上的限制"②。

（三）遵循不得改变土地所有权性质和土地农业用途的原则

土地在国家社会经济的发展中占有重要地位，它是稀缺的生产生活资源。因此，农地流转的目的首先应该是充分利用现有土地资源，实现土地资源效益的最大化。我国是一个发展中国家，也是一个农业大国，农业是国计民生的根本，关系着国家的生死存亡。农地是农业生产的载体，珍惜、合理利用土地和切实保护耕地是我国的基本国策。随着我国城市化的推进和人口的增长，耕地保护的任务越来越重。1996年第二轮全国土地利用总体规划曾规定，2000年我国耕地保有量为19.4亿亩，2010年耕地保有量要控制在19.2亿。然而到2000年时，全国耕地保有量已减至19.2365亿亩。不得已，国家在"十五"开局之年又把"2010年要保19.2亿亩耕地"的目标提前至2005年。而到2005年时，全国耕地只剩下18.31亿亩，到2006年进一步减为18.27亿亩。从1996年到2003年短短7年间，我国耕地面积减少了1亿亩。到21世纪初，我国人均耕地已降至1.43亩，仅相当于世界平均水平的40%。③

目前，我国已有三分之一的省份人均耕地不足1亩，有660多个县（市）人均耕地不足半亩。根据有关专家预测，到2030年左右，我国人口将达到峰值，约为15～16亿左右，而同期，我国的耕地面积会由于非农业用地而减少，虽然其间会有一些荒地荒坡投入耕种，但是根据经验估计，两项相抵，即新开垦的荒地与非农业用地相抵，耕地数量仍有减少趋势。④ 因此，保护土地农业用途是维系国家安全与发展的根本。我国土地管理法明确要求各级政府应当采

---

① 参见《中华人民共和国物权法》（2007年3月16日第十届全国人民代表大会第五次会议通过，2007年10月1日实行）第3、4条。
② ［德］罗伯特·霍恩：《德国民商法导论》，楚建译，中国大百科全书出版社1996年版，第189页。
③ 陈雪原：《1996—2003年7年间我国耕地面积减少1亿亩》，载 http://news.sina.com.cn/c/2009—06—30/143318123958.shtml
④ 凰翔：《耕地保护浅论》，载 http://www.ah.xinhuanet.com/xinwen/2004-11/17/content_3238924.htm

取措施，全面规划，严格管理，保护、开发土地资源，制止非法占用土地的行为。《中华人民共和国土地承包法》第 33 条规定："土地承包经营权流转应当遵循不得改变土地所有权的性质和土地的农业用途。"在我国，土地承包经营权流转的客体并不是承包地，而是土地承包经营权。因此，土地承包经营权的流转不得改变承包地的所有权权属关系，不得损害承包地所有权人的利益。

同时，土地承包经营权的流转不得改变承包地的农业用途。土地承包经营权的设立目的在于从事一定农业生产活动，这一目的不因土地承包经营权的流转而发生改变，土地承包经营权的受让人应当继续从事原土地承包经营权所设立的农业生产。坚持农用地性质不变原则，首先，要在法律上明确，农用地是农业生产的根本，不能假借开发农产品、经营农业项目等名义，通过农地流转将农用地挪作他用；其次，土地管理法对农用地改变用途的程序有明确的法律规定，各级政府不能以引进项目、经济开发为名，违规或变相进行土地审批；再次，农用地是关系国计民生的重要生产资料，它关系集体经济组织成员的切身利益，作为集体土地所有者的农村集体经济组织不得以全体村民民主决议为名，将集体土地用于非农经济建设，以确保农业用地不再减少。

（四）流转期限不超过使用权剩余期限的原则

《中华人民共和国物权法》第 128 条规定："土地承包经营权人依照农村土地承包法的规定，有权将土地承包经营权采取转包、互换、转让等方式流转。流转的期限不得超过承包期的剩余期限。未经依法批准，不得将承包地用于非农建设。"承包期限是农地承包经营权存续的期间，其间，承包方享有土地承包经营权，依照法律的规定和合同的约定，行使权利，承担义务。承包期限是土地承包制度的一项重要内容，它关系到农民是否可以长期而有保障地行使权利，关系到以家庭承包经营为基础、统分结合的双层经营体制的稳定和完善，关系到农业、农村经济发展和农村社会稳定。土地承包经营权是有期限物权，只能在期限内存在。期限届满，土地承包经营权没有续期的，该权利归于消灭。因此，在土地承包经营权流转时，流转的期限不得超过该承包期的剩余期限。

四、农地流转法律关系的类型界定

在我国农地流转过程中，由于种种原因，我国农地流转制度的设计中缺陷、局限与不足表现得很明显。其中，突出表现在近年来围绕农村土地流转而产生的一系列社会问题，如土地征收流转法律依据不足、流转中民事法律制度缺失、流转农地补贴不合理、流转中过多的行政干预、流转中大量违法现象的存在等。我们没有权利对此现象熟视无睹。必须将法律制度真正作为科学来对待，认真研究法律制度的严密结构，追求法律的科学性、合理性、公正性与正义性。否则，我们将无法正视社会生活的丰富多彩，也无法满足社会经济发展对法律的迫切需求，民法作为市场经济基本法的作用也将无法发挥。本着这样的精神，我们来探讨农地流转的类型及其制度设计。

（一）农地流转与物权法律关系的变动

农地流转是指农地的物权法律关系发生变动，即引起农地法律关系的产生、变更和消灭。从农地流转的类型来看，农地流转既包括所有权的产生、变更和消灭，也包括他物权（用益物权、担保物权）的产生、变更和消灭。从法律关系主体来看，农地关系的变动实际上是人与人之间对物的支配关系发生变化，它规范着民事主体设立、变更、终止物权的法律行为，调整着人与人之间对客体权利的转化关系。在农地关系变动的各种事由中，最普遍、最重要的因素是权利义务双方的法律行为，即基于当事人的意思表示而实施土地流转的民事法律行为而引起的物权法律关系的变动。如通过农地的征收、转让、抵押等法律行为引起农地所有权、使用权的变动等。另外，因民事法律行为以外的事件或其他原因也能引起农地的物权关系发生变动，如因农地使用权的继承发生的物权变动；因农地的灭失引起的物权变动，因时效导致的农地关系变动等。

（二）农地流转类型的法定性

《中华人民共和国物权法》第5条明确规定："物权的种类和内容由法律规定。"也就是说，物权实行的是严格的法定原则，即在法律上要求物权的类型、各类物权的内容、效力、创设的方式，都由法律直接规定，不能由当事人任意创设，这与债权既可法定也可由当事人自由创设完全不同。如我国法律明确规定土地所有权属于国家和集体所有，不管什么人通过什么方式都不可能获得土地所有权，只能获得土地的使用权。根据物权法定原则，可以设定于农地之上的物权种类主要包括：集体土地所有权、土地承包经营权、宅基地使用权、农村建设用地使用权以及因某种事由引起的地役权和抵押权。与此相应，我国农地流转应当包括上述物权的变动。另外，根据物权法的规定，地役权的转让，与需役地一并转让，抵押权的转让，与所担保的债权一并转让。因此，本课题不再涉及地役权和抵押权的变动与转让。

(三) 农地流转关系的种类

基于以上分析，我们认为，我国农地流转法律关系的类型可以分为两大类：农地使用权的流转和农地所有权的流转。

1. 农地使用权的流转

与农地所有权的流转相比，作为他物权的土地承包经营权、宅基地及农村建设用地使用权的流转，都是在各民事主体之间平等、自愿的基础上进行的，它体现的是一种平等、互利、等价、有偿的民事法律关系，是民事主体按照意思自治原则，主动行使权利的结果。我们可以将这种流转称为农地使用权的流转。

（1）土地承包经营权的流转

土地承包经营权流转，是指通过承包取得的土地承包经营权可以依法采取转包、出租、互换、转让或者其他方式流转。土地承包经营权的流转，最早是1995年提出的，国发〔1995〕7号国务院批转〈农业部关于稳定和完善土地承包关系意见的通知〉的意见》明确提出"建立土地承包经营权流转机制"。《中华人民共和国土地管理法》第15规定："国有土地可以由单位或者个人承包经营，从事种植业、林业、畜牧业、渔业生产。农民集体所有的土地，可以由本集体经济组织以外的单位或者个人承包经营，从事种植业、林业、畜牧业、渔业生产。发包方和承包方应当订立承包合同，约定双方的权利和义务。土地承包经营的期限由承包合同约定。承包经营土地的单位和个人，有保护和按照承包合同约定的用途合理利用土地的义务。农民集体所有的土地由本集体经济组织以外的单位或者个人承包经营的，必须经村民会议三分之二以上成员或者三分之二以上村民代表的同意，并报乡（镇）人民政府批准。"2008年10月12日，中共十七届三中全会通过《中共中央关于推进农村改革发展若干重大问题的决定》指出，按照依法自愿有偿原则，允许农民以转包、出租、互换、转让、股份合作等形式流转土地承包经营权，发展多种形式的适度规模经营。

（2）宅基地使用权的流转

宅基地使用权的流转，是指农村宅基地使用权人将农村集体经济组织所有的宅基地，通过合法方式将其宅基地使用权转移给他人的民事法律行为。我国关于宅基地使用权流转的观点包括两种，即自由流转说与限制流转说。一般认为，宅基地使用权的流转不以农村集体经济组织的同意为必要，也不应受到宅基地用途规则的过分限制。宅基地使用权流转时，同一农村集体经济组织成员享有优先购买权。① 尽管我国法律对宅基地使用权的流转规定比较模糊，但在社会生活实践中，房屋的所有者都会通过选择买卖房屋的方式，来完成宅基地使用权的流转。因此，即使法律上不允许宅基地使用权的流转，但按照"房随地走，地随房走"的规则，宅基地实际上是处于流转状态的。实践中，宅基地使用权流转的方式主要有出让、转让（买卖、赠与）、抵押、出租等，但在法律上，由于种种原因，宅基地的流转受到严格的限制。

（3）农村建设用地使用权的流转

农村建设用地，是指农村公共建筑设施、道路、桥梁、绿化以及乡村企业、事业等各项建设用地。农村建设用地使用权的流转，是经乡村建设规划为建设用地的集体土地的所有者——农村集体经济组织及使用者，依法将建设用地的使用权以转让、出租、作价入股、合作、联营等方式移转给受让人，并通过签订农村建设用地有偿使用合同，取得一定数额的土地收益的法律行为。在这一以农村建设用地流转为目的的法律关系中，流转的主体为转让方和受让方。由于农村集体经济组织的多样性，作为权利转让方，不仅有乡（镇）、村集体经济组织等集体土地的所有者，也有乡（镇）、村集体及私营企业等依法享有建设用地使用权的土地使用者。受让方，即农村建设用地的使用者，既可以是本集体经济组织的内部成员，也可以是其他集体经济及其成员，甚至可以是其他法人和自然人。在农村社会经济的实践中，农村建设用地的流转形式主要包括以下几种：①作为土地所有者的农村集体经济组织直接转让、出租土地使用权；②乡村集体、私营企业的兼并、改制过程中涉及集体土地的转让、出租；③农村集体经济组织以土地使用权作价入股、联营等形式新办企业；④农村集体经济组织以土地使用权合作的方式开发项目；⑤由于企业破产清算或债权债务因素，经司法裁定发生流转等。在目前我国农村社会经济的发展中，推行农村建设用地使用权的流转，不仅有利于农村经济改革的深化和农村土地法律制度的完善，而且也有利于我国城市化的稳步推进。

2. 农地所有权的流转

土地的征收是基于国家强权和公共利益的需要，依照法律规定的权限和程序，将农村集体所有的土地转变为国家所有并加以利用的法律行为，与农地使用权的积极流转相比，土地的征收是农村集体土地一种被动消极的权利流转。在我国现行法律政策框架下，主要是通过各级政府代表国家对农村土地进行征

---

① 苏号朋、宋崧：《宅基地使用权流转之法理分析》，载《人民论坛》，2011 年总第 321 期。

收的方式来实现。根据我国土地管理法和有关法律的规定，我国实行的是土地一级市场的国家垄断，即农民集体土地要进入市场，必须通过国家征收的方式，将集体所有土地的性质转变为国家所有，然后由国家作为唯一的出让人，出让国有土地使用权。在这一法律关系中，作为土地转让者的农民集体或集体成员，享有的只是不对等的征地补偿费的请求权。而且在实施过程中有诸多限制性的行政规定，它不符合民法平等、自愿、等价有偿的基本原则，但它又确实是我国市场经济条件下市民社会中的私法问题，只是由于我国特殊的社会历史原因，在法律上一直没有得到很好的解决，特别是作为民事法律问题的学术探讨还比较少，大多数学者都是从公法角度，将农地征收作为经济或行政法律问题进行研究。

因此，目前大多数学者认为，在此种土地流转关系中，只表现在国家对农民集体所有土地的征收，因而是单向性的流转。我们可以将此流转称为消极的或非典型的土地流转关系。我们认为，必须进一步加强我国农地流转的制度创新。即农地流转的范畴必须进一步拓宽，不能仅局限于他物权的流转，而是要扩大到农地所有权的自由流转。一是通过制度创新，将农地的流转扩大到农地集体所有权的范畴；二是通过农地用益物权流转范畴的扩大，使农地流转不再局限于土地承包经营权的流转，而是扩大到非农建设使用权、宅基地使用权的范畴。要达到这一目标，必须对现有法律制度、政策做大的调整，必须进行制度创新，使农地流转法律制度充分适应我国社会经济及法治建设的发展需要。

第三章

国外农地流转法律制度的考察与启示

在西方发达国家,土地已成为市场中的重要商品。而在市场经济条件下,只有土地产权关系清晰、主体明确,才能在市场上自由进行买卖、租赁、抵押等。从法律视角看,土地作为商品进行交易的活动,就是土地的所有者将土地所有权出让给他人的法律行为。因此,在国外土地经济学和土地法学研究中,很少使用土地流转的概念,使用较多的是土地交易概念。土地交易的具体形式主要包括买卖、租赁、抵押等。从国外土地流转的类型看,其归纳起来主要有三种形式:一是市场型,包括土地买卖、国家为公共利益需要而征用土地,土地租赁和信贷抵押;二是非市场型,包括赠与、继承、协议交换、提供无偿或永久性使用;三是准市场型,指土地份额的单位内部流转,包括转交作法定资本、股份公司或合伙公司的股份基金,出租给农业企业。① 但由于土地资源的稀缺与特殊性,不论是市场型,还是非市场型国家,都在法律制度上对土地的流转市场进行严格规范,甚至采取政府调控或管制。土地的市场流转形式实际上也不是唯一的流转形式,同时还存在着非市场的社会流转形式。因此,在农地流转研究中,借鉴其他国家或地区的成功经验,对于完善我国农地法律制度意义重大。

一、西方古代国家土地制度发展、沿革概况

土地所有制度是随着财产私有关系和国家的产生而出现的,在私有制出现之前,人类社会中没有所有权的观念,只有"占有"而无"所有"。原始社会末期,随着社会生产力和交换的发展,促进了私有制的发展,使原始社会解体,产生了国家,出现了奴隶社会的奴隶主私有制,并产生了调节该种私有制的法

---

① 贾雪池:《中俄农地流转制度比较分析》,载《林业经济》,2007年第11期。

律，确立和保护奴隶主阶级的财产所有权。在所有权产生过程中，社会生活关系和经济关系也发生了根本性变化，为了适应这种变化，他物权开始萌芽。在西方物权法的发展过程中，曾经存在过两种具有代表性的物权制度，即罗马物权制度与日耳曼物权制度，它们在立法思想、体例、内容上都存在不同特点，并对后世两大法系国家的物权法或财产法制度产生过重要影响。

(一) 古罗马土地所有及流转法律制度

土地作为人们生活的基本资料，始终为法律所关注。古巴比伦的《汉穆拉比法典》是迄今发现最早的、保存完整的，也是世界上比较完备的成文法典。该法典规定，土地归王室占有和公社占有，耕地分给各家使用，使用必须交纳赋税并负担劳役，允许各家世袭这种土地使用关系。这种土地使用关系就是早期永佃权的萌芽。[1] 与上述建立在农业文明基础上的法律制度不同的是，古罗马法是古代社会最发达、最完备的法律体系，是"以私有制为基础的法律的最完备形式"[2]。古罗马法走上发达之路，是始于共和国后期，即公元前 3 世纪以后。在这一时期，古罗马统治阶级积极推行侵略扩张政策，不仅通过征服战争攫取了巨额财富，还把数以万计战败国家的居民沦为奴隶，从而获得大量的劳动力和物质资源，刺激了奴隶制经济关系的发展。到公元前 3 世纪，古罗马国家就已成为古代欧洲经济贸易的枢纽和中心。国土的不断扩大，导致土地迅速集中，形成以大农庄为代表的大土地所有制，使先进的轮耕制和生产工具得以推行和普及，也使奴隶劳动从家庭生产转入社会生产的各个领域。此外，众多手工业部门的形成，以及四通八达的海陆交通，也带来了商品生产与商品贸易的不断发展与繁荣。而新型城市的兴起，则进一步拓展了工商业并刺激了消费领域，推动了商品经济的发展。奴隶制商品经济的高度发展，无疑会导致社会经济生活与经济关系的复杂化，此时，古罗马社会中借贷、抵押、租赁、不动产与动产以及奴隶的买卖等已广为流行，而公民内部中，公民与非公民之间因经济往来而出现的纷争也越演越烈。这一切，都需要相应的法律原则和制度来加以规范和调整。古罗马法也正是在这种经济条件下，才有可能将商品经济中的主要法律关系做出规定。

古罗马法的物权制度，就是适应简单商品经济的需要，以个人本位为出发点建立起来的。根据古罗马法的规定，因战争而掠夺没收的土地，除留充公用、

---

[1] 王云霞：《东方法概述》，法律出版社 1993 年版，第 16 页。
[2] 马克思、恩格斯：《马克思、恩格斯全集》第 20 卷，人民出版社 1965 年版，第 113 页。

分赏将士或出卖外,其余都为"公地",市民可占有而耕种之,每年纳赋税,称"占耕地"。不过,占耕人和政府间并没有法定的关系,政府可以随时收回。占耕地最初也没有法律上的保障,其后始受占有令状的保护。帝政以后,政府正式将公地出租给市民而征收"佃租",因而称其地为"佃租地",其租期很长,有些没有订定期限的通常具有永久的性质,以使佃租人可以安心垦殖,提高土地的生产力。后来,地方政府和寺院也以同样办法出租其土地于市民,当然,这只是债的关系。但因其期限很长,佃租人又可将这种权利出让、抵押、赠予或继承,并可设定役权,因此,大法官给予佃租人以一些类似所有权的保护,如允许其享有追及权和取得占有令状等,对孳息也因分离即可取得其所有权,于是租佃关系遂由公法范畴转入私法范畴,由债权关系而变为物权关系。依据古罗马法,物权中的所有权为财产所有人享有的绝对的、全面的、完整的占有、使用、收益、处分的权利;总体上承认所有权的绝对性、排他性和永续性;物权的核心在于物的所有,即对物的抽象支配,对物的具体利用;是抽象支配权的功效;所有权具有弹力性和回复性,所有权权能的分离是暂时的,他物权是所有权人行使支配权的结果和表现,他物权终止时其对所有权的限制作用消除,所有权即刻回复其全面支配力。①

公元 4 世纪中叶,帝国财政困难,皇帝为了增加税收,充实国库,遂接受地方政府的土地和还俗寺院的财产,并作为国库的私产,继续出租给市民,其租期以永久性为原则,将"佃租权"改称为"永佃权",而地方政府和寺院的佃租人也就成为政府的"永佃人",其租金也固定起来,不受收成丰歉的影响。同时,帝国皇帝又仿效古希腊法制,将其私有地产,包括土地和农舍,租给市民垦殖利用,收取孳息的三分之一,其期限如果很长或为永久的,称为永租权。公元 5 世纪后,蛮族入侵,边远土地多荒芜,一般佃农也因佃租过高、租期短,往往不愿承租大地主的土地,因此,大地主不得不仿效政府的办法,减轻租金、延长租期,以满足佃农的要求。查士丁尼一世时,又合并永佃权和永租权,统称永租权。②

纵观古罗马各时期之财产法律制度,可以看出,罗马物权制度始终是以财产所有权为核心内容,而他物权制度是为了更好地辅助财产所有权而派生出来的法律制度。罗马法中除了具有所有权的理论及相关制度外,还存在他物权的

---

① 郑立、王作堂:《民法学》,北京大学出版社 1995 年版,第 183 页;张俊浩:《民法学原理》,中国政法大学出版社 2000 年版,第 422 页。

② 周枏:《罗马法原论》,商务印书馆 1994 年版,第 383—384 页。

相关制度，其物权种类除包括所有权以外，还包括四种他物权：役权、永佃权、地上权、质权。其中，役权包括地役权与人役权，人役权又分为用益权、使用权、居住权、奴畜使用权四种；质权包括信任质权、物件质权、契据质权、权利质权等，而契据质权相当于抵押权。① 在他物权制度中，以土地为客体而设立的用益物权制度相对比较发达。总之，古罗马法虽然已经确认诸多具体的物权形式，并按人法、物法、诉讼法的体制来编制民法，但由于历史发展阶段和法学发展水平的原因，具有抽象概括性的物权及他物权的名词，在古罗马法中并未出现。准确地讲，物权概念是中世纪注释法学派在研究、诠释古罗马法时创造的术语。但是，古罗马法的历史作用不容忽视，它不仅为后世法学提供了一般原理，更重要的是，古罗马法为商品经济的发展提供了相应的法律精神，如平等、公平、民主、自由等，为法律制度的确立与运行奠定了基础。正如学者所指出的，古罗马法是世界共同的法律，也是世界性的模范法。② 其辉煌的法律文化成果影响了人类从古至今的法律史，特别是在世界民法史苑内树起了一座史无先例的丰碑。

（二）日耳曼土地所有及流转法律制度

按日耳曼部落习惯，社会成员一般分为四个等级，即贵族、自由人、半自由人和奴隶。日耳曼法是调整其部落成员日常社会生活关系的行为规则，这种规则与古罗马法不同，没有严格的概念和体系，只是一种社会生产、生活规则的综合体。在财产法方面，日尔曼在入侵罗马前只是房屋和篱笆围墙以内的宅旁园地属于家庭私有，而森林、牧场和水流等资源则属于公社所有，共同使用。耕地作为公有土地定期分配给各个家庭使用，分配的多寡依其社会地位高低而定。对掠夺来的大量罗马土地，也按社会地位的高低进行分配，处于高等级的国王、贵族和教会成了最初的大地主。日耳曼人成熟的土地制度形成于塔西佗时代，即定居生活和农耕时代。

与日耳曼社会经济发展相适应，当时日尔曼人的主要财产是牲畜、房屋和耕地。其中，牲畜、房屋属于单个农户私有，而耕地属于氏族团体所有即公有。但对公有的土地并不由团体统一经营，而是分配给氏族成员个人耕作。开始时每年分配一次，后来分配周期以年为单位递增。至日耳曼成文法时代，份地已

---

① 江平、米健：《罗马法基础》，中国政法大学出版社2004年，第155—180页。
② A. 里维埃（比利时布鲁塞尔大学罗马法教授）1867年10月18日所作关于罗马法的学术报告。

为各户家庭长期占有，不再定期分配，并可以转让。在每年分配土地时，上年耕地一般要实行休耕，其目的或是兼顾畜牧，或是保持土地肥力。对于这种团体拥有、管理土地，成员使用、经营土地的制度，德国学者称之为"总有"制度。"总有"是一种将土地归属和利用合为一体的概念，与古罗马法的所有权不同，所有权是一个抽象概念，当然包括所有物的归属，但并不必然解决所有物的利用问题，该问题由用益物权制度解决。日耳曼法的土地所有权制度是适应欧洲中世纪封闭的、自给自足的农业经济的需要建立起来的，主要特点如下：

1. 以团体本位为立法思想，主张土地所有权的相对性、双重性

土地是最重要的财产，在土地之上存在着双重的或多重的所有权。土地由全体社员共同享有权利，分配给家庭，各家庭对土地只有使用、收益权，处分权仍属于公社。① 各所有人对土地只拥有潜在的、不确定的应有部分，权能分离的现象非常显著，土地所有权受到的限制比古罗马法要严格。

2. 注重财产的具体利用，而不是抽象的支配

日耳曼中各种财产的具体利用，都是独立的权利，不存在所有权派生他物权的概念以及自物权与他物权的区分，而是从具体的事实关系出发，根据对物的各种利用形态，确认相关的各种物权。不同的利用权有不同方面的利用力，对标的物全面利用的是不同利用权全部集合的作用，全面利用和某些方面的利用，是各种物权量的差别。就不动产而言，非常强调不动产是收益的源泉，而不是其本身的支配或占有，以土地为核心形成了多种并列的、独立的权利。例如，在日耳曼农地租赁关系中，庄园主享有上级所有权，享有收取地租的权利，但不能任意处分土地。同时，佃户占有土地，称为下级所有权，享有永久性耕种土地的权利，通常租赁的土地尚可成为继承的标的。②

3. 土地制度中包含有身份的性质

按日耳曼法律的规定，全部土地在名义上都归国王所有，然后按社会地位的高低分配给臣下自由使用，庄园主为上级所有权人或自由使用人，具体耕作的佃农为下级所有人，不同的土地权利表明了不同权利的社会身份。与古罗马法单一所有制不同的是，早期日耳曼法不动产所有权只存在上级所有权与下级所有权的区别，无论是上级所有权人还是下级所有权人，均是所有权人，此分割所有权原为欧洲中世纪极普遍之土地制度。但于古罗马法继受后，因该种观

---

① 由嵘：《日耳曼法简介》，法律出版社1987年版，第51页。
② 戴东雄：《中世纪意大利法学与德国的罗马法继受》，台湾大学法学丛书（28），元照出版公司1999年版，第49页。

念显然远非古罗马法所有权之本质，便依古罗马法之观念，加以整理。于是现代欧洲民法皆排斥分割所有权之观念，或以昔日上级所有权为所有权，而以下级所有权为其上之用益物权（地上权，永佃权）；或以下级所有权为所有权，而以上级所有权为其上之土地负担。日耳曼法之所有权观念，均改为古罗马法系之形式体系焉。①

从日耳曼法的发展、沿革来看，它在公元5—15世纪在西欧起过重大作用。中世纪晚期，资本主义经济在封建社会内部逐渐发展起来，并开始引起人们思想的变迁。自11世纪末开始，在意大利北部尤其是波伦亚大学进行了对古罗马法的研究，并由单纯注释古罗马法发展到力求把对古罗马法的解释适应于当时社会发展的需要。"古罗马法研究的恢复是标志罗马日耳曼法系诞生的主要现象。"② 日耳曼法对后世法律制度特别是英美法产生了重大影响。

二、近现代大陆法系国家农地流转状况

近现代西方发达国家民事法律制度的形成与确立，自11世纪末古罗马法复兴开始，至法国民法典颁布为止经历了一个长期的历史演进过程。随着古罗马法复兴运动的展开，古罗马法被欧洲各国所继受或移植，各国均不同程度地接受了古罗马法，并将其作为建立新的法律体系的基础。因此，古罗马法所形成的民法意识、价值观念、思想理论、行为模式及法律规则，被近现代各国法律制度所继承，并形成具有现代意识的法律制度。但由于各国国情不同，互相之间也存在比较大的差异。就物权制度而言，传统大陆民法将物权分为自物权（所有权）与他物权，他物权又分为用益物权和担保物权。其中，用益物权是指以物的使用收益为目的的物权，包括地上权、地役权、永佃权等；担保物权是指以担保债权为目的，即以确保债务的履行为目的的物权，包括抵押权、质权、留置权、典权等。近现代各国立法上所确认的具体物权种类虽有一定差异，但其基本类别，可分为所有权、用益物权、担保物权与占有四大形态。此外，各国的单行法或民商事特别法上还规定有许多特别的或新型物权种类，司法实践中对一些非典型物权也有确认。

---

① 李宜琛：《日耳曼法概说》，中国政法大学出版社2003年版，第26页。
② ［美］格伦顿：《比较法律传统》，米健等译，中国政法大学出版社1993年版，第16页。

(一) 法国农地流转的法律制度

法国是欧盟最大的农业生产国,也是世界主要农副产品出口国,粮食产量占全欧洲粮食产量的三分之一,农产品出口仅次于美国居世界第二位。法国地处欧洲西部,国土面积55.2万平方公里,农林业用地占国土面积的87%,随着法国人口城市化,农村人口不断减少,共有耕地面积5491.9万公顷,其中61%为农业用地、27%为林业用地、12%为非农业用地,而农业用地的96%为家庭所有。法国是农地流转法律制度与司法实践经验十分丰富的国家,其农地流转方式多种多样,在法律上分为农地使用权与所有权的流转,其有关农地流转的法律制度健全、完善。

法国民法典第二编规定财产法,第三编规定了财产权取得法,其立法理念是合同应该履行,这是古罗马法的一个基本原则。法国民法依据合同履行的结果必然导致物权变动,建立了不区分物权和债权、不区分物权变动和债权变动的法律调整机制。所以,在法国法典中并没有物权与债权的区分,更没有物权变动的制度与债权变动制度的区分制度,立法上只承认"广义财产权",交易的法律只有合同。法典规定所有权是"对于物有绝对无限制地使用、收益及处分的权利"。国家征收私人财产只能根据公益的理由,并以给予所有人以公正和事先的补偿为条件。不论是动产或不动产的所有人,都有权得到该财产所生产以及添附于该财产的一切物。这一规定使生产资料可以自由地使用、收益和出售,同时,农民的私有土地也得到了保障。

法典明确规定了对他人财产的用益物权和地役权,这对农地流转具有重要意义。其中,第一章用益权(第578—624条)共计规定了47个条文,主要涉及内容分四个部分:第一部分(第578—581条)内容为用益权的性质和概念、用益权的设立方式、用益权的设立条件、用益权标的物范围;第二部分即第一节用益权人的权利(第582—599条);第三部分即第二节用益权人的义务(第600—616条);第四部分即第三节用益权的消灭(第617—624条)。依据法律,农地使用人享有用益物权,不仅能独自行使其权利,还可向他人出租、出卖或无偿转让其权利;农地使用权人也有权将自己使用的农地进行抵押,以获得融资。因此,法国农地用益权可通过转让、出租、抵押等方式流转。另外,法国大革命之后,小农占优势的农业经济模式在法国持续了一百多年,由于农场规模偏小,土地分散零碎,严重阻碍了土地的规模化经营。因此,法国相继出台了一系列促进农地流转的法律、法规和土地改组政策。随着农场数量的减少,农场的规模不断扩大。例如,1958年农场的平均土地面积为16.5公顷,1970年增加到21公顷，1985年增加到30.5公顷，1997年增加到41.7公顷；与此相应的是，农场的数量在逐年减少，1958年为206.12万个，1970年减少到155.2万个，1985年减少到92.4万个，1997年进一步减少到67.98万个。40年的时间，法国农场平均土地面积增加了一倍半，农场数量减少了一大半。① 具体来讲，法国主要采取以下措施：

1. 通过法律措施促进农地规模化经营

1960年，法国颁布了《农业指导法》，通过法律手段，支持中等规模的农场发展，促进小规模农场转移，稳定大农场。该法的核心思想是改革农场结构以发展适应现代化技术，充分利用劳动力和经营资本的中等家庭农场。1962年，法国又颁布了农业指导补充法，明确规定成立土地整治和农村安置公司，利用国家资金优先购买市场的土地，经过整治转让给需要土地的农民，以利于发展中等类型的家庭农场。1999年7月，法国颁布了新的《农业指导法》，确定了农业和农村经济发展的新目标，提出要建设一个兼顾经济、环保和社会效益、可持续发展的"多功能"农业。法律鼓励青年从事农业经营，规定了改善农民生产条件、提高农民生活水平、改进农民社会保障体制、保证并逐步提高农民养老金金额等目标，并通过各种法律、法规，严格规范农地流转双方当事人的权利和义务，减少了土地交易中谈判成本和履约成本，降低了农地流转的交易费用，强化了农地流转的法律保障。

2. 通过土地制度改革，保证土地规模经营

为防止农场规模越来越小，法律明确规定农场主的合法继承人只有一个，其他继承人只能从农场继承者那儿得到继承金。同时，推出税收优惠政策，鼓励父子农场、兄弟农场以土地入股，开展联合经营。此外，国家还给大农场主提供低息贷款，对农民自发的土地合并经营减免税费，促使农场规模不断扩大。政府鼓励农村富余劳动人口退出土地经营，并根据法律规定，设立了"调整农业结构行动基金"对自愿离农者给予补贴。20世纪70年代初又设立"非退休金的补助金"对年龄在55岁以上的农民，一次性发放"离农终身补贴"，鼓励年老农场主退出土地；同时，对愿意离开农业到工业、服务行业去投资或就业的青年给予奖励性的赔偿和补助，而其他青壮年劳力由政府出钱进行培训后再务农。

3. 建立土地整治与农村安置公司，加速农地流转

国家通过财政支持建立政府的土地整治与农村安置公司，这是一种不以营

---

① 刘卫柏：《中国农村土地流转模式创新研究》，湖南人民出版社2010年版，第230页。

利为目的的、由国家代表实施监督的股份有限公司,由此促进农地流转或土地的适度集中。根据法律与政策,公司拥有土地的优先购买权,通过贷款从私人手中购买土地,把买进的低产田以及小块分散土地集中连片,整治成标准农场后低价出售给有经营能力的中型农场的农场主。农民可以在市场上通过拍卖进行土地交易,使农地流转步入正常的法律程序,促进了农地的有效流转。

4. 政府对土地采取综合式的市场监管

为了保障农地市场秩序,政府对农地市场的流转采取了综合式的市场监管,其监管的方式主要有三种:一是制定相关法律规定。规定私有土地必须用于农业,不准用于非农用途;国家有权征购弃耕和劣耕者的土地。同时还规定,土地不可分割转让,只能整体继承或出让。二是国家专门设立土地事务所,对市场进行监管。同时,设立土地银行。土地在市场上交易以后还要经过管理机构批准,否则流转被视为无效。三是政府作为供给者对土地市场进行调控。政府设立"土地整治与农村安置公司",其作用就是购买土地并对土地进行整治,然后转让给农民。此外,政府对中等农场在土地购买贷款和税收方面给予优惠。①

由此可见,法国对农地流转采用了经济、法律和行政多种手段进行管理,并取得了良好的效果。由于政府的参与和引导,不仅加快了土地集中的速度、促进了农场经营规模的扩大,而且农业劳力也由 200 多万人减少到约 30 万人,农业人口占总人口的比例由 40% 减少到 10% 左右,到 2003 年更进一步减少到 2.2%。在促进规模经营的多种方式中,租赁经营成为主要方式。目前,法国 60% 以上的农业用地是以租赁方式经营的。②

(二) 德国农地流转的法律制度

德国位于欧洲中部,国土面积为 35.7 万平方公里。其中,国土面积 53.5% 用于农业、29.5% 为森林、12.3% 用于居住和交通、1.8% 为水域,其余的 2.9% 为荒地。德国农业发达,机械化程度很高。2007 年共有农业用地 1690 万公顷,约占德国土面积的 50%;年农林渔业产值为 218.1 亿欧元,占国内生产总值的 0.9%;农业就业人口 85 万,占国内总就业人数的 2.14%。德国的土地管理分散在许多部门,通过立法,形成各部门的分工合作制度。土地管理的部门有州测量局、地方法院土地登记局、土地整理司。另外,财政部主管农业用地评价和地产价值评价。州发展规划与环保部主管各级土地利用规划工作。德

---

① 吴春宝:《国外监管农地流转市场的模式及启示"》,载《中国土地》,2009 年 第 2 期。
② 杜朝晖:《法国农业现代化的经验与启示》,载《宏观经济管理》,2006 年第 5 期。

国土地管理机构负责地籍资料的采集、编绘、保管、更新、统计和提供利用、土地登记、土地评价、土地利用规划和土地整理。德国土地管理重视土地立法，采用先进技术进行管理，重视对土地信息的保存、利用和完善。

德国民法典采用古罗马法中学说汇纂所采用的编制体例，被称为与罗马式相对应的德国式。该法典共分五编，共计2385条。物权法编（第854—1296条），各章的体系构成是：第一章占有（第854—872条）、第二章关于土地权利的一般规定（第872—902条）、第三章所有权（第903—1011条）、第四章地上权（第1012—1017条）、第五章役权（第1018—1093条）第六章先买权（第1094—1104条）、第七章土地负担（第1105—1112条）、第八章抵押权、土地债务及定期土地债务（第1113—1203条）、第九章关于动产质权和权利质权（第1204—1296条）。德国农地流转的法律规定主要体现在第二章关于土地权利的一般规定和第五章第二节用益权中。

按照德国民法的规定，转让土地所有权、对土地设定权利以及转让此种权利或者对此种权利设定其他权利，需有权利人与相对人关于权利变更的协议，并应将权利变更在土地登记簿中登记注册，地籍登记簿中的土地所有者是唯一受法律承认和保护的土地所有者。用益权由其性质所决定，不得让与和继承。即用益权只能由权利人个人享有，不能由权利人之外的任何人享有，并且随着权利人的死亡而消灭。但法律却允许他人为权利人行使用益权，即转让用益权的行使权，如由权利人委托的人为权利人取得物的孳息等，并不是将用益权移转给他人。因用益权不可以转让和继承，故也就不能设置抵押或者承受其他负担。因此，德国用益权法律制度规定，用益权不得让与和继承，也不得抵押，但可转让用益权的行使权。德国用益权流转只有用益权的行使权转让，用益权不具有流转性。

德国的土地使用权条例第1款规定：土地使用权是可以买卖、可以继承的、在土地的地上或地下拥有建筑物的权力。通过德国公寓式住房所有权法，土地使用权也可以运用到公寓式住房，成为公寓式住房土地使用权。土地所有者和土地使用权者到公证处签订土地使用权合同，然后在地方法院的地籍登记所登记。地籍登记所向土地使用权者发放地籍簿，并在土地所有者的地籍簿中权役和限制的第一项上注明已经出让了土地使用权。土地使用权的年限由合同来确定，居住用地一般为99年，工业用地一般为70年。通常，土地使用权人每年向土地所有者交付使用土地的土地使用金，合同规定的土地使用金的数额，登记入地籍簿中。土地使用期结束后，土地使用权回归土地所有者，作为组成部分的建筑物也随土地使用权回归土地所有者所有，但土地所有者要向土地使用权者支付建筑物的赔偿费。土地使用权可一次或多次延长。在大多合同中都约定,土地使用权者有优先购买土地的权力。在德国,土地使用权拥有者也有自己的地籍簿,地籍簿中登记的土地使用权包括对建筑物或住房的所有权。① 即土地上的房屋建筑是土地的组成部分,房屋建筑从属于土地,为土地所有权的拥有者所有。德国对土地流转的管理主要采取以下措施:

1. 对农地产权交易实行特殊管理

德国土地绝大部分属于私有,也有一部分实行公有(如国家、州、市镇所有)。除法律另有规定外,土地所有者对该土地包括地上和地下享有占有、使用、收益、处分等权利,可以自由交易。但由于农地的特殊性和农业发展的需要,德国对农地所有权的自由交易实行严格限制,以防止农地细碎化,防止土地集中到非农民手中,防止农业滑坡。自1918年以来,德国便对农地自由交易实行控制,并延续至今。其中,《土地交易法》规定,出让农地所有权应经地方农业局许可,对可能导致土地分散经营或者细碎、出让价格与土地价值严重背离、改变农地用途的不得批准出让。

2. 对农地实行田亩重整

为解决"二战"后形成的农地地块分散、细碎、不便于机械化作业问题,从1953年开始至今,德国按照《田亩重整法》的规定,实施了田亩重整计划,由参与该计划的农地所有者组成共同体,并在国家支持下,通过田亩重整程序,对不同所有者的农地进行互换、重新登记,加以平整改造,使之连片成方,适合于机械化耕作,促进了农业集约化和规模化。从1949年到1994年,平均农地经营规模由8公顷提高到29.8公顷,低于10公顷的农业企业由140万个减少到28万个。

3. 加强对农地租赁管理

在原联邦德国,有38%的农地用于租赁经营,但在全德国,现有53%的农地用于租赁经营。为防止改变农地用途,实现农地的可持续利用,保护租赁双方当事人的合法权益,加强农地租赁管理,在《民法典》规定的基础上,1986年原联邦德国颁布实施了《农地用益租赁交易法》。交易法规定农地租赁实行合同备案制度,租赁期限为12~18年,地租要符合国家规定,并由农业部门定期检查,重点检查租金是否适当、股东或者合伙人是否变动、用途是否改变、是否转租等,并根据检查结果对租赁合同做出调整。如果承租人两个季度未付租

---

① 王维洛:《德国土地使用权和中国土地使用权之比较:中国城市拆迁过程中赔偿问题分析》,载《当代中国研究》,2004年第2期。

金，或者未经批准转租、改变用途，则要求当事双方解除合同。

4. 农地纠纷解决的渠道畅通

德国的农地租赁纠纷主要通过调解和农业法院解决。调解不是必经程序，主持人由经过考核的专业人士或者双方认可的调解人（如市长、教士、农业局官员等）担任，若调解不成还可向农业法院起诉。农业法院属于基层法院，由一名基层法官和两名名誉法官（如农地地主等）组成，依照《农业纠纷诉讼程序法》（1953年颁布实施）规定审理。对农业法院判决不服可上诉到州中等法院。由此可见，德国的土地属于私有，一般表现为自然人、法人所有，政府作为特殊法人也可拥有土地的所有权，表现为联邦、州、市镇等各级政府所有。在土地及流转管理上，国家十分重视对农地产权的法律保护和管理，东西德国统一后，对原东德的公有农地实行私有化改造，建立了统一的农地产权保护和管理制度。依据法律规定，土地所有者对该土地包括地上和地下均享有占有、使用、收益、处分的权利，并可自由交易。但由于农地的特殊性和农业发展的需要，法律对农地的自由交易实行严格限制，使土地资源及其使用得到充分保护。

（三）日本农地流转的法律制度

日本实行土地私有制，在法律上，既允许自然人、法人可以占有土地，也允许作为特殊法人的国家和都、道、府等政府机关和公共团体占有土地，这种表现为国有和公共的土地，主要是为了国家及国民的利益而使用，使用时更强调对于生态的保护。日本农业呈现出经营规模家庭化、规模狭小、人多地少、分散经营的特点。日本的总面积为377835平方千米，其中土地面积37万多平方千米，水域面积3091平方千米，领海面积31万平方千米。2011年，日本人口约有1.28亿，人口密度大。1994年，日本的耕地面积为508.3万公顷，占国土面积的13.5%，其中水田占54.3%、旱地占45.7%，灌溉面积24.3万公顷。耕地利用率从1983年的104.8%下降到1993年的100%。1999年，日本的耕地为487万公顷，都府县每家农户平均拥有的耕地面积不足1.2公顷，北海道每家农户平均拥有的耕地面积也仅为16.2公顷，这和欧美的大规模经营相差甚远。[①]

在日本除民法典之外，有关土地方面的法律十分完备，有土地基本法、农地法、农地调整法、农业振兴地域法、农业经营基础强化促进法、增进农用地

---

① 刘卫柏：《中国农村土地流转模式创新研究》，湖南人民出版社2010年版，第223—224页。

利用法、土地改良法等。据统计，日本有关土地管理方面的法律共有130部之多。日本民法典永佃权（第270—279条），主要涉及永佃权的内容、土地使用权的限制、永佃权的让与和租赁、租赁规定的准用、佃租的减免、永佃权的放弃、佃租的滞纳和破产宣告、习惯的效力、永佃权的存续期限、地上权规定的准用等。① 民法典第272条明确规定，永佃权人可以将其权利让与他人，或与其权利存续期间，为耕作或畜牧而出租土地。但是，以设定行为加以禁止时，不在此限。根据日本法律，永佃权因属物权，所以，不待地主的承诺，永佃权人即可以把永佃权让与或出租他人，或供作金钱融资的担保。但永佃权人的此等权利，必须受到限制。第一，设定契约如就永佃权的处分定有禁止或限制的，该禁止或限制的约定如未登记，即无对抗第三人的效力。第二，根据农地法第3.4条的规定，关于限制农地权利的移动的规定得准用于永佃权，所以，永佃权人如未获许可，便不能处分永佃权（如把永佃权让与给他人）。民法典第369条规定，①抵押权人，就债务人或第三人不转移占有而供债务担保的不动产，有先于其他债权人受自己债权清偿的权利；②地上权及永佃权可以成为抵押权的标的。第277条习惯的效力规定，有与前六条规定不同的习惯时，从其习惯。此即规定了永佃权流转习惯的优先适用效力。因此，在日本，永佃权可以以转让、出租、抵押或者按习惯的方式加以流转，但设定契约中约定禁止出租的，不得出租。

  从明治维新开始，日本走向工业化道路，封建土地所有制成为资本主义工业发展的严重阻碍。明治维新以后，明治政府一方面推广置产兴业，引进近代资本主义的工业生产、技术和体制，另一方面力图改变这种不合理的封建农村土地制度，解放农业生产力。1873年7月，明治政府颁布"地税改革令"，其改革适应了资本主义发展对农业生产和土地的需求，获得了稳定、大量的地税收入，保证了明治政府的财政收入和运作，对明治政府推动近代工业化发展具有不可估量的作用。但是，这种改革很不彻底，导致全国三分之一将土地典当、抵押的农民失去了土地，被迫沦为佃农。而土地很快就集中到有钱有势的地主手中，这部分农民除了负担有所减轻以外，依然没有土地。寄生地主阶层成了农村经济的主导，严重地阻碍了日本资本主义的发展。农民依然贫穷，寄生地主不思进取，也无力推动农业生产技术的大幅度提高，致使日本的国内市场十

---

① 徐小峰：《发达国家和地区耕地保护方法总结与借鉴》，载 http：//caein.com/index.asp?NewsID=58989&xAction=xReadNews

分狭小，难以正常发育。①

为促进土地自由转让和扩大经营规模，日本政府采取多种措施推进土地流转和规模经营。1947-1950年日本实施对农地封建土地所有制的改革，日本中央政府强制收买地主土地，然后按国家统一规定价格再卖给佃农，由于货币的贬值，地主的土地几乎是无偿转让给佃农，从而实现日本"耕者有其田"的自耕农地制度。1945年自耕地占54%、佃耕地占46%，到1950年自耕地占到90%、佃耕地仅占10%，自耕农户从1945年的172.9万户上升到1950年的382.2万户。1952年，日本农地法从法律上确立了农户对土地的所有的永久地位，从而完成农地所有权的第一次集中到分散的流转。"二战"后，日本经济的高速发展，工业化、城市化速度加快，占用大量农业用地，同时非农经济提供了大量的就业机会，在此背景下，离农人口激增、农业生产者老化、抛荒严重。为解决这个问题，日本开始再次鼓励农户土地流转，由小农经济向"农业规模经济"转变，将土地集中在有能力的农业生产者手中，从而提高农地使用效率，实现农业的高效、稳定的经营活动。20世纪70年代至今，日本农地的流转主要通过租赁方式进行经营权的流转，主要是经营权由农户向企业和合作组织流转，以实现经营规模化和农业现代化。② 为促进农地流动，1970年重新修改农地法，将农地所有权与经营耕作权分离，允许土地租借，还制定了标准地租制度。这对农地经营规模扩大发挥了积极的推动作用，致使农地使用中租赁比率迅速提高。③

1980年，日本政府又颁布了农用地利用增进法，以土地租佃为中心，鼓励农地经营权流转，促进农地规模经营。根据1952年日本农地法规定，每个农户土地规模最高限额为3公顷以内，并严格限制农地流转。到1961年，日本政府重新制定的农业基本法，开始提倡土地转让和相对集中，放宽对土地所有权流转的限制，并试图通过政府提供优惠贷款的办法来帮助农户购买土地，扩大家庭经营规模。日本农地经营规模从户均0.8公顷扩大到户均1.2公顷经历了近35年。④ 从1980年到1993年，14年中，日本工业现代化水平变得十分发达，

---

① 周永生：《日本土地政策的借鉴与启示》，载《人民论坛》，2011年第19期。
② 龚继红、钟涨宝：《近现代中日农地流转政策比较及启示》，载《农业经济》，2005年11期。
③ 周永生：《日本土地政策的借鉴与启示》，载《人民论坛》，2011年第19期。
④ 韩鹏、许惠渊：《日本农地制度的变迁及其启示》，载《世界农业》，2002年第12期。

而日本的农户土地规模"纯集中率"只提高了 11.1%。① 为了强化土地流转，日本采取了各种措施，其做法主要体现在以下几个方面：

1. 不断完善法律法规，为促进农地规模经营创造良好条件

日本从 20 世纪 30 年代开始着手建立农地法律体系，并为满足不同时期农业发展的需求进行了多次完善和调整，即在民法典的基础上先后制定了农地法、土地改良法、农振法、农业促进法等，形成日本农地制度的基本框架，其也是其农地政策的基本依据。这几部法律并不是一成不变的，而是根据不同时期社会经济发展的需要，适时地调整或修改，自觉地引导农地利用和农业经济发展。《农地法》强调"只有直接从事农业生产的劳动者的权利才应获得保障"，这是一条主线，但在日本农地制度演变的不同历史阶段，分别体现"自耕农主义"和"耕作者主义"两大主题，即前期主要保护自耕农的权利，后期转为保护一切农业经营者的利益。如 1994 年为了响应乌拉圭回合谈判，日本"开始了研究制定替代《农业基本法》的新基本法"，以培养"有效稳定的农业经营体"。这样一来，农业生产法人制度建设又再次受到关注。《农地法》在 1962 年的修改中涉及了"农业生产法人"，在 1992 年的修改中对法人经营农业还有严格的制度约束，但多数意见认为，股份公司应该获得农地权利，因此，在 1998 年的修改中放宽了对农业生产法人的约束条件。1999 年，日本公布了《食品·农业·农村基本法》，积极推行农业生产法人制度。而 2000 年，《农地法》的"农业生产法人制度"部分再次被修改，2001 年又颁布了新的《农地法》修正案，进一步推动农地流转和农地规模经营。日本农地制度变迁的经验是：农地制度建设需要与时俱进。也就是说，农地制度要根据社会经济发展的变化和需求，在坚持原初立法宗旨和基本框架的基础上，适时修改或增设部分法律条款。这既便于保持法律制度的统一性，又利于法律制度的完善。②

2. 建立民间中介组织，积极开展农地委托经营

在日本的农地流转过程中，政府的作用是主要的，但在具体的运作过程中，代表农户权益的社会中介服务组织却是实施农地流转的关键组织保障。法律允许农地租借和转让，政府也鼓励农户进行土地流转，但由于各种原因，农地出租者找不到租用者，而想租用农地的农户又找不到农地出租者，于是就有了农

---

① 杨林娟：《美国、日本的农地制度对中国农业现代化的启示》，载《甘肃农业》，1999 年第 4 期。
② 汪先平：《当代日本农村土地制度变迁及其启示》，载《中国农村经济》，2008 年第 10 期。

地租借转让的中介需求，出现了各种民间组织，主要包括农业委员会、农业协会、市町村农村土地保有合理化法人。到 2002 年，全国已有各种生产组 7820 个，其中农业生产法人 5310 个、非农业生产法人 2150 个。① 这些组织对促进农地合理流转和利用发挥了极大的促进作用。农地利用增进法明确规定以地域为单位，组成农用地利用改善团体促进农地集中经营和共同基础设施建设，以农协为主，通过生产合作或委托经营，帮助农地经营权向"中心户"流转。事实上，1980 年的租赁田与 1970 年相比增加了 30 倍，1986 年比 1980 年又增加了 50%，达到 50086 公顷。扶持农田协作组织，扩大农田作业规模，在农田生产不同环节进行协作或委托作业（如委托中心农户，委托农协等）来完成农户自身不能及的农田作业。1990 年接受委托的大规模经营者在农田所有面积、经营面积和水稻作业面积中所占比例分别为 14%、16% 和 22%。②

3. 强化对农地流转中农户权益的保护

农地流转的主体是个体农户、农业企业等法人组织。在不同的农业经济发展时期，日本政府确定了不同的倾向"自耕农"权益保护政策。日本主要侧重于土地流转过程中对农民权利的保护。政府不仅建立中介组织为农民出租土地提供信息，而且规定，如果租种农户的土地，租金必须一次付清，农户要租种合作社的土地，租金则可分期付清，并且租金还略低。这种制度给不愿放弃农地而又无力耕作的农户找到了出路。1938 年，《农地调查法》首次通过对农地租赁合同的法定更改以及限制合同的解除等规定，来稳定农地出租人的地位。1939 年，《佃租管制令》限制农地转用和农地权利转移管制规定。1946 年，《创设自耕农特别措施法》规定严格限制佃耕农所有和政府收买、出售及实施未开垦地征收出售制等。以上政策主要通过保护和强化农地耕作者地位，对农地进行全面且有力的管制。1961 年，《农业基本法》的政策目标主要保护农耕者的经济收入水平，通过推动"自立经营"和"促进协作"提高农业生产力，进而提高农耕者收入，同时推动农业教育、农业科技研究和普及农地信托事业，促进农业结构调整，进而提高农耕者的农耕效率和福利。③

---

① 陈利冬：《发达国家或地区的农地流转制度及其启示与借鉴》，载《南方农村》，2009 年第 2 期。
② 龚继红、钟涨宝：《近现代中日农地流转政策比较及启示》，载《农业经济》，2005 年第 11 期。
③ 龚继红、钟涨宝：《近现代中日农地流转政策比较及启示》，载《农业经济》，2005 年第 11 期。

4. 推动农地流动的市场化

日本在推动农地流动的市场化过程中，一方面稳定农民已获得的农地产权，不轻易改变农地所有权性质，另一方面又逐步放松对农地流动的管制，实现农地流动的市场化、自由化。其充分发挥市场机制在农地资源配置中的作用，使农地资源在市场机制的作用下，由低效率使用者手中向高效率使用者手中流转，实现农地规模经营。日本的实践表明，农地产权的稳定和农地产权的市场化流转，不仅可以实现农地适度规模化经营，使农地资源得到最有效的配置和利用，而且可以充分体现农地的商品属性，使农民更珍惜土地，从而稳定并提高农民的土地利用预期，减少乃至杜绝短期行为。①

5. 政府强化严格式的市场监管

日本农地交易管理制度建立于 20 世纪 70 年代，政府在流通领域内运用行政手段严格控制地价水平，主要由都道府县级地方政府负责。具体由以下四部分构成：一是农地交易许可制，直接控制地价水平、调节土地利用方向；二是农地交易申报制，目的是控制影响农地市场价格波动的大规模土地交易；三是农地交易监视制度，作为对农地交易申报制的重要补充，主要用于控制规模较小的土地交易活动；四是空闲地制度，目的是防止投机性囤积土地，提高农地利用程度。在市场监管中，日本政府实行比较严格的行政手段保障市场运行。同时，由于农地交易管理以土地的科学估价为基础，且管理目标明确、管理范围比较宽泛，对于抑制土地价格上涨起到了积极作用。②

由此可见，尽管农业规模化经营是世界各国农业现代化的必由之路，但农地规模集中却是一个长期的发展过程，而且必须结合本国社会经济特别是农业经济发展的实际情况，因地制宜，适时推进。在日本农地流转制度的发展过程中，不仅法律充分发挥了作用，而且政府所起到的积极作用也是不容忽视的。政府通过行政、经济、法律等手段，培育了良好的农地流转的政策和法制环境，也为农地流转创造了良好的市场氛围。

三、近现代英美法系国家农地流转状况

目前，世界各国沿用的法律体系基本上可分为两大类：大陆法系和英美法

---

① 王苏彬：《中日农村土地制度改革比较研究》，载《中国土地》，2009 年第 5 期。
② 吴春宝：《国外监管农地流转市场的模式及启示》，载《中国土地》，2009 年第 2 期。

系。与大陆法系国家不同的是，英美法系国家的法律渊源，既包括各种制定法，也包括判例，而且，判例所构成的判例法在整个法律体系中占有重要的地位。英美法系很少制定法典，习惯用单行法的形式对某一类问题做专门的规定，因而，其法律体系在结构上是以单行法和判例法为主。英美法系国家的地产权属于财产权体系的一部分，性质上与大陆法系国家的物权类似，其农地产权是一种稳定的权利，同样为农地使用权的流转提供了坚实的基础。英美法系国家农地流转状况具体主要体现在以下几个方面：

（一）美国农地流转法律制度

美国是社会经济发达国家，其现代化的农业极具代表性，在世界农业中占有十分重要的地位。美国属于典型的土地私有制国家，其大部分土地为自然人和法人所有，其中，59%的土地为私人所有，联邦政府拥有32%的土地，州及地方政府拥有7%的土地，另有2%为印第安人保留地，即专门分给原美洲土著居民的土地。[①] 在政府所有的土地中，主要是荒漠、森林、草地以及道路、军事等非农业用地。在美国，所有土地都实行有偿使用，依据法律，土地可以买卖和出租，农地基本被私营农场所占有。联邦政府为了国家和社会公益事业兴建铁路、公路及其他设施，需要占用地方政府土地或私人土地时，一般需要通过交换或买卖方式取得。

1. 通过法律和政策保护农地财产权不受侵犯

美国实行农地私有制度，土地是法人、自然人极为重要的财产，受到法律的严格保护。美国的农地市场是在完全市场经济条件下形成的，农地流转在法律上是一种典型的民事法律行为。政府一般通过经济、行政、法律手段对土地流转进行引导、管理。美国的农地流转包括所有权和使用权流转两个方面。农地所有权的流转以市场调节为主，主要有买卖和赠与。美国对土地所有者的保护主要是保证其土地所有权不受侵犯。如联邦政府为了国家和社会公益事业兴建铁路、公路及其他基础设施，需要占用州属公有土地或私人土地，就必须通过购买、交换或捐赠来获得各种土地上的权益。土地所有者有土地收益分配和处分的权利，土地收益除按国家和地方政府的规定交纳固定的土地税、农产品销售所得税、房产税外，没有任何其他税费。同时，土地所有者在土地转让、租赁、抵押、继承等各方面也都具备完全不受干扰和侵犯的权利。[②] 美国对农

---

① 刘卫柏：《中国农村土地流转模式创新研究》，湖南人民出版社2010年版，第224页。
② 史志强：《国外土地流转制度的比较和借鉴》，载《东南学术》，2009年第2期。

地使用法律关系主要是通过土地租赁法律制度进行调整。由于在法律上农地产权非常明晰，农地使用权流转也以市场调节为主。根据美国法律规定，土地租用者享有因租赁而来的土地权益。这种土地权益可以转租、转让、继承等方式流转。但是，私人买卖土地的一切活动都必须依法进行，严格履行法律规定的义务，向政府缴纳不动产税，并以个人所得税的方式缴纳土地转让收益税。法律保护农地所有权及其交易不受侵犯，对私人土地的流转，即买卖、出租，政府无权干涉，各流转主体完全遵循平等、自愿原则。在土地的流转中，买卖或出租双方根据当时农地市场的评估价值，按照意思自治原则，自愿达成买卖或出租协议，并按照法律规定，依法完成土地所有权或使用权的流转。

从大的历史背景分析，美国土地法治可分为两个时期。

第一个时期从美国建国初期至20世纪30年代，美国政府集中注意力出售、无偿分配、开发和利用丰富的土地资源，先后颁布了《土地先购权法》《宅地法》等一系列法案，鼓励拓荒和开发。这既满足了移民的土地要求，又为以后土地集中，转变成大农场、大牧场提供了条件。① 1784年由杰斐逊领导起草的《关于弗吉尼亚让出的西部土地组建方案》，规定西部土地为美国全体国民所共有；规定从俄亥俄到密西西比河之间的土地分作16州，在居民人数达到一定的数目（原13州的最低数额）时始可建立同西部各州完全平等的新州；规定每一地区移民达到2万后，即可获得自治的权利，并逐渐取得州的地位。这个法案采取的是新英格兰集体拓殖的方式，肯定了新英格兰模式中的土地出售前必须首先进行测量和所有赠送土地都必须详细记录在案的做法，但没有提及土地的销售方式和最低价格，也没有提到保留教育和宗教用地。这个报告虽然未被国会所接受，但却成了1785年土地法令的基础。1785年，美国政府正式颁布土地法令，对土地测量和出售做出具体的规定。西部土地被分为若干镇，每镇又分成36区，每区占地640平方公里，其中有4个区归联邦政府支配，之中有一个区作为赞助公共教育之用。1787年7月13日，西北土地法在联邦议会获得通过，法令以1784年土地法令为基础，具体规定了处理俄亥俄河流域以北土地的办法，规定了建立新州的程序和原则。而美国政府关于在西部土地上建州的各项规定和程序，对西部开发和经济稳定发展起了积极的促进作用。1854年8月3日，美国国会通过土地价格递减法，规定对无人购买的土地可以直接降至每0.405hm^2售价25美分。1862年5月，国会通过了《宅地法》，规定凡是一家之长或年满21岁、从未参加叛乱之合众国公民，在宣誓获得土地是为了垦殖目的

---

① 李嵩誉等：《农村土地流转制度法律问题研究》，吉林大学出版社2010年版，第121页。

并缴纳 10 美元费用后，均可登记领取总数不超过 160 英亩（1 英亩 = 0.40 公顷）宅地，登记人在宅地上居住并耕种满 5 年，就可获得土地执照而成为该项宅地的所有者。《宅地法》还规定了如果登记人提出优先购买的申请，可于 6 个月后，以每英亩 1.25 美元的价格购买之。据统计，依据《宅地法》及其补充法令，联邦政府到 1950 年有 2.5 亿英亩土地授予移民。这样，通过对土地的出售和赠与，使拓荒者免于因购买土地而造成的经济负担，他们的财富可直接转化成经营资本，使家庭农场制度在美国最终确立，为农业的高速发展奠定了基础。所有这些法案对解决西部土地问题，加快和推进西部农业开发起到了重要作用。[①] 可见，美国土地法律改革主要有两个特点：一是降低出售土地的面积，把开始时规定的 640 英亩降到 160 英亩；二是降低公共土地的价格，最后干脆就把出售政策改为免费分配。这一时期美国政府的土地法律和政策，为农民取得土地和进行农业开发提供了制度保障，促进了美国西部的开发，使美国能够快速发展成为一个农业大国。

美国土地法治的第二个时期从 20 世纪 30 年代初至今，特别是 20 纪 30 年代初是美国土地政策的转折点。从这时起，美国政府的注意力从单纯的公有土地的分配明显地转移到了土地资源的保护方面。出台了一系列具体的土壤保护措施和农地立法与政策，如《农业完善和改革法》《粮食保障法》等。[②] 1996 年，美国通过《联邦农业发展与改革法》修订了有关环境保护条款，使可耕备用地计划适应市场的变化。在新农业法的支持下，农场主可根据市场情况，决定将部分符合耕地条件的土地作为保护地而获得备用地保护计划的补贴。[③] 总之，由于美国的土地流转以土地的私有为基础，加之有效的法律制度保障，使得土地在流转过程中产权边界明晰，流转双方完全依照法律程序，按平等、自愿的民事原则行使权利、履行义务，这样，参与法律关系的双方当事人都能够在土地的交易或出租中，很好地维护自己的合法权益。美国农地经营及流转规模随着社会经济的发展而不断扩大，并逐步形成了比较稳定的农地流转市场。

2. 美国农地经营的主要形式是家庭农场

美国的农地基本被家庭农场所占有，它在美国农业生产发展过程中占有重

[①] 张春芳：《美国西进运动中的农业开发及启示》，载《内蒙古民族大学学报》（社会科学版），2010 年第 4 期。

[②] 李嵩誉等：《农村土地流转制度法律问题研究》，吉林大学出版社 2010 年版，第 121—122 页。

[③] 林培、聂庆华：《美国农地保护过程、方法和启示》，载《中国土地科学》，1997 年第 2 期。

要地位。20世纪30年代之前,美国首先通过拍卖公开出售公有土地,继而向拓荒者免费赠送土地,并在20世纪初确定了以家庭农场制为主的土地制度。可以说,家庭农场制度是美国农村土地经营制度运行的基础与发展的前提。美国的家庭农场按照是否拥有对其所有权,可以分作三个类型:一是完全所有权型,这种农场的数量较多,但是大多规模不大。二是部分所有权型,主要是指部分自有,部分租入的农场。这类农场的面积较大,数量最多,规模也很大。三是无所有权型,主要是指全部租用他人土地的农场,这种农场目前还是比较少的。① 在美国农业发展的初期,家庭农场的规模不大,至1920年,一个家庭农场的平均面积仅为147亩。

为了推动家庭农场的规模发展,美国政府制定了一系列的优惠政策,极力鼓励农地规模经营,如提供低利息的贷款、价格补贴给购买土地或者租入土地的农场主。这使得农场主的数目急剧减少,如1935年家庭农场数为681.4万个,到1989年已减为214.3万个。不过,农场规模也扩大了不少,每个家庭农场平均拥有457亩土地,一直到21世纪初,美国家庭农场规模平稳扩大。② 这些家庭农场的优越之处在于,既能充分运用先进的科学技术,发展现代化的农业,又保留了传统的经营、管理方式,对市场的反应十分灵敏,具有强大的生命力。总之,美国家庭农场的组织形式及其制度有利于农用土地的规模经营,如为保证农场土地的完整性,农场经营者可注册成立公司或合伙组织等。法律规定,家庭成员可拥有或继承农场土地股份,但不能退股或将股份作抵押。只许内部转让,以保证在近代传承中不被细分碎化。③

3. 政府通过完善农地政策来推进农地流转

美国政府长期采用信贷支持、政策引导、利息调节、价格补贴等经济手段,通过各种优惠政策,鼓励、引导家庭农场土地流转,促进农场规模的适度扩大。例如,美国政府在1785年就颁布了《土地条例》,该条例确定了国有土地向移民出售的原则。根据该法令的规定,将公有土地分块拍卖出售,每块土地最小640英亩(约合388亩),每英亩地价最低1美元,一次付清。但1796年的土地法将每亩土地的最低出售价提高为2美元,付清期改为一年以后,分4年付清。

---

① 李珂、高晓巍:《发达国家农村土地流转的经验及对中国的启示》,载《世界农业》,2009年第6期。
② 李刘艳:《国外流转市场建设的概念》,载http://www.zhazhi.com/lunwen/sclw/scjslw/32017.html
③ 丁关良:《国外农用土地流转法律制度对中国土地承包经营权流转的启示》,载《世界农业》,2010年第8期。

后因该规定不能满足向西迁徙的大量农民对土地的需求，美国政府不断缩小购买土地的最低限额，由 640 英亩降低到 160 英亩，减低国有土地的出售价格。1802—1832 年，美国国会又相继通过了多个《救济法》，以延缓未付土地被没收的期限，使贫苦农民能够获得土地。1832 年杰克逊政府时期，政府允许农民占有土地，即那些已经占有未经测量和同意出卖土地的农民，可以最低售价购买他们已经耕种和改良了的土地。此外，政府还逐步降低公共土地的价格，由每英亩 1.25 美元降到 0.5 美元进行拍卖。在林肯政府颁布《宅地法》之后，美国土地政策的重点转移到向符合条件的拓荒者免费赠送土地。

另外，美国政府采取行政措施，逐步完善农业信贷体系，如建立生产信贷协会、联邦土地银行和 12 家合作社性质的土地银行，通过合作社与需要贷款的农民连接，并通过信贷，为农场提供中、长期抵押贷款。这一措施促进了美国农业的发展，推动了农用土地流转和农业现代化进程。

4. 美国政府对农地实行自由式的政府监管

美国于内政部设立土地管理局，主要负责对联邦政府土地的管理，并对州和私人土地进行协调。土地管理局的主要职责在于地籍调查、土地利用规划、建立土地调查档案和土地管理信息系统，为国民经济发展提供服务，制定国家矿产开发与利用计划等。其他联邦政府机构也参与部分土地管理工作，如内政部印第安人事务管理局负责印第安人居留地的土地管理工作，城市规划委员会负责城市用地的管理工作，国防部负责军用土地的管理工作。美国土地管理工作，实际上是一种分层次、按类别进行管理的类型。1980 年，美国土地管理局采用先进技术建立了土地管理系统。

美国是自由市场经济国家，农地市场是在完全的市场经济条件下形成的，政府通过经济手段和法制手段管理农地流转，农地市场是一种"准完全竞争性"市场。法律保护农地所有权不受侵犯，允许私人土地买卖和出租，政府一般不予干涉。出售土地时，买卖双方根据当时农地的市场价值评估买卖价格，达成买卖协议，既可由买卖双方自己协商，也可聘请私人估价公司，然后双方共同到县政府办理变更登记手续，以实现土地产权的转移，完成交易。但是，私人买卖土地的一切活动都必须依法进行，严格履行法律规定的义务，向政府缴纳不动产税，并以个人所得税的方式缴纳土地转让收益税。美国土地管理机构对私人土地买卖的管理只限于登记收费，土地交易纠纷一般都通过法律程序来解决。政府对农地交易进行管理的主要目的是为了降低交易成本，减少农地交易的障碍。美国人均土地较多，土地市场发育成熟，政府对市场监管的力度是最小的。政府通过对农地产权边界的界定，为农地所有者权利提供法律保障等措施，使农地市场机制正常运行。①

（二）英国农村土地流转法律制度

英国的土地产权制度建立在私有制的基础上，全部土地在法律上属于英王或国家所有，英王将土地分给功臣和国民，他们拥有土地的保有权，即土地的所有权归属于国家，而使用权属于各民事主体拥有。在法律上，合法拥有土地权益的人，只要不违反土地法律、法规或滥用权利，土地使用权人就可以永久占有和使用土地。因此，在英国能够进行自由流转的，实际上是土地的使用权。与其他西方发达国家相比较，英国的政府干预和中央集权色彩相对较浓，其政府也十分强调通过政府干预实现社会公平。英国的土地属于国家所有，使用土地通过批租获得，其土地使用制度是典型的大农业体制。19世纪末期，英国在圈地运动后形成了土地国家所有制下的租地大农耕体制。②

1. 英国的圈地运动及其社会影响

中世纪，在欧洲农奴制逐步解体的过程中，很多国家或地区都出现过地主圈占土地的现象，如德国、法国、荷兰、丹麦等，但英国的圈地运动是规模最大、影响最深的。15世纪末以后，英国的对外贸易发展十分迅速，羊毛出口和毛纺织业兴旺发达，羊毛价格不断上涨，养殖业成为获利丰厚的事业。于是在工商业发达的英国东南部农村，地主开始圈占土地，最初贵族地主只圈占公有土地，后来又圈占小佃农的租地和公簿持有农的份地。此后一些贵族也加入圈地行列。许多小农的土地被圈占，农民不得不远走他乡，成为流民。16—17世纪，英国工场手工业得到发展，城市兴起，农产品的需求大增，圈地运动也进一步高涨。特别是1688年以后，英国政府制定大量的立法公开支持圈地，使圈地运动以合法的形式进行，规模更大。据不完全统计，通过这些圈地，英国有六百多万英亩土地被圈占。工业革命开始后，城市人口剧增，农产品的需求进一步加大，贵族地主为了生产更多的肉类和粮食供应城市，扩大投资，改善土地的生产能力，加速进行圈地，出现圈地建立大农场的热潮。而资产阶级革命胜利后，统治阶级为加快圈地运动以获得巨额财产，也通过法律对民众的财产进行公开剥夺。到了18世纪，英国通过《公有地围圈法》，由此出现更大规模用暴力把农民共同使用的公有地强行夺走并据为私有的圈地运动。据统计，仅"1801年到1831年农村居民被夺走350多万英亩公有地，农村居民却未得到过

---

① 吴春宝：《国外监管农地流转市场的模式及启示》，载《中国土地》，2009年第2期。
② 刘卫柏：《中国农村土地流转模式创新研究》，湖南人民出版社2010年版，第228页。

一文钱的补偿"。通过此种"私有化",大量农民的财产权——土地使用权被强行剥夺,农民同自己的生存资料分离,失去生存保障,被迫成为劳动力市场上的无产者,靠出卖自身劳动力才能生存,即只有"自由"地服从雇佣劳动制度和接受资产阶级剥削才能生存。资本主义生产关系所必需的能被雇佣的劳动力,在圈地运动中大量产生。地主圈占大片土地后,或自己雇工经营农场,或租给租地农场主经营。资本主义农场大量出现,表示在农业中也大量出现资本主义生产关系。直到1845年,英国的圈地运动才逐渐结束。

圈地运动对英国社会经济的发展产生了一定影响。一是为资本主义发展提供了自由劳动力。圈地运动实现了农民与土地的分离,导致农民越来越少,而失去土地的农民部分成为农场的雇佣工人流入城市,为英国资本主义的发展准备了大量的自由劳动者。同时,圈地运动也使家庭手工业被破坏,为工业扩大了国内市场,从而大大促进了英国的工业发展,使英国成为17—18世纪欧洲商业的领头羊。二是使资本主义经济深入农村,对农业进行资本主义改造。首先是土地所有制变化,圈地运动摧毁了小农经济,建立起资本主义的大农业,使农村由封建土地所有制转变为资本主义土地所有制。其次是经营方式的改变,土地被围圈以后,农业资本家办起农场或牧场,雇佣被剥夺了土地的农民进行生产。这样,那些将土地出租给资本家的贵族,所得到的不再是封建的地租,而是资本主义的利润。过去的贵族变成了新贵族,农民则变成了农业工人,从而使农村得以资本主义化。三是促进了农业和农村生产力的发展。由于土地的集中,大部分领主更愿意投资新的农作物,追加好的肥料,使用更好的工具,改革排水系统,采用先进的耕作方式,提高产量。四是加快了英国城镇的进程。大量失去土地的农民移居城市以及工业的发展,使英国的城镇数量大量增加。如圈地运动开始后居住在1万人以上的城镇居民占英国人口的比例从3.1%上升到8.8%。五是为英国资产阶级革命准备了阶级条件。靠圈地发家的贵族地主成为资产阶级化的新贵族,他们在后来的资产阶级革命中起到了领导者的作用,为资产阶级革命打下了良好的阶级基础。六是推动了英国工业革命的出现。圈地运动造就了大批的资本主义发展所需的自由劳动力,积累了资本,扩大了市场,为工业革命准备了条件。总之,圈地运动牺牲了农民的利益,积累了原始资本,为资本主义提供了廉价的雇佣劳动力和国内市场,为英国发展成为资本主义强国奠定了基础。

2. 英国具有成熟的土地法律制度

1066年,诺曼人在黑斯根战役中打败了盎格鲁-撒克逊人后,威廉一世便宣称自己是全国土地的最高所有者。他大量没收盎格鲁-撒克逊贵族和自由农民的土地，把全国可耕地面积约六分之一和山林面积约三分之一据为己有，其余的分给他的诺曼亲信和随从，并根据分封土地的多少，授以贵族爵位。作为交换条件，这些属臣，必须向国王宣誓效忠，并向国王交纳捐税，承担劳役。威廉一世的封臣再将自己的封地分成小块，分赐给自己的附庸。通过分封土地，在英国建立起一套严密的封建等级制度。1086年，威廉派出大臣到全国进行调查，编成土地调查书（土地清丈册），详细记载每个郡有多少土地属于国王、多少属于领主，而各领主又有多少附庸，每个庄园有多少土地、牧畜，多少自由农民、依附农民、奴隶，多少森林、草地、牧场、磨坊、鱼塘等，领地上有多少货币收入。诺曼征服后，分封的领地上到处都出现封建庄园。封建庄园是英国封建社会的基本经济单位，领主是庄园里握有全权的最高统治者。庄园土地通常包括领主直接领有地、农奴份地和森林、牧场、池沼等公用地三部分。劳役地租是主要剥削形式，大部分农民沦为真正的农奴。农奴一般拥有15~30英亩份地，为领主服劳役。此外，还有边农、茅舍农和奴隶。英国社会封建化的过程是漫长、缓慢、不彻底的，保留了较多的前封建残余。法律规定全部土地归英王或国家所有，而私人只拥有一定的土地产权，不能拥有土地本身。在历史上相当长的一段时期内，租佃制农场是英国农业的主要经营形式。

从20世纪初到现在，英国的农业发展中变化最大的就是，由过去大地主、租地资本家、农业雇佣工人所组成的租佃制农场开始走向衰落，转变为目前的以自营农场为主导的经营形式。促成这种转变，与英国政府所做出的努力是分不开的。英国政府通过立法手段对农业生产和土地关系进行干预和调整，倾向于保护自营农场主的利益而限制地主的权利，促使了自营农场的快速发展。颁布的法律、法规包括1906年的《农业持有地法》、1941年的《农业法》等。之后，英国先后对《农业法》进行了修订，继圈地运动之后，英国政府为了扩大农场经营的规模，促进农村土地的流转，从政策的制定上，支持大农场的发展，排挤合并小农场。1967年，经过修订的《农业法》规定，对合并小农场，政府提供所需费用的50%。除此之外，政府对农产品差价补贴的数额也基本取决于各个农场的播种面积和销售数量。也就是说，农场的规模越大，其所获得的补贴就越多。这就促成了自营农场逐步地走上大型化、规模化和商业化的道路。因此，在政府鼓励、市场竞争、农业技术的改进等因素的共同作用下，英国的农用土地得到了顺利的流转，农场的规模也逐渐地扩大，小农场的数量也在逐步地减少,形成了规模化、现代化、科技化的农业现状。①

英国在中央一级没有设置统一的土地管理机构,而是由若干部委分类管理。副首相办公室是综合性的政府管理部门,主要负责城市发展、规划政策、权利授予政策、地方政府政策、住房政策制定等,城市发展和住房用地主要归其管理。环境、食品和农村事业部成立于2001年,由农渔食品部和环境、交通和区域部的环境和乡村事业局组建,主要负责农地和农村发展用地管理。森林和林业用地由林业委员会管理,司法部则主要管辖土地登记局及相关法律事务。相应地,英国各级地方政府也设立了土地管理的相关机构,形成了较完善的政府土地管理系统。英国作为老牌资本主义国家,在长期的社会经济发展中形成了成熟的土地制度,其完善的土地登记、利用规划、征用等法律制度都极具借鉴意义。

(1) 英国的土地登记制度

土地登记制度是世界各国为保护土地所有制而普遍采取的一项国家措施。作为一项国家的制度,必须有明确的法律规定、良好的运行机制和严格的技术规则,以保证制度的实施。按照土地登记的形式和效力划分,国际上通行的土地制度主要可分为三大类,即契税登记制、权利登记制和托伦斯登记制,英国的土地登记采用托伦斯登记制,其土地权利的登记由土地登记局负责。土地登记局是一个非营利性机构,受司法部管辖,其行为不受地方政府制约,具有高度的独立性。土地登记局成立于1862年,目前在英格兰和威尔士共设有24个分局,分片承办各自辖区范围内的具体登记业务,是政府唯一从事土地产权的审查、确认、登记、发证、办理过户的部门。英国的土地登记具有强制性。②

(2) 英国的土地利用规划制度

1909年,英国建立了土地规划制度,并在1947年做了进一步修改,形成了完善的土地利用规划制度。此后,英国又在1951年、1953年、1954年、1959年、1963年对该法进行了多次修改和补充,并制定了大量相关法规,形成了较为完整的规划立法体系。英国的土地利用规划体系由中央规划、大区规划、郡规划和市规划四级构成,四者均具有法律效力。在规划制定上,各级政府部门制定本级土地利用规划。全国自下而上编制规划,上级规划控制下级规划,下级规划与上级规划协调一致。在规划期限上,大区、郡、市的规划期分别为20

---

① 李珂、高晓巍:《发达国家农村土地流转的经验及对中国的启示》,载《世界农业》,2009年第6期。
② 陈美华:《中英土地制度的比较及借鉴》,载《企业经济》,2009年第7期。

年、5年和5年,这三级规划均每5年修编一次。在四级土地利用规划中,市政府对土地利用规划有更多更大的权力,规划的作用也更直接。政府土地利用规划的重点是土地开发,对改变土地用途及改变建筑物本身用途和性质的项目开发,必须得到规划许可,而对土地转让、地价、土地使用安全性等,土地利用规划没有做过多地控制和限制。英国土地利用规划制度最鲜明的特点就是规划编制时,公众可以广泛参与,这样,提高了规划的可操作性。土地规划法规的讨论、制定过程中几乎都有法定的公众参与程序,民主监督制度确保了城市土地合理有序利用。①

(3) 英国土地征用征收制度

土地征收是指国家为了社会公共利益的需要,按照法律规定的批准权限和程序批准,将私有土地转变为国家所有土地的行为,其作为一种基本的土地法律制度,普遍存在于各国的法律之中。综观各国法律,土地征收制度的内容基本上是一致的,即国家或政府为了公共利益的需要而强制将私有土地收为国有并给予补偿的法律制度。由此可见,征地的目的仅仅是公共利益,因为如果为其他利益,是不允许随便征地的。虽然英国实行土地私有制,但因公共利益需要如基础设施建设,一般应由征地机关以协商购买的方式获得土地。若当事人(指被征土地原所有者、占有者、使用者等利益相关者)不愿出售,征地机关将动用征地权"强制"征收土地,即强制征购。在英格兰和威尔士,土地强制征购的法律依据是《强制征购土地法》。享有这项权力的有政府和其他机构,包括中央政府各部、地方政府、高速公路局、城市发展公司以及自来水和电力公司等。而何种用地功能属于公共利益范畴则由议会决定,并以法律形式确定下来。英国土地征用并没有一部统一的法律确定征用的条件和土地强制征用权,而是由不同的法律规定分别相应的情形。最常见的是1992年《交通和工程法》和基于某项议会特别法案颁发的《强制购买令》,其中,《强制购买令》一般由地方政府颁发。在英国,土地所有者、承租人和土地占有者都能获得补偿,补偿费要么是通过征地机构与所有的利益方之间的协商谈判来确定,要么是由土地法庭来确定。②

3. 英国的土地管理及流转模式

英国市场经济高度发达,其经济体制的主要特点是政府计划与自由市场竞争相结合。英国土地制度的基本原则是以利用定归属,重视保护土地的"动态

---

① 陈美华:《中英土地制度的比较及借鉴》,载《企业经济》,2009年第7期。
② 同上。

利用",即侧重保护土地使用者的权益,目的是提高土地的使用效率和经济效益。在英国农地流转市场中,政府通过中央和地方双层管理体系,在宏观和微观两个层面上对市场进行监管。在宏观层面,政府制定各种相关法律条例,实施扶持资金政策和减免税收政策,建立国有开发机构和公共服务机构等手段指导和干预农地流转市场。在微观层面,地方政府对农地流转市场的干预管理主要在于三个方面,即编制土地利用规划、审批规划许可和强制征购土地。在英国农地流转市场发展过程中,政府发挥了很大的作用,相关政策和法律加快了土地流转市场的建设步伐,使土地逐渐流向有能力的自营农场主。当然,市场也发挥了有效的调节作用,形成了良性的流动机制。①

英国农地流转的模式主要是扩大农场规模,以市场为导向,在农业科技的带动下,促进土地的有效流转。在制定制度过程中,政府发挥了很大的作用,立法和相关政策的出台加速了土地的流转速度,土地逐渐地流向那些有能力的自营农场主手中。同时,也有效地发挥了市场在土地流转过程中的调节作用,形成了良性的流动机制。而土地的规模化也加速了农业科技的更新及进步,大大提高了土地的利用效率和生产力,加速了英国农业的复兴与发展。② 英国农地流转法律制度主要涉及三部分内容。第一,个人和私人机构依法完全拥有土地权益,即拥有永久业权。虽然从英国法学理论角度上讲,英国的所有土地都属国家所有,但实际上英国 90% 左右的土地为私人持有,土地持有者对土地享有永久业权。第二,法律保障市场调节流转,依法允许收购和租赁等流转。英国主要是通过自由的收购和租赁等流转手段来实现土地集中和规模化经营的。第三,用法律鼓励流转和发展规模经营。为发挥规模效益、诱导规模经营,英国政府制定鼓励农场向大型化、规模化发展的法令。其中,1967 年修订的《农业法》规定,合并小农场政府提供所需费用的 50%,对愿意放弃经营的小农场主可以发给 200 英镑(1 英镑约合 10.29 元人民币,2010)以下的补助金,或者每年发给不超过 275 英镑的终身年金。③

---

① 李刘艳:《发达国家农地流转市场建设成效及借鉴》,载《江苏农业科学》,2012 年第 2 期。
② 李珂、高晓巍:《发达国家农村土地流转的经验及对中国的启示》,载《世界农业》,2009 年第 6 期。
③ 丁关良:《国外农用土地流转法律制度对中国土地承包经营权流转的启示》,载《世界农业》,2010 年第 8 期。

四、经济转型国家农地流转法律制度的考察

经济转型国家是指处在经济体制由计划经济向市场经济转型过程之中的国家。由于受原有社会制度的影响,其改革在许多方面都具有相似性。宏观上,都需要解除中央的集权控制,放开价格,引入严格预算约束机制;微观上,需要在市场经济的框架内,改革土地产权制度,将集体农业转变为家庭农业,减小农场规模,最终提高农业的生产率和效益,建立起高效、竞争的农业。[①] 经济转型国家大多属于发展中国家,农业在整个国民经济中占有举足轻重的地位,因此,自经济转型以来,以土地改革为主的农业改革成为重要内容。

(一) 经济转型国家土地改革概况

农业在中东欧国家和前苏联的经济中占据着非常重要的地位,这是西方工业化国家与其无法相比的。在这些国家的历史上,农业大约占国民生产总值和国家总就业的15%~20%,而在西欧和北美,仅为2%~3%。农业历来被视为欧洲转轨国家总体改革过程中的关键问题之一。[②] 因此,自1989年剧变以来,中东欧各国就开始进行土地改革,或称为土地归还,这是其农业转向市场经济体制的重要组成部分。中东欧国家的土地改革大体经历了两个阶段:第一阶段,从1990—1992年中期。在这个阶段,中东欧各国主要做了以下工作:成立领导土改的领导机构、制定指导和规范农业土改的法规和规划。第二阶段,1991年或1992年中期以后,是农业土地归还工作的实施阶段,原土地所有者正式提出要求归还土地的申请,调查并确认土地归属、丈量土地、分配土地并确立土地的所有权。在土地归还工作开始的同时,清算并解散原来的农业生产合作社,分配和处置原农业生产合作社的财产。这一阶段,中东欧国家还把部分国有农业单位改造成股份制企业。在土改实施过程中,中东欧各国还根据在实施过程中发现的实际问题不断地修改并完善了有关的立法。[③]

ECA国家经济转型前,在农业体制上沿袭了苏联模式,即土地由大规模集

---

① Csaba Csaki、Zvi Lerman:《中东欧及苏联国家农村土地改革的对比分析》,载《中国农村经济》,2001年第12期。
② 沙杰:《90年代中东欧和独联体国家的土地改革及农场重组》,载《中国农村经济》,1999年第3期。
③ 张颖:《中东欧国家的土地改革》,载《东欧中亚市场研究》,1999年第11期。

体农场统一经营，农产品主要由大型生产合作社和国有农场等集体组织供应，家庭农场的规模一般在 1 公顷以下，是集体经济的补充。国营组织通过行政命令控制着农产品市场和农资供应渠道，缺乏预算约束。波兰和前南斯拉夫与这种模式有所不同，它们在"二战"以后的几十年间，基本上以小型个体农场为基础，但国家仍对农场实行集权控制。社会主义农业的长期低效率是计划经济不可避免的产物。计划经济将农场与市场信息割裂开来，以政府目标取代消费者偏好，农场对效益毫不关心，缺乏预算约束。这种低效率还归咎于两个微观层面的因素，一是农场规模的超大化，二是集体统一组织生产，这两个因素是社会主义农业与市场经济的显著区别。受规模经济思潮的影响而一味追求农场规模大型化，导致代理和交易成本，包括监督和实施集体组织内部协议的费用都在增加，降低了农场的效率和竞争力。此外，集体与合作社是 1990 年以前中东欧和独联体国家的主要生产模式，合作社因存在"道德游戏""开小差"和"免费搭车"现象而遭受效率低下的困扰。很多实证研究表明，在市场经济条件下，个体农场总体上比合作社，甚至比公司的组织形式更具优势。

随着 ECA 国家经济的转型，除白俄罗斯和中亚地区的农地仍属国有外，其余中东欧及大多数独联体国家允许全部土地私有化。将土地归还给原所有者是中东欧国家土地私有化的主要方式，而独联体主要是将土地无偿分配给劳动者。综合来看，根据对土地所有权和流动性的政策规定，大体上可以将中东欧和独联体的 22 个国家分为三种类型：第一种类型是允许土地全盘私有化的国家，包括中东欧国家、俄罗斯、乌克兰、摩尔多瓦、吉尔吉斯斯坦、亚美尼亚、格鲁吉亚和阿塞拜疆，共 17 国。在这些国家，私有权原则上意味着土地所有权可以自由转让，只是在实际操作中，转让的自由性要受到限制。第二种类型是实行单一的土地国有形式，这些国家几乎所有土地都归国家所有，个人土地使用权只能继承，而不允许转让。这些国家包括白俄罗斯、乌兹别克斯坦以及土库曼斯坦。第三种类型介于上述两种类型之间，包括哈萨克斯坦和塔吉克斯坦，它们既保留了单一的土地国有形式，同时又允许土地使用权可以像市场经济条件下的产权一样自由转让。①

在土地改革上，ECA 国家采取了不同的策略，其主要原因在于，前苏联和中东欧国家实现土地私有化所涉及的立法事务有所不同。在前苏联，自从 1917 年以来，国家一直是土地的唯一合法所有者，其通过赋予使用权的方式将土地

---

① Csaba Csaki、Zvi Lerman：《中东欧及苏联国家农村土地改革的对比分析》，载《中国农村经济》，2001 年第 12 期。

配置给生产者（自从20世纪30年代，几乎都是大规模的农场）。而在中东欧国家，土地从来没有完全被国有化（阿尔巴尼亚除外），20世纪50年代加入苏联模式的合作社的农民仍然保留着对已实行集体耕作的土地的所有权。因此，中东欧的土地私有化主要是将集体的土地转移到个人手中，而在前苏联，国家则必须首先放弃对土地的所有权。正因如此，中东欧国家的土地私有化过程更直接一些，到1998年底，私有化几乎已完成了。有关土地私有化独联体国家的官方数字令人印象非常深刻，俄罗斯85%的农业用地已实现私有化，乌克兰和摩尔多瓦仅有20%的土地仍由国家掌握。但是这些"私有化"了的土地既不属于个人所有，也不由个人耕作。即使国家已放弃了对土地的垄断所有权，可实际上仍然是集体所有制。在独联体国家，通常的做法是，先使土地由国家所有变为集体所有，而不需要确定最终的个人所有者。个人所有权的确立可以在私有化的第二阶段单独进行，以发给个人产权证（土地份额）作为开始，最终应该对土地份额所有者实现不同土地的配置。① 因此，中东欧国家对农业及国民经济其他部门实行了较为激进的改革。在这些国家，大农场要么被撤销，要么实行了较彻底的内部管理变革。起初，也有人反对农业的市场化改革，政府对小规模的家庭经营也并非情有独钟，但政府支持农场组织形式的多样化，结果，新成立的农场土地与劳动力规模都小于社会主义时期的农场，而这与市场经济发达的国家的经历是一致的。这些转型较为成功的国家看来正在摒弃苏联农场模式，即土地、劳动力和资本这三大生产要素的大规模化，而独联体国家却仍保留了传统的土地模式，因而他们的改革就显得不很成功。②

（二）俄罗斯土地法律制度及农地流转模式

俄罗斯地广人稀，国土面积占世界第一位，但土地问题却是俄罗斯历来所有发展阶段的主要难题。1861年沙皇尼古拉二世解放农奴法令、1905—1907年斯托雷平改革、1917年十月革命社会主义政权建立后颁布的土地法令、1922年俄罗斯土地法典、1991年土地法典等是俄罗斯历史上最重要的事件，都对土地所有权做出了重要规定。③

---

① 沙杰：《90年代中东欧和独联体国家的土地改革及农场重组》，载《中国农村经济》，1999年第3期。
② Csaba Csaki、Zvi Lerman：《中东欧及苏联国家农村土地改革的对比分析》，载《中国农村经济》，2001年第12期。
③ 冯秋燕：《俄罗斯土地所有权改革初探》，载《比较法研究》，2009年第4期。

1. 俄罗斯土地法律制度的发展、沿革

俄罗斯最初的土地制度是源于氏族制度解体时，土地等自然资源实行公有公用和公有民用两种形式。其中，农村公社，公社的森林、牧场、水源、荒地等为公有，耕地则家庭分配使用。封建时期的土地所有制表现为沙皇领地、世袭领地和奖功份地三种所有权形式，世袭的领地可以出让、买卖和交换，而奖功份地是俄罗斯封建土地所有制的主要形式，可以继承、换取世袭领地。15—17世纪农民可以相当自由地处分自己的开垦地：买卖、租赁、抵押和互换，这说明当时的农民对自己开垦的荒地可以比较充分地行使权利。18世纪下叶，俄罗斯国家对土地私有制有更为深刻的认识，认为被开垦的土地在私人手中，要比属于国家更能够带来益处，因此，国家做好准备，以牺牲数千万亩国家的土地进行总测量，以消灭地界的争议和冲突。可见，整个封建时期以土地私人所有权为主，尤其是18世纪下叶对土地私人所有权有相当明确地认识，甚至不惜牺牲国家的土地作为争议地边界的补偿。

1835年，斯别兰斯基主持制定的《俄罗斯帝国法令全集》对土地所有权给予很大关注，土地所有权得到了巩固，但在转让方面有很大的限制。农民被禁止离开村社，虽然加强了土地份额的私人所有，但却将农民束缚在土地上。1861年农奴制改革时，农民拥有土地永久使用权，地主拥有所有权，农民向地主提供劳役或租金，但只有按照规定的价格赎买后，农民才能成为分得的土地的所有人，且10年内不允许转让。村社制度使俄罗斯的行政体制与村社土地占有形式产生密切联系。村社土地占有意味着每一个成员平等参加公社事务和使用土地的机会，如果农民迁移到其他地方，就丧失了村社土地和经营地的占有权，无偿地将自己的土地留给了村社，没有任何补偿。1905年革命摧毁了严格限制农户自由发展的村社制度。每一个家长——村社成员，有权要求从村社分出自己的份地归他所有，允许农民退出村社另立单独的田庄或家庭农场，土地变成个人所有财产，可以买卖、抵押、出租。1910年6月，国家杜马批准的法律补充承认了全体农民是村社土地的所有人，村社土地24年内不再重新分配。

1917年十月革命后，俄罗斯取消了土地私人所有权，实行土地国有化，土地不能买卖、出租、抵押以及以其他方法转让，随后颁布的土地法典从立法上确立了这一基本制度。[①] 20世纪80年代，随着中国农村承包制的推行，农村经济快速发展，苏联曾效仿中国实行土地所有权和经营权分离的农业生产经营方

---

① 冯秋燕：《俄罗斯土地所有权改革初探》，载《比较法研究》，2009年第4期。

式,却没能释放农民家庭经营的潜能,因此20世纪90年代初转向仿效西方的办法,实行土地全面私有化。1990年12月颁布《俄罗斯农民农场法》,将农地私有合法化,后又在1991年4月通过新的《俄罗斯联邦土地法典》,取消了单一的土地国有制,确立了土地的国家所有制、公民所有制、集体共同所有制和集体股份所有制并存和平等发展的土地所有制结构,为以后大规模的农地私有化奠定了基础,铺平了道路。①

2. 俄罗斯土地私有化的改革

1991年苏联解体后,俄罗斯联邦独立。随着俄罗斯社会的转型和经济的快速发展,通过制定、颁布、修订民法典、土地法典、土地流通法等方式,对转型时期土地的所有权、使用权、土地流通等重大法律事项进行了严格规范,使其更加符合市场经济发展的基本规律。在俄罗斯的法律改革中,土地私有化是改革的基本目标,受到社会各界的广泛关注或激烈争论。正如学者所指出的,每当俄罗斯国家命运的转折时期,土地所有制问题就成为尖锐斗争的对象。1917年之前,在斯托雷平的改革初期,俄国就提出了转换土地经济主体问题,即将家族所有制转变为个人所有制。1917年以后,布尔什维克为了建立和巩固国家政权,确立了相应的国家土地所有制。在俄罗斯实施向市场经济转型的整个历史阶段中,对土地问题的争论一直处于无休止的状态,并且成为政治斗争的焦点。② 围绕是否承认土地私有和土地自由流通,俄罗斯进行了长达十年之久的争论,直到2001年10月25日《俄罗斯联邦土地法典》正式通过,土地私有制终于获得法律的认可。另外,2002年7月24日《俄罗斯联邦农用土地流通法》得以通过,更在法律与政策上,完全允许农地自由流通,土地制度变革得以完成。

俄罗斯土地法的核心内容就是实施土地私有化,其具体做法是大规模建立个体农户,取消或改组集体农庄和国有农场,将其变为农户联合体、股份公司、财产股份生产合作社等。在政府的引导下,法律允许农民可以买卖土地。俄罗斯土地制度改革成效比较明显。改革后,几乎每一个家庭都有土地,农地的63%已经属于私人,97%的土地所有者得到了土地所有权证书。③ 在实施土地私有化改革之前,农业生产经营主体以集体农庄、国有农场及国有农业企业为主。例如,1991年年初,国有农场和其他国有农业企业使用的农业用地占58%,集

---

① 西爱琴、陆文聪:《俄罗斯土地改革历程与现状》,载《世界农业》,2006年第1期。
② 丁军:《俄罗斯农用土地制度变革述评》,载《国外理论动态》,2002年第9期。
③ 李刘艳:《经济转型国家农地流转模式比较及启示》,载《商业时代》,2012年第25期。

体农庄使用的农业用地占40%。私有化改革之后,国有和集体经济组织的主体地位逐渐弱化,非国有和集体性质的农业组织大量产生。从1991年开始对集体农庄和国有农场进行重组和重新登记,到1995年8月基本完成时,三分之二的农庄和农场完成了改组,形成集体、合作社、私有、股份制等多种形式的企业,其余三分之一依然保留原有地位。到1999年年初,集体农庄和国有农场仅分别占农业企业总数的17.8%和6.7%,新改建的农业组织形式占了68.1%。除了数量上的优势,非国有和集体经营主体也拥有俄罗斯绝大多数农业土地。到2000年1月1日,以土地国有制为基础的国有和地方所有的农业企业占用的农业用地为2400万hm^2,占全俄农业用地的12%;以私有制、集体共同所有制和集体股份所有制为基础的非国有农业单位占用的农业用地为1.408亿hm^2,占71%;以土地私有制和继承性占有为基础的居民经济和农户(农场)经济占用的农业用地为3280万hm^2,占17%。[①] 俄罗斯通过一系列法律制度的变革,使现行土地法律制度与苏联时期完全不同,其法律性质发生了根本性的变化,基本适应了俄罗斯社会经济转型的发展需求。

3. 俄罗斯土地流转法律制度的完善

根据现行《俄罗斯联邦宪法》的规定,土地和其他自然资源可以属于私人所有制、国家所有制、地方所有制和其他的所有制形式。明确规定,俄罗斯联邦平等地承认和保护私有制、国家所有制、地方所有制和其它的所有制形式。俄罗斯通过宪法典、民法典、土地法典和农用土地流通法,对土地物权及其流转中的一系列重大问题进行规范,比较完整地构成了土地物权法律制度体系。

(1) 俄罗斯联邦民法典所规定的土地流转制度

1995年的《俄罗斯联邦民法典》在第17章"土地所有权和他物权"中对多种所有制并存的状况进行了确认。一是土地所有权的主体可以为自然人、法人(包括国家、自治地方、联邦政府)。二是明确了土地所有权的客体,如果法律未有不同的规定,土地所有权及于该地界内的土地表层(土壤层)和地界内水体、土地上的森林和植物。土地所有人有权按照自己的意志使用该土地地表上方和地表下面的一切物,但矿产法、大气空间利用法、其他法律文件有不同规定的除外,并以不侵犯他人的权利为限。三是明确了土地所有权的内容。土地和其他自然资源的占有、使用和处分在法律允许流通的限度内由其所有人自由行使,但不得对环境造成损害,也不得侵犯他人的权利和利益。对土地享有所有权的人,有权出售、赠予、抵押或出租土地,或者以其他方式对土地进行

---

① 西爱琴、陆文聪:《俄罗斯土地改革历程与现状》,载《世界农业》,2006年第1期。

处分，但有关土地依法被禁止流通或者限制流通的情形除外。四是对土地他物权予以确立。除了土地所有权外，在土地上还存在土地永久（无期限）使用权、终身继承占有权、地役权等他物权。①

（2）俄罗斯联邦土地法典所规定的土地流转制度

2001年颁布的《俄罗斯联邦土地法典》明确规定，俄罗斯的土地所有制包括：公民所有制、法人所有制、国家所有制、联邦主体所有制和自治市（镇）政府所有制。土地法典规定了土地所有者以及土地使用者、承租者的权利义务。土地法典开始实行以后，不会再给予公民对土地长期使用并继承的权利，但是，如果公民是在法典通过之前就已得到了属于自己的土地，那么他们的权利会受到保护。此外，那些以原有的所有制形式（包括房屋及附属建筑）占有土地的人，都可以无偿地将土地私有化。土地法典使土地私有化的结果得到承认和维护，使土地走向市场进入流转有法可依。例如，土地法典为开发建设而购买土地提供了可能性（如建筑房屋），但要符合国家建设条例，遵守土地开发使用的有关规定。国家所有的土地的使用是有偿的，偿付的费用以土地税、租金的方式支付。为了索取费用，需要对土地进行估价，因此，土地的市场价格应当和联邦政府关于资产评估的法规相一致。税收的尺度应以土地登记清册中的价值来计算。土地与其上的建筑、工程相统一的原则也在法典中得到了确认建筑物的所有者对该建筑下的土享有绝对的所有权。

与此同时，土地法典表明了国家对土地进行监控、管理土地开发建设的立场，规定了土地流通的有限性。也就是说，被禁止进入流通的土地不能成为交易的对象（买卖、抵押等），不能被私有化。例如，属于国家自然禁伐区的土地、属于军事武装组织的土地既不能抵押也不能私有化，但是在某些情况下可以用来租赁，如林用土地、水用土地、交通用土地等。土地法典参考消息同效用的土地划出了严格的边界，并明确了使用要求。以农用土为例，农用土地是具有能居住的特点，被用作或事先指定用作农业生产的土地。农用土地包括农业生产用地、耕地、割草场、牧场、熟荒地、水果园以及其他的灌溉地等，但这部分土地只能用于农业生产，并且必须受到保护。土地法典还就保护土地和生态环境，对土地损失承担责任，为了国家、地方政府的建设需要而终止土地权利等问题分别做了相应的规定。②

---

① 《俄罗斯联邦民法典》，黄道秀、李永军、鄢一美译，中国大百科全书出版社1999年版。
② 丁军：《俄罗斯土地所有制的变迁与农业经济发展》，载《当代思潮》，2002年第3期。

(3) 俄罗斯农用土地流通法

2003年的《俄罗斯联邦农用土地流通法》为俄罗斯农用土地的自由流转奠定了法律基础,从而使俄罗斯以土地私有化为中心内容的土地改革不可逆转。从流通法的具体内容看,它确立了国家或市政组织所有的农地流转的条件,以及将农地征收为国有或市政组织所有的规则。该法规定,俄罗斯联邦、俄罗斯联邦各主体、市政组织、公民和法人是农地流转法律关系的主体。俄罗斯公民、法人所拥有的农地及土地份额依据《俄罗斯联邦土地法典》及其他相关法律,可以自由出租、转让、抵押及出售,但禁止联邦各主体制定有关限制农地流转的法律、法规,国家和市政组织所有的土地可以通过拍卖的方式供给公民和法人。公民或法人出卖归其所有的农地或土地份额,俄罗斯联邦各主体或市政组织在价格相同的情况下具有购买土地的优先权。

农地流转法只允许俄罗斯公民、法人和俄罗斯政府机关购买农用土地和土地份额。外国公民、外国法人和无国籍者参股50%以上的法人不得购买俄罗斯农用地或份额。外国公民、法人及国外资本超过50%的法人在此法律生效前购得的农用土地或土地份额将在该法律生效之日起一年内被收归国有。对于这些应收归国有的土地或土地份额,应通过法律程序进行拍卖,如果没有人竞买,俄罗斯政府应根据法律程序按拍卖的起价收购这些土地或土地份额。外国公民、外国法人及外国资本超过50%的法人使用俄罗斯土地可以租赁,租赁期不超过49年。[①] 土地流通法为实现俄罗斯土地改革和社会转型的既定目标提供了法律基础,并使俄罗斯农业实现由粗放型向集约型的转变,根本改变长期落后的局面成为可能。

(三) 越南农地流转法律制度及流转模式

根据2005年土地测量统计,越南全国自然用地面积3312万公顷,其中,农业用地2482万公顷、非农业用地323万公顷、未利用土地507万公顷。越南农业种植以水稻为主,全国水稻面积732万公顷,其中杂交稻面积约60万公顷。北部的红河三角洲平原(约2万平方千米)和南部的九龙江平原(约5万平方千米)系主要粮食产区。越南是传统农业国,农业人口约占总人口的75%,耕地及林地占总面积的60%。越南1986年开始实行革新开放,大力推进国家工业化、现代化,2001年确立市场经济体制,并确定了三大经济战略重点,即以工业化和现代化为中心,发展多种经济成分、发挥国有经济主导地位,建立市场

---

① 贾雪池:《中俄农地流转制度比较分析》,载《林业经济》,2007年第11期。

经济的配套管理体制。实行革新开放以来,越南经济保持较快增长速度,1990—2006年国内生产总值年均增长7.7%,经济总量不断扩大,三产结构趋向协调,对外开放水平不断提高,基本形成了以国有经济为主导、多种经济成分共同发展的格局。

1. 越南农地法律政策革新概况

1975年,越南取得抗美救国战争胜利,实现南北统一,但土地管理仍沿用1960年以来的政策,即国家允许私人拥有土地,并保障农民和国内资本家的土地所有权。1980年,越南修改宪法,规定土地归全民所有,实行土地国有化,以适应计划经济发展的需要。同时,越南在各地广泛建立合作社,统一管理生产和分配产品,农民不能自主经营,干多干少一个样,缺乏生产积极性,以致粮食供给紧缺,百姓怨声载道。1981年,为避免矛盾进一步激化,越共中央出台第100号文件,决定将土地交付农民耕种,条件是农民需缴纳部分产品。这是越南实行土地承包到户政策的前奏。① 经济转型后,越南农村土地政策的革新以坚持土地全民所有为前提、以农村家庭联产承包责任制为突破口,通过将土地使用权下放给农民,并以法律形式确认农民长期使用土地的权利和经济主体的地位,循序渐进推进土地使用权的商品化和土地经营的规模化。其过程大致经历了三个阶段:

第一个阶段是20世纪80年代由实行农业集体化转为推行家庭联产承包责任制。20世纪80年代以前,越南北方实行农业集体化制度,除允许农户保留5%的自留地外,其余土地全部实行集体生产。南方的土地私有制在1975年国家统一后开始改造,但并不彻底。1980年,越南修改宪法,实行土地国有化,全面推行农业集体化,农民不能自主经营,缺乏生产积极性,导致粮食供给紧张,老百姓因此怨声载道。为了避免计划矛盾,1981年年初,越共中央出台第100号文件,决定在农业生产合作社中把土地交给生产队、生产组和劳动者本人使用,条件是农民需缴纳部分产品。这是越南实行土地承包到户政策的前奏。1986年,越共"六大"决定实行全面革新,对农业、农村各项政策的革新力度逐渐加大。1987年,越南国会审议通过首部《土地法》,规定土地归全民所有,由国家统一管理,禁止各种形式的买卖,但允许转让土地使用权。1988年4月,越共中央政治局颁布题为《更新农业管理》的10号决议,决定在全国推行家庭联产承包责任制,允许农民自主经营,土地的使用权限由原来的2年延长到

---

① 《越南土地政策有关情况》,载http://www.mofcom.gov.cn/aarticle/i/dxfw/cj/200710/20071005164155.html

15年。

第二个阶段是从20世纪90年代开始,逐步建立以"五权"为中心的土地权属制度。1993年6月,越共七届五中全会提出要让农民拥有土地交换权、转让权、出租权、继承权、抵押权等"五权"。同年7月,越南国会颁布第二部《土地法》从法律形式上确认了农民长期使用土地的权利和经济主体的地位,明确规定用于种植生长期短的农作物的农耕地、水产养殖地的使用期为20年,用于经营多年生作物的土地使用期为50年,农民依法使用土地,期满后可延续;土地使用权可继承,也可交换和用作抵押,在某些情况下还可出租和转让,出租和转让期最多为3年。依据该法建立了土地使用权证书制度,规定由各地县政府统一颁发、县长签字的土地使用权证是赋予农民土地使用权的唯一法律文件,土地使用权属的变更必须进行登记。到20世纪末,除为地方公共需求预留的土地外,越南农村土地的94%分配到了农户手中,90%以上的农户拿到了土地使用权证。此后,越南分别于1998年和2001年对《土地法》进行修改、补充,并于2003年颁布第三部《土地法》,将土地使用期限最长延至70年,明确了国家和土地使用者的义务,对土地使用权的审批、租赁、转让、拍卖等做出了详细规定。

第三个阶段是在建立完备的土地权属制度的基础上,进一步推进土地使用权的商品化和土地经营的规模化。2001年越共"九大"提出,建立和发展包括土地使用权交易在内的不动产市场。2006年越共"十大"进一步提出,要保障土地使用权顺利转化为商品,使土地真正成为发展资本,要求早日解决农户耕地小块分散的现状,鼓励耕地交换集中,用于出租或以土地入股。2008年7月召开的越共十届七中全会专门就"三农"问题通过决议,提出要在继续坚持土地归全民所有、国家按规划和计划统一管理的基础上,完善《土地法》的修改补充工作,更加有效地分配和使用土地。家庭和个人可以长期稳定地拥有土地,放宽土地使用期限,建立公开、明确的关于土地使用权的市场运行机制,推动土地的转移和集中工作,使土地拥有者可以将土地使用权作为资产投入到公司和企业中。① 总之,从越南农地制度变迁过程来看,各方利益机制的安排相对平衡,新旧制度革新之间的轨迹相对顺畅,没有引起大的社会震荡,革新成效比较显著,并得到社会各界的广泛关注和充分肯定。

2. 经济转型与农地流转法律制度的修订

越南虽然是土地国有制国家,没有采纳物权的概念,但在宪法中规定国家

---

① 康帅:《越南通过革新土地政策促进农业农村发展》,载《当代世界》,2009年第2期。

将土地委托给组织和个人稳定和长期使用,民法典和土地法明确赋予土地使用权多项流转权能,从而使土地使用权具有强大的效力,土地使用权几乎具备了土地所有权的基本内容,这些则完全具备了物权的性质。[①] 在越南社会经济转型过程中,规范农地流转的主要法律是民法典、土地法。1995 年颁布、1996 年 7 月 1 日正式实施的民法典,为调整经济转型的民事关系开辟了法律通道,为改革经济、社会管理体制,发展经济,保护个人、组织、国家和公共利益,做出了贡献。但经过十年的实践,民法典也暴露出许多不足或缺陷。2005 年,经过大量修改的新民法典或称之为 2005 年民法典颁布,并于 2006 年 1 月 1 日起生效。[②]

1987 年,越南国会审议通过首部《土地法》,规定土地归全民所有,由国家统一管理,禁止各种形式的买卖,但允许转让土地使用权,为农民的土地权利提供了法律支持和保障。随着越南社会经济的发展,又对土地法进行了三次修改,但它始终坚持两个基本原则,即土地属于全民所有、国家对土地实行管理和用途管制。通过上述法律制度的革新,相关法律、法规的出台、修改,强化了农民土地权利的法律认可。农地产权的稳定性大大提高,使农地产权弱化的状态有了明显改观,使农民的土地权利拥有了法律权利的性质与形式。在规范、健全的法律制度秩序下,农民更容易依法维护自己的合法权益,以防止各种侵权行为特别是来自政府公权力的侵权行为的发生。使土地法律制度进一步适应了越南国内农业发展和农民对土地制度变革的需要,使越南农地流转有了较为严密的法律依据。

3. 越南农地流转的基本法律制度

(1) 越南民法典有关农地流转的规定

现行越南民法典包含 7 编 36 章 777 条,其第 5 编规定了土地使用权的移转。第 26—33 章分别为一般规定、土地使用权互易合同、土地使用权转让合同、土地使用权租赁与转租合同、土地使用权抵押合同、土地使用权赠与合同、土地使用权投资入股合同及土地使用权的继承等。与 1995 年旧的民法典比较,2005 年新民法典在农地流转方面主要有四点变化:

第一,内容更为丰富,增加了三种流转方式:转租、赠与以及土地使用权作价出资。在土地使用权合同上,新民法典在互易、转让、租赁、抵押合同以及土地使用权继承的基础上,增加规定了转租、赠与、土地使用权作价出资合同。

[①] 陈志波、米良:《越南经济法研究》,中国社会科学出版社 2008 年版,第 75 页。
[②] 阮通晓:《2005 年版越南民法典介绍》,载 http://www.vietlaw.cn/doc/fl/fl-3.html

第二，减少了土地利用的限制。根据旧的民法典第690条的规定，土地使用权移转的主体仅限于个人、家庭户。但根据新的民法典第688条的规定，这种身份限制被取消。个人、法人、户和其他主体都可以成为土地使用权移转的主体。

第三，土地使用权主体的权利增加。根据新民法典的规定，土地使用权人增加了三种权利，即转租权、赠与权以及土地使用权作价出资权。

第四，在土地使用权移转价格问题上，赋予当事人更多的意思自治的权利。根据旧的民法典第694条的规定，在土地使用权移转价格，由当事人双方根据省、直辖市人民委员会依据中央政府制定的价格框架颁布的价格表为基础，协商确定。而新的民法典第690条则规定，土地使用权转让价格由当事人协商确定或法律规定。①

越南民法典的这些规定与变化，从法律上确认了土地使用权的物权性质，为土地使用权的流转奠定了基础。同时，为防止土地向少数人集中和出现社会不公的现象，在民法典中对土地使用权的流转做了明确规定，在法律上设置了限制性的条件，在保障土地利用效率的同时，又兼顾了土地流转中的自愿、公平，为越南的农地流转创造了良好的法律条件。

（2）越南土地法及农地流转制度

2003年，越南政府颁布第三部《土地法》，分别对国家和土地使用者（企业、集体、个人等）的义务做出了明确规定。规定土地归全民所有，国家代表全民拥有土地处置权，可根据社会经济发展规划确定土地用途，规定土地交易量和使用期限，决定土地使用、出租、回收、变更用途、定价等事宜。根据越南土地法的规定，农民分配到的土地有土地使用期限，但期满时，如果土地使用者有继续使用的需求并在使用土地的过程中正确执行土地法者，国家可交其地继续使用。因此，实际上农民拥有的农地使用权具有长期稳定性。从权能看，在坚持土地国有制不变的前提下，赋予农民"土地使用权"的交易（买卖）、转让、抵押、继承、赠予、入股合资的权利。很显然，越南农民的农地使用权具有明显的物权属性。由此可见，在不改变土地国有的所有权条件之下，通过产权权利束的有效分割和清晰界定，可实现农地使用权物权化。②

---

① 丁关良：《国外农用土地流转法律制度对中国土地承包经营权流转的启示》，载《世界农业》，2010年第8期。
② 胡新艳、王利文：《越南农村土地制度革新：历程、特点及启示》，载《南方经济》，2008年第11期。

根据越南现行民法典和土地法的规定，农地使用权流转方式主要有：互易（转换或交换）、转让、租赁（出租）、转租（再出租）、抵押、赠与、入股、继承等八种。另外，从农地管理来看，越南土地实行四级管理体系。国会作为最高权力机关，决定全国土地使用规划，并行使最高监督权。政府作为最高行政机关，决定各省、直辖市土地使用规划以及国防和安全用地规划，负责配置土地资源，并由资源环境部具体负责。各省、直辖市、县人委会在职权范围内行使土地管理权。乡镇设立土地办公室，负责处理土地行政事务。企业、农户、个人可通过租赁、向政府申请、接受转让、参与土地拍卖等方式获取土地使用权。[①] 在具体政策实施方面，越南政府主要通过土地审批和颁布土地所有权证来管理农地流转市场。目前，越南土地市场存在两种价格：一为官方价格，由财政部、资源环境部共同确定，主要用于土地使用权转让税、土地分配和租赁税、土地征用补偿金等税费的计算基础；二为民间土地交易价格。其中官方价格一般低于民间交易价格。

从以上经济转型国家农地流转市场状况来看，虽然许多转型国家已采取了多项措施，建立了基本适应本国社会经济发展的土地法律制度，但是对土地市场的运作限制仍然普遍存在。这种限制常出于担心仅仅依靠土地市场可能会产生对公平和效率的负面影响。因此，产权明晰、法律完善、管理规范、金融保障，仍然是各国农地市场化管理的重要问题，而完善的法律制度是实现土地市场化管理的重要保障。

五、国外农地流转对促进我国农地流转的启示

综上所述，相对于我国农地流转，上述各国农地流转法律制度与流转外部环境的构建都比较完善，且具有一定的代表性。各国农地流转制度大多从法律层面来保障农民土地流转权利的实现。无论是自由市场经济国家，还是政府主导型市场经济国家；无论是经济发达国家，还是经济转型国家；无论是土地的私人所有，还是土地的公有，各国大多采用法律、经济和行政手段，对土地市场进行宏观调控与管理。从各国农地流转发展趋势看，各国对土地市场的管理重点大多放在法律、法规层面，并以法律功能为主，经济、行政功能为辅，对

---

① 《越南土地政策有关情况》，载 http://www.mofcom.gov.cn/aarticle/i/dxfw/cj/200710/20071005164155.html

土地市场进行管理与协调。

(一) 经济发达国家农地流转的启示

经济发达国家农地流转的实践表明，农地流转与一个国家社会经济的发展紧密相关，大多经历了一个漫长的历史演变和不断完善的过程。在现代经济发达国家，农业规模经营是促进农业经济发展、提高农业竞争力的重要途径。与此相应，农地的适度集中和规模经营是一个国家经济社会发展到一定阶段的必然要求和选择。综观经济发达国家农地流转，可以给我们以下启示：

1. 农地的有效流转必须以法律和政策为保障

完善发达的农地流转法律制度和政策，是经济发达国家土地流转的基本保障。实践证明，土地法律、法规不仅是确立和维护一个国家土地制度、推行土地政策、调节土地及流转关系的根本依据，也是政府进行土地管理的基本手段和法治国家依法管理土地流转的基本要求。例如，法国、德国、日本等都有系统、完善的土地流转法律制度，其数量之多、调整面之广、操作性之强，都是值得我们关注的。再如，美国、英国土地产权边界之明晰，法律保障之健全，都是我们所不及的，其土地流转通过市场就能顺利实现，但政府仍然通过土地登记、管理、用途限制等进行管理、引导；日本也根据本国土地流转情况，充分发挥政府在农地流转市场建设中的作用，通过法律、经济和行政等手段，为农地流转创造了良好条件。与此相比，我国现有的农地流转相关法律还很不完善，大多是对农地流转的原则性规定，对流转的具体程序和步骤还没有详细的规定。因此，有学者认为，我们应该加大土地流转的立法工作，使我国土地流转真正有法可依。首先，要通过立法明确土地流转中受益方的权利，实现国家、农民和第三方利益的公平。只有各方权利公平，结果才会实现公平。其次，通过法律保证土地流转不会造成国家耕地的减少，对国家粮食安全造成威胁。再者，在目前条件下，要通过法律来保证土地流转在农业内部进行，防止土地兼并和大量失地农民的产生。最后，通过法律规范土地交易市场，保证土地流转的公平、合理。[①]

2. 注重土地市场培育，充分发挥市场在土地流转中的作用

西方经济发达国家的土地市场运行模式归纳起来可分为两大类：一是以土地私有制为基础的完全市场模式，主要以美国、法国、日本等国家为代表；二是以土地国家所有制为基础的市场竞争模式，主要以英国和英联邦国家或地区

---

① 史志强：《国外土地流转制度的比较和借鉴》，载《东南学术》，2009 年第 2 期。

为代表。这些国家或地区实行的都是市场经济，一切商品的交换和资源的配置均通过市场机制的作用来实现。土地与其他商品一样，可以在市场上自由交换，即土地可以自由买卖、租赁、抵押和赠与等。综观世界各国土地流转，因土地资源配置方式的不同，可分为行政划拨方式和市场方式。市场方式是通过市场机制的作用，把土地资源分配到每个土地使用者手中，实现土地资源与其他生产生活资料的结合。在当代，这种方式被广泛应用于西方市场经济国家，如美国、英国、日本等。从经济发达国家的经验来看，市场在土地流转中的作用是不容忽视的，而与此相关的土地流转市场主要包括农地所有权市场、土地使用权市场、非农业用地市场、土地交易服务市场、土地金融市场等，这种市场在我国还欠发达。

我国对土地流转长期采取行政划拨方式，这种方式由政府用行政手段把土地资源分配到每个土地使用者手中，实现土地资源与其他生产生活资料的结合。实践证明，这种单一的划拨方式效率是低下的，极易造成土地资源的巨大浪费。经过多年改革，我国目前土地市场中交易的是国有土地使用权而非所有权。因此，对这种不完善的土地流转市场方式必须进行改革，以逐步实现大部分土地资源的市场配置。因为多样化、多目标的人类生产、生活活动对土地资源的需求千差万别，难以通过政府的行政划拨手段得以满足，只有通过市场机制的作用，运用市场原则才能得到满足。

3. 土地流转必须要有国家的宏观调控和管理

土地是一个国家重要的资源，其分配是否公平有效，对经济的发展和社会的稳定具有十分重要的作用，因而各经济发达国家都对土地的权利、利用、交易等做出较多的限制。尽管各个国家土地流转的程度和方式不尽相同，但有一点是相同的，那就是土地的流转都不同程度地受到国家的管理和制约，国家享有对土地的管理权和规划权。任何一宗土地的流转在理论上都要符合国家的相关规定，并受到法律的约束。如果土地流转没有国家的有效管理和合理规划，势必造成土地的兼并和资源的浪费、农民利益的损害。

因此，各国政府特别重视有效地管理土地市场，干预的措施主要有：对公共用地实行征用制度，对土地进行收购、储备和出售，制定土地利用计划和规划，实行土地交易登记制度、申报制度，制定相应法规等。从政府监管的方式来看，主要方式有三种：一是依靠法律法规规范农地流转及其市场；二是依靠经济手段，影响农地流转；三是依靠行政手段，影响农地流动。另外，还有将三种方式组合起来，根据不同的时期、不同的条件，选择不同的组合模式。①从制度上解决土地问题（不论是城市土地还是农村土地）的总思路应该是，放开产权，管住规划，一定要加强国家对土地的规划权。国家的介入使得土地流转实现了规范化，有利于土地的合理流动和高效利用。当然，国家的管理也不应该侵犯和剥夺农民的利益，国家的管理权也应该得到限制。我国是一个农业大国，土地是农业的根本，土地的流转涉及整个农村和国家稳定，关系八亿多农民的切身利益，如果缺少国家的强有力的宏观管理，其后果将是十分严重的。②虽然我国与经济发达国家农地制度有所不同，但他们的农地产权交易管理制度和经验对我国政府对土地流转市场的管理仍然具有借鉴意义。如果政府对农地流转市场干预过度，容易造成经济发展不稳定；相反，如果政府管理不善或干预不力，也容易造成经济活动或农地流转的无序。因此，积极学习、借鉴经济发达国家土地管理经验，对我国农地管理具有重要作用。

4. 必须引导和促进农地流转中介组织的发展

土地市场是一个不完全市场，由于土地市场信息不全，大多数情况下，参与土地市场交易的各主体处于不对等的位置。为了土地交易的顺利进行，服务于土地流转市场的专业人员和机构必不可少。通过土地流转中介组织，可以为参与土地流转的各民事主体提供服务，如土地价格评估、土地交易法律政策咨询、土地交易经纪等中介服务，是土地市场运行的润滑剂。因此，各经济发达国家都积极发展土地交易市场，为土地流转提供良好的环境和配套制度。例如，美国、法国、日本等国家，它们通过培育农业经营主体，来引导农地流转的方向和发展农地经营规模，并发挥了很好的作用。

反观我国，目前的土地流转还处于发展的初级阶段，土地流转的各种配套制度还没有建立或者还很不完善，没有形成完整的市场体系，尤其是缺乏连接流转双方的中介服务组织，土地供求双方信息受阻，出现要转的转不出、要租的租不到的现象，制约了土地资源的优化配置。目前，在我国只有少数经济发达地区有土地流转服务机构，多数省市都没有完善的农地流转中介组织。为此，借鉴经济发达国家之经验，根据我国农地流转实际情况，适时建立一些不以营利为目的的土地流转中介组织，如信息汇集、土地托管、地价评估、风险评估、法律咨询等服务性中介组织，并通过农地流转服务中介组织，及时登记汇集可流转土地的数量、区位、价格等信息，定期公开可开发土地资源的信息，接受

---

① 吴春宝：《国外监管农地流转市场的模式及启示》，载《中国土地》，2009年第2期。
② 史志强：《国外土地流转制度的比较和借鉴》，载《东南学术》，2009年第2期。

土地供求双方的咨询，沟通市场供需双方的相互联系，提高土地流转交易的成功率，可改变目前农地流转信息不灵、零星分散、规模狭小的状况，实现土地流转的正规化、规模化、制度化，以保证农地流转的顺利进行。

5. 推进农地流转必须积极稳步推进金融制度改革

土地资源的稀缺性和使用价值的再生性、永久性，决定了土地市场结构的不完全竞争性，即使是在自由竞争的美国，市场配置土地资源也是不完全的，土地银行就是在此种背景下产生的。实践证明，建立土地银行和各种投融资机构为农地流转提供充裕的资金支持，是经济发达国家强化土地流转的重要措施。我国的经济制度和经济发达国家不同，尚处在发展阶段，农地流转的融资渠道不多。对此，我们可以借鉴经济发达国家的经验，积极推动土地银行和各种金融机构的建设，以完善农村金融服务体系。在具体操作中，要积极鼓励土地银行和各种投融资机构简化贷款手续，积极为农村种养大户、农业产业化企业发放贷款，确保流转土地所需资金到位；要抓好技术服务，大力推广粮食及经济作物科学种植等先进实用技术，帮助流转地经营者解决技术难题，提高流转地经营效益。

6. 土地流转必须充分保障农民的合法权益

土地的集中和规模经营是现代农业的主要特征，也是农业发展的必然趋势。土地流转在促进土地规模经营的同时，不可避免地使一部分农民失去了土地的经营权，而能否对这些人进行合理的补偿和妥善安置，成为土地流转能否顺利进行的关键。综观，经济发达国家在这一方面都有明确细致的规定，如英国对小农场主的补助金、终身年金，对丧失土地开发权的土地所有者的补助金及补偿标准都有明确的规定。但我国的农村土地在相当程度上还存在社会保障的功能，土地流转后，一定要保障失地农民的生活。而我国当前征地行为的实质，是强势公共权力代理主体与弱势土地产权主体之间发生的非市场自由交易，即通过强弱不对等、缺少谈判与协商的方式进行补偿，必然导致征地补偿缺乏科学性，从而阻碍了社会公平、降低了社会效率。其实，在征地制度改革的过程中，首先需要确定征地合理补偿标准，这可以借鉴英国强制购买中强调市场定价补偿的原则，增加补偿的灵活性与多样性，注重权利主体的参与，进一步减少土地收益分配差距，充分体现市场参与下的公开、公平与合理补偿的原则。①具体来讲，要做好两方面的工作：一是健全和完善农村社会保障体系，尤其是

---

① 刘晶、朱道林：《英国土地强制购买制度及其启示：基于典型案例的分析》，载《世界农业》，2012年第9期。

对失地农民的社会保障,这是长远之计;二是加大对失地农民的补偿,土地补偿标准应与市场挂钩,按市场土地价格计算标准计算,补偿一定要到位,真正落到农民手中。① 因此,要合理确定征地补偿标准,就必须反映土地的真实市场价值。

(二) 经济转型国家农地流转对我国的启示

从以上经济转型国家农地流转市场状况来看,虽然许多转型国家已采取了许多措施,建立私有化的土地权利,但是对土地市场的运作限制仍然普遍存在。这种限制常常出于担心仅仅依靠土地市场可能会产生对公平和效率的负面影响。明晰的土地私有产权是土地市场化管理的重要条件之一,而完善的法律制度是实现土地市场化管理的重要保障。

1. 建立农地流转市场对生产力发展有积极作用

经济转型国家在土地改革过程中将土地配置并分配给个人,这只是创建一个新兴、有效的农业结构所迈出的第一步。土地制度必须是以在有限的技能和资源的情况下,创建适合有效耕作的农场规模为目标,方便土地在个人间的流动。创建这种规模的农场,要求建立有效运作的土地市场,使土地能够买卖、租出和租入,或者是交换。虽然是私人所有,但如果没有这样的市场,土地仍将停留在无效率的分配形式上。反之,如果允许发展土地市场,那些最不愿意承担个人耕作风险而又最有动力的土地所有者,他们将可以通过租用或购买不想从事耕作的土地所有者的土地来增加他们占有土地的数量。由于部分已得到利益的人在初期阶段不想个人耕作,而为了避免可贵的土地资源得不到充分利用,则必须用合法和清楚的程序把不愿耕作的人的土地出租或出售给那些希望耕作土地的人。② 经济转型国家农地流转的实践表明,以家庭为主的小规模生产者,如果能够通过市场获得更多的土地,就能打破经济转型时期土地资源的平均分配或配置的限制,从而使规模化的现代农业成为可能。

2. 国家政策对土地市场的运作有着重要的影响

经济转型国家普遍实行土地变革,大多将土地所有权转变为私人所有,也有少数国家将农地转变为国家所有,将土地分配给农民长期使用。国家通过政策解放了农村生产力,极大地调动了农民的积极性,促进了农业生产,改变了

---

① 史志强:《国外土地流转制度的比较和借鉴》,载《东南学术》,2009年第2期。
② 沙杰:《90年代中东欧和独联体国家的土地改革及农场重组》,载《中国农村经济》,1999年第3期。

农村面貌。如越南由革新开放前的粮食进口国，一跃成为世界主要大米出口国之一，农业的基础地位得到巩固，农村经济水平大幅度提高，农民生活长期贫困的状况明显改善，这对保障社会安定、稳固政权基础、提高整个国民经济抵抗风险的能力均具有重要意义。农民在土地政策革新中获得的土地成为其脱贫致富的初始资本，除了可用于精心耕种获得收成，还可以通过租赁、转让、继承和抵押等方式获得财产性收益。越南农民的社会经济地位、生产生活方式乃至思维方式为之发生了重大改变。更为重要的是，土地权属制度的建立为工业化、城市化背景下的越南农业发展提供了制度基础。① 因此，在我国农地流转过程中，政府也应当适当地介入以解决市场本身无法解决的问题。例如，对农民进行有针对性的培训以提高其素质，加强基础设施建设来为规模经营创造条件等。总之，政府既不能完全放手，只凭市场来调节农地集中，也不能过分干预，完全取代市场机制作用。②

3. 对土地管理需因地制宜、分类指导

按用途对土地进行分类并分别制定管理制度是当今世界各国土地立法普遍做法。俄罗斯在土地法律中对每一类土地的利用和保护都做了详细的规定，将土地分类为：农业用地，居民区的土地，工业用地、动力用地、交通用地、通信用地、无线电广播用地、电视信息用地、国防安全用地，保证宇航活动用地和其他专门用途用地，特别保护区域土地和被保护客体所占的土地，森林资源用地，水资源用地和储备土地，共七种类型，涵盖了所有土地。其土地法典分五章规定了上述土地的管理和保护制度，其中还将全国的土地按性质和用途进行了类型化划分，对地块权利人如何行使权利进行了限制，而这对于保护土地资源具有十分重要的意义。相比之下，我国对土地的分类则略显粗疏。《中华人民共和国土地管理法》第4条确定了我国对土地实行用途管制，并将土地分为农用地、建设用地和未利用土地。这一规定确立了法律对土地的基本分类，但这三类划分是不清晰的，或者说难以涵盖所有土地。③ 其致使某些地方在规划用地时没有全面的考虑，城市居民住宅用地和工业用地交错混杂，耕地得不到充分的保护。如果我国能够在今后的土地法律制度中进一步明确土地的类型，确立不同类别的土地的整体和分别利用的规划原则，对促进中国土地资源的利

---

① 康帅：《越南通过革新土地政策促进农业农村发展》，载《当代世界》，2009年第2期。
② 李刘艳：《经济转型国家农地流转模式比较及启示》，载《商业时代》，2012年第25期。
③ 贾雪池：《俄罗斯联邦土地管理制度的特点》，载《林业经济》，2006年第7期。

用和保护必然起到重要的作用。①

4. 高度重视调整农地流转法治建设和法律制度的完善

经济转型国家在农地流转的改革过程中，大多重视法治和法律制度建设。如 1990 年到 2001 年，俄罗斯就有 40 多个联邦一级的法规、30 多个总统令、近 100 个政府决议出台。② 此外，不同的州还制定了本州的土地法规，国家更有专门调整农地流转的法律，即《俄罗斯农用土地流通法》。许多国家在民法典中全面规定了农用土地利用权流转法律制度，《越南民法典》第 5 编土地使用权的移转，共计规定了 48 个条文。目前，我国虽然也有多种法律规范农地流转，但现行法律制度存在诸多缺陷或问题。如农地流转机制不完善、流转行为不规范、耕地未得到有效的保护，这些问题严重阻碍了农地规模经营的继续进行。所以，规范土地流转行为，改革农地流转制度是实现农地规模经营持久进行的重要保证。土地流转要实现规范化，关键在于建立完善的法律保障体系，以保证农地依法流转。

---

① 傅静坤、亚历山大·切里谢夫：《俄罗斯联邦私人土地权利法律制度研究》，载《环球法律评论》，2007 年第 1 期。
② 娄芳：《论俄罗斯农业转轨与贫困问题》，载《俄罗斯研究》，2002 年第 4 期。

第四章

农地征收法律制度的属性与理论检讨

土地的征收、征用是基于国家强权和公共利益的需要，依照法律规定的权限和程序，强行将集体所有的土地转变为国家所有或收回国有土地使用权的法律行为。与此相应，对失地者一般是给予一定补偿，但由于诸多原因，目前的补偿制度不尽完善，难以体现平等、公平、合理、等价有偿之原则。根据我国民法通则、物权法、土地管理法等的规定，国有土地所有权各项权能分离后，使用权可以转让、抵押、出租；而集体土地不能在市场上自由流转，只有国家为了公共利益之需要，可以征收集体土地，使集体土地转变为国有土地后，再进入市场进行流转，即土地一级市场的国家垄断。最终在我国形成了两种所有权、两个市场的二元结构模式。众所周知，在法律上不能自由流转的土地产权实际上是残缺的、模糊的，甚至不具有严格的法律意义。因此，如何转变观念，积极借鉴市场经济国家土地流转之经验，建立完善的土地征收法律制度，意义重大。

一、我国征地制度的形成与发展沿革

新中国成立以来，我国农地征用制度经历了从无到有、从不完善到逐步完善的发展过程，如今农地征用制度已经成为我国法律制度体系当中一个重要的组成部分。我国在土地征收法律制度方面，先后颁布了《政务院关于国家建设征用土地办法》《国家建设征用土地办法》《国家建设征用土地条例》《土地管理法》《物权法》《城市房地产管理法》等，但到目前为止还没有专门的有关土地征收法，规范土地征收、征用的法律法规仅散见于各部门法或各行政法规之中，而这些规定涉及征地的内容不多，仅有原则性的概述，而缺乏可操作的具体标准，法律规范的缺位使土地征收行为无法可依。从我国土地征收、征用制度的发展、沿革来看，大体可以分为以下几个阶段：

(一) 新中国成立初期征地制度的初步建立阶段

中华人民共和国成立后，关于征地制度的行政法规，最早见于上海市人民政府1949年12月颁布的《处理无主土地暂行办法》。该办法第9条规定："代管土地如政府有征用必要时，得于征用之。"之后，中央政府政务院于1950年6月颁布了《铁路留用土地办法》，该法第5条规定："铁路因建设关系，原有土地不敷应用或有新设施需要土地时，由路局通过地方政府收买或征购之。"1950年11月又公布了《城市郊区土地改革条例》，该条例第14条规定："国家为市政建设及其它需要征用私人所有的农业土地时，须以适当代价，或以相等之国有土地调换之。对于耕种该项土地的农民亦应给以适当的安置，并对其在该项土地上的生产投资（如凿井、植树等）及其他损失，予以公平合理的补偿。"第一次出现"征用"一词。

随着国家社会经济的快速发展，国家建设项目不断增加，土地占用规模也与日俱增，土地征用关系也就变得更加复杂。为了解决不断出现的新问题，1953年出台了第一部专门针对土地征用的《关于国家建设征用土地办法》。在这里，"土地征用"是指国家或政府为了获得建设项目的实现，可以通过强制性的手段，收取公有土地、私有土地的所有权或原国有土地使用者的使用权，并建立国家的所有权或使用权。该办法明确规定："国家建设征用土地的基本原则是：既应根据国家建设的确实需要，保证国家建设所必需的土地，又应照顾当地人民的切身利益，必须对土地被征用者的生产和生活有妥善的安置。""被征用土地的补偿费，在农村中应由当地人民政府会同用地单位、农民协会及土地原所有人（或原使用人）或由原所有人（或原使用人）推出之代表评议商定之。一般土地以其最近三年至五年产量的总值为标准，特殊土地得酌情变通处理之。"首次提出了以年产值为标准的补偿概念，强调"评议商定"和"公平合理"。到了1954年9月，《中华人民共和国宪法》第13条明确规定："国家为了公共利益的需要，可以依照法律的条件，对城乡土地和其他生产资料实行征购、征用或收归国有。"通过上述法律、法规，基本确立了新中国的土地征用制度。

这一阶段的征地制度体现了以下特点：①从征地的对象来看，由于当时土地的社会主义改造尚未完成，征用土地的对象主要是农民的私有土地，法律主要调整国家宏观建设与被征地农民之间的土地关系；②在征地补偿过程中，强调公平合理的补偿原则，注重引导群众自觉服从国家利益，表现出对普通群众利益的深切关注，并不突出征地的强制性特征；③采取收买、征用、征购和没收等不同的土地取得方式,较好地适应当时较为复杂的形势;④由于当时经济建设的目标是建立完善的计划经济体制,国家建设的需要自然成为公共利益的同义词,为激励国民经济的各项建设,总体上征地的审批权限比较宽松。这一阶段的人地关系和社会贫富差异并不紧张,这种征地制度较好地满足了各方面的需求。①

（二）计划经济体制下征地制度的发展阶段

随着国家经济建设的迅速发展,国家政策也发生了很大变化,通过社会主义改造,将农村土地由农户私有制改造为集体所有制。在土地公有制下,土地征收的难度有所减轻,征收双方的矛盾得以缓解,但与此同时,土地浪费现象开始日益严重,多征少用、征而不用的情况屡见不鲜。为了适应国家建设的需要,妥善处理土地征用中出现的各种新情况、新问题,1957年10月,国务院对《国家建设征用土地办法》进行了修正,并于1958年1月6日经全国人大常委会批准,重新颁布了《国家建设征用土地办法》。新的征地办法主要发生了以下变化：一是提出节约用地原则,将克服多征少用、先征后用和征而不用等浪费土地的现象上升到法律的高度加以规范,并进一步完善了国家建设用地征用的审批程序；二是征地的范围扩大,被征用土地除了农民的私有土地以外,还有农业生产合作社的集体所有土地；三是土地征收补偿的范围有所扩大,对补偿费的发放也做了详细规定,并提出了安置失地农民的问题,强调尽量以农业安置和就地安置为主；四是征用土地的补偿标准有所下调,由原来的"一般土地以其最近3至5年产量的总值为标准",改为"以其最近2至4年产量的总值为标准",如果不对土地所有人的生活产生影响,经原所有人同意甚至可以不做补偿。

在此后的20多年,该办法一直是我国征用土地的主要法律依据。1975年和1978年宪法虽然没有明确取消农民的土地所有权,但是考察宪法的相关规定,事实上等于否定了农民的土地所有权。有关土地的征收条款,1975年和1978年宪法基本上沿用了1954年宪法的相关征用条款。如1978年宪法第6条规定："国家可以依照法律规定的条件,对土地实行征购、征用或者收归国有。"总之,在这一阶段,随着我国社会主义革命和社会主义建设事业的不断推进,逐步确立了我国土地社会主义公有制的法律地位,并在土地管理和土地利用上形成了一套与计划经济体制相适应的法律模式。土地使用者只要依法取得批准范围内

---

① 茆荣华：《我国农村集体土地流转制度研究》,北京大学出版社2010年版,第72页。

的土地使用权,同时完成对原土地所有者或使用者的补偿、安置后,即可无偿、无期限地使用土地。此外,土地使用的变更,也都是通过政府行政划拨方式进行,不存在土地市场,更谈不上市场调节。因此,该阶段的征地,主要是由政府单方主导的行政行为。

这一阶段,我国农村的土地所有制关系发生了根本性的变化,农户私有土地变为集体所有土地。因此,国家政策和法律也围绕国家在经济和社会领域的社会主义改造,对征地制度进行了全面的调整,主要表现出以下特征:其一,征地的对象主要转变为集体所有的土地,集体代替个体的农民成为征地中与国家相对的主体,集体组织的主要领导开始广泛地参与到征地的过程中并发挥了越来越大的作用;其二,征地表现出重点服务国家经济建设的取向,补偿标准相对较低,土地作为财产权利的属性进一步被忽视;其三,安置以留在农业领域为主,一系列人为分割城乡经济结构的制度进一步得到完善,经济领域和社会领域的城乡二元结构逐步形成,城市工业结构失衡和城市化进程滞后等一系列与中国土地资源稀缺的矛盾,在这一过程中逐渐培育并放大,成为当前征地矛盾激化的深层历史原因。这一时期是中国公有制形成的关键时期,征地制度也具有强烈的服务于计划经济体制的色彩。①

(三) 改革开放以来征地制度的转型阶段

十一届三中全会以来,随着我国社会经济建设的快速发展,特别是改革开放的不断深入,国家建设项目大量增多,土地作为稀缺资源的价值逐渐显现。为了合理使用土地资源,保证国家建设必需的土地,为了处理、协调好社会经济发展过程中所形成的各种土地征用关系,并妥善安置被征地单位群众的生产和生活,1982年,国务院制定并颁布了《国家建设征用土地条例》,该条例在国家取得土地所有权方面仍然使用征用一词。与以往的土地征用办法相比,该条例在政策的深度和广度上均有较大变化,对征地的法律程序、审批权限、批后补偿安置、批后的监督检查以及相应的各项配套都做了较为详尽的规定。这是改革开放后又一部直接针对土地征用而颁布的法律法规。其第一次明确提出了征地的强制性,被征用社队的干部和群众应当服从国家需要;明确了土地的两权分离,所有权属于国家,用地单位只有使用权;确定了征地补偿费用主要包括土地补偿费、青苗补偿费、土地附着物补偿费以及农业人口安置补偿费,并在此基础上适当地提高了补偿标准,对农村剩余劳动力的安置途径也做出了

---

① 茆荣华:《我国农村集体土地流转制度研究》,北京大学出版社2010年版,第73页。

相应调整；将企业建设用地也列入适用兴办社会公共事业征之列，企业建设征用土地在法律上得到了认可。随后，1982年宪法及其一系列涉及土地所有权和使用权的法律、法规均沿用"征用"一词。根据这些法律、法规的规定，我国学者便将剥夺财产所有权的征收制度和暂时性剥夺财产使用权的征用制度混合使用。

为了进一步加强我国土地管理力度，合理使用占用土地，1986年，全国人大常委会第16次会议在1982年《国家建设征用土地条例》基础上，结合以往相关土地法律法规和土地管理经验，制定并颁布了我国第一部相对完整的《土地管理法》，该法在总结经验的基础上，采纳了《国家建设征用土地条例》中的可行规定，并将其上升为法律，成为《土地管理法》的重要组成部分。1990年5月，国务院颁布了《国有土地使用权出让转让暂行条例》，标志着城镇国有土地使用从"无偿、无期限、无流动"到"有偿、有期限、有流动"的重大转变。但相对城市土地使用权改革，农村土地用地制度改革相对滞后，在农村土地制度方面特别是有关土地征用方面基本沿用1986年的《土地管理法》。1994年7月，《城市房地产管理法》颁布，城市土地管理也纳入法制化轨道，征地制度得到进一步完善。综观上述我国征地制度的发展、沿革，不难看出，我国征地制度虽然形成比较早，但并没有形成系统、完善的法律制度。

总结这一阶段的征地建设经验，有学者认为，这一阶段是从传统的计划经济体制向市场经济转型阶段，征地制度的变迁体现了三个特点：一是土地管理的法制化进程得到长足的推进。以《土地管理法》《城市房地产管理法》《城镇国有土地使用权出让和转让暂行条例》为中心，土地管理的法制化架构初步形成，成为土地管理工作的重要依据。征地制度作为其中的一个重要组成部分，也得以进一步完善。二是针对以经济建设为中心的国家总体发展思路的确立，征地制度更多地表现出服务于国家经济发展的职能，对新形势下征地过程中社会关系的调整则明显重视不足。结果，一方面造成土地使用中外延和粗放的特征，如20世纪80年代的城市土地的扩张高峰和1992年的开发区热，导致了耕地面积的大幅度下降和大量的土地浪费，另一方面征地中的利益分配出现失衡，征地纠纷开始增加。三是随着国有土地使用权改革的发展，土地作为资源和资产的二重性逐渐得到体现。典型表现是土地价格的不断上涨，地方政府在财政分权后以地成为新增国有土地的重要来源。由于对征用后土地的增值空间分配缺乏公开、透明、有效的制度保障，滋生了大量的腐败和不公平现象，计划经济特色浓厚的征地制度与市场经济发展之间的矛盾逐渐显现。四是随着耕地面积的迅速减少，引发了人们关于粮食安全的广泛思考，耕地保护日益成为政策关注的重点之一。①

（四）市场经济条件下征地制度的发展完善阶段

随着我国社会经济的快速发展和市场经济体制的建立，土地征用规模不断扩大，但征地制度中的各种问题，如公益目的性的界定、补偿公平等随着土地价格的迅速增值开始日益凸显，土地管理制度也迫切需要调整。1998年，第九届全国人民代表大会常务委员会第四次会议对1986年《土地管理法》做出了全面修订，对土地征用制度做出了重大调整。除了随着经济水平的提高相应提高补偿标准之外，将原有五级土地审批制改为中央、省级两级审批制外，针对改革开放以来耕地占用严重的情况，提出了"保护耕地"和"占补平衡"的基本原则，以提高全社会在耕地保护上的法律意识。2001年、2002年国土资源部先后共确立19个城市（区）开展征地制度改革试点工作。2004年3月14日，第十届全国人民代表大会第二次会议通过《中华人民共和国宪法修正案》，对宪法第10条进行了修订："国家为了公共利益的需要，可以依照法律规定对土地实行征收或征用给予补偿。"在宪法修正之前，我国法律一直未对征收和征用进行区分，法律上的"征用"实际上就是征收。自此，我国从宪法高度确定了对农地征用给予补偿的制度。

与此相适应，2004年8月，《中华人民共和国土地管理法》依据宪法也做出了相应修改，但未对补偿标准做改动。为此，2004年10月，国务院发布的《关于深化改革严格土地管理的决定》中指出，"省、自治区、直辖市人民政府要制订并公布各市县征地的统一年产值标准或区片综合地价，征地补偿做到同地同价"。2004年11月、2005年7月又相继出台了《关于完善征地补偿安置制度的指导意见》和《关于开展制订征地统一年产值标准和征地区片综合地价工作的通知》，对《关于深化改革严格土地管理的决定》做了补充。2007年3月颁布的《中华人民共和国物权法》第42条明确规定："为了公共利益的需要，依照法律规定的权限和程序可以征收集体所有的土地和单位、个人的房屋及其他不动产。征收集体所有的土地，应当依法足额支付土地补偿费、安置补助费、地上附着物和青苗的补偿费等费用，安排被征地农民的社会保障费用，保障被征地农民的生活，维护被征地农民的合法权益。征收单位、个人的房屋及其他不动产，应当依法给予拆迁补偿，维护被征收人的合法权益。征收个人住宅的，还应当保障被征收人的居住条件。任何单位和个人不得贪污、挪用、私分、截

---

① 柴涛修等：《新中国征地制度变迁评述与展望》，载《中国土地科学》，2008年第2期。

留、拖欠征收补偿费等费用。"在法律上明确规定征收集体所有的土地，除依法足额支付原有各项补偿费用外，应安排被征地农民的社会保障费用，保障被征地农民的生活，维护被征地农民的合法权益。

另外，2008年，中共十七届三中全会《关于推进农村改革发展若干重大问题的决定》对农村土地管理制度进行了比较完整的阐述，并提出要改革征地制度，严格界定公益性和经营性建设用地，逐步缩小征地范围。征收农村集体土地，按照同地同价原则及时足额给农村集体组织和农民合理补偿。在土地利用规划确定的城镇建设用地范围外，经批准占用农村集体土地建设非公益性项目，允许农民依法通过各种方式参与开发经营并保障农民合法权益，逐步建立城乡统一的建设用地市场。对依法取得的农村集体经营性建设用地，必须通过统一有形的土地市场，以公开规范的方式转让土地使用权，在符合规划的前提下与国有土地享有平等权益。2013年11月，中共十八届三中全会公报明确提出，要建立公平开放透明的市场规则，完善主要由市场决定价格的机制，建立城乡统一的建设用地市场，完善金融市场体系，深化科技体制改革。根据上述精神，2014年中央一号文件明确提出，加快推进征地制度改革。由此，缩小征地范围，规范征地程序，完善对被征地农民合理、规范、多元的保障机制。抓紧修订有关法律法规，保障农民公平分享土地增值收益，改变对被征地农民的补偿办法，除补偿农民被征收的集体土地外，还必须对农民的住房、社保、就业培训给予合理保障。因地制宜采取留地安置、补偿等多种方式，确保被征地农民长期受益。提高森林植被恢复费征收标准。健全征地争议调处裁决机制，保障被征地农民的知情权、参与权、申诉权、监督权。

近年来，政府在土地制度方面的改革尝试，应当说都没有脱离上述框架。在上述的意见中，除了坚持和稳定现有的土地管理制度外，第一条新思路就是通过严格界定公益性和经营性建设用地去改革征地制度，逐步缩小征地范围。应当说，这是一个相当大胆和突破性的提法。因为如果真这么做，政府进行征地仅用于公益，那么政府就不能再征经营性的土地去招、拍、挂，这样不仅现行依赖于土地拍卖和土地储备的土地财政不复存在，而且政府还要为公益性征地设法筹措新的资金来源。政府的财政收支结构就会发生重大变化。这将是政策的巨大转变和跳跃。但是，也许正是因为这种提法离现实太远，也完全没有经过任何可行性论证，因此，从2008年中央决定颁布以来的情况看，政府征收经营性建设用地和靠卖地搞建设的土地财政不仅没有停止，规模反而越来越大。这也就使严格界定用地性质、逐步缩小征地范围、只进行公益性征地成为一句空话。①

从上述我国征地制度的发展、沿革情况看，现行的土地征收制度是在计划经济体制条件下逐步形成的，随着我国工业化和城市化水平的提高，土地征收不可避免。这一时期强调对土地资源特别是耕地的保护，但对于征地过程中社会关系的调整，其作用看起来仍然有限。随着市场经济体制建设的不断深化，以市场为主体的土地资源配置方式与公有制条件下的土地产权关系之间的内在矛盾逐渐显现，建设与市场经济条件相适应的公平、公正、公开的征地制度，依然是我国经济社会持续发展的迫切要求。② 随着我国市场经济体制的建立与发展、完善，原有的补偿安置措施已经越来越不适应市场经济发展的需要，不利于对农村集体土地及农民财产权益的保护，急需修改完善。

二、我国征地制度的缺陷及问题分析

土地征收作为一项基本的法律制度，普遍存在于各国的法律之中。发端于计划经济时代的征地制度在确立后不断发展、完善，目前已形成了以宪法为指导，以民法通则、物权法、土地管理法等法律为核心、以土地管理法实施条例等法规规章为具体操作标准的土地征收法律体系，该项制度在我国社会经济发展和城市化推进过程中发挥了极大的作用。但随着我国社会经济的不断发展，现行土地征收制度所存在的问题也日益显露，如征地规模过大、范围过广、征地补偿过低、农民利益得不到有效保障、监督力度薄弱等。具体来讲，主要存在以下缺陷及问题：

（一）征地之公共利益概念模糊，范围不明确

在法律上，对"公共利益"的合理界定将影响到土地征收、征用权行使的范围，如果范围界定过宽，将不利于土地资源的合理利用，会产生征收、征用权的滥用问题，而界定过于狭窄，则不利于土地征收、征用的正常进行，影响社会经济的发展。总之，公共利益的合理界定，对土地的征收、征用具有重要意义。近年来，随着我国社会经济的快速发展和城市化的不断加快，为了公共利益的需要在对农村集体土地进行征收的过程中发生的纠纷也越来越多，不利

---

① 华生：《土地制度改革之惑》，载《上海证券报》，2013年10月22日。
② 茆荣华：《我国农村集体土地流转制度研究》，北京大学出版社2010年版，第75页。

于对土地资源及农民利益的保护。虽然我国法律明确规定,"为了公共利益的需要"是土地征收权行使的前提,然而,何谓"公共利益",我国法律却并未对其加以规定,以致在现实中存在大量不以公共利益为目的的土地征收、征用,严重浪费着本已十分稀缺的土地资源。另外,以公共利益之名侵害被征地者合法权益,或者以公权侵犯私权利的情况十分普遍,已引发了诸多社会问题,甚至成为某些群体性社会事件的直接诱因。因此,在法律上合理界定公共利益十分必要。

从我国相关法律、法规的规定来看,物权法虽然规定了土地征收必须以公共利益的需要为要件,但由于诸多原因,却没有对公共利益作具体规定。2011年1月颁布的《国有土地上房屋征收与补偿条例》第8条规定:"为了保障国家安全、促进国民经济和社会发展等公共利益的需要,有下列情形之一,确需征收房屋的,由市、县级人民政府做出房屋征收决定:(一)国防和外交的需要;(二)由政府组织实施的能源、交通、水利等基础设施建设的需要;(三)由政府组织实施的科技、教育、文化、卫生、体育、环境和资源保护、防灾减灾、文物保护、社会福利、市政公用等公共事业的需要;(四)由政府组织实施的保障性安居工程建设的需要;(五)由政府依照城乡规划法有关规定组织实施的对危房集中、基础设施落后等地段进行旧城区改建的需要;(六)法律、行政法规规定的其他公共利益的需要。"尽管该条例举出了六类属于"公共利益"的情形,但把诸如旧城区改建、其他公益也纳入征收范围则会让"公共利益"变得模糊不清或界限不明,进而仍然没有解决问题。

在"公共利益"概念模糊的情形下,《中华人民共和国土地管理法》第43条又规定:"任何单位和个人进行建设,需要使用土地的,必须依法申请使用国有土地。""前款所称依法申请使用的国有土地包括国家所有的土地和国家征收的原属于农民集体所有的土地。"此条规定实际上是将土地征收权扩展到了整个非农建设用地,将本应以市场行为获得的商业性开发用地也纳入国家土地征收权的行使范围,使土地征收实际上突破了公共利益的限定,使农地征用成为农地转非农用的主要手段。从1978年到1987年颁布《中华人民共和国土地管理法》期间,农地征转为建设用地2797万亩,年均311万亩。分年度看,国家(包括地方)建设占用耕地1978年217.5万亩、1979年198万亩、1980年147万亩、1981年不足75万亩、1982年91.5万亩、1983年106.5万亩、1984年150万亩、1985年210万亩。从1987年实施《中华人民共和国土地管理法》至1997年《中华人民共和国土地管理法》颁布时期内,国家建设用地增加面积1988年189.7万亩、1989年144.4万亩、1990年124.5万亩、1991年149.9万亩、1992年247.7万亩、1994年214.9万亩。1998年实施《中华人民共和国土地管理法》至今，国家审批建设用地面积1999年123.9万亩、2000年188.9万亩、2001年250.5万亩、2002年275.4万亩、2003年630.9万亩、2004年427.8万亩、2005年526.2万亩、2006年606万亩、2007年592.5万亩。① 由此可见，我国的征地规模一直在不断扩大，并长期居高不下。

在土地的规划、征收、征用、强行拆迁等方面出现的大量侵犯农民权益的案例，往往都是某些行政机关假借"公共利益"之名而行损害农民利益之实，使大量商业性用地目的都成为公益目的，导致土地征收目的的泛化及土地征收行为的滥用，征地范围被无端扩大。在东部工业化程度较高的县市，工业用地占到全部建设用地量的近30%，而用地主体以民营企业为主；房地产和商业、服务业等经营性用地占到总建设用地量的近20%，这部分用地完全是为了盈利；第三类用地是市政设施和基础设施用地，约占建设用地的50%，这部分用地具有公益性目的，但其中也有大量用地背离了公共利益特征。② 以上情况说明，土地管理法的这一规定，已经使征地的目的不再局限于"公共利益"，而是扩大到企业利益和个人利益，即任何单位和个人都可申请国家动用征地权来满足其用地需求。土地征用的实践证明，当前我国的土地违法问题特别严重。2005年国土资源部开展的执法检查发现：全国15个城市、70多个区县违法用地宗数和面积数分别占新增建设用地宗数和面积数的63.8%和52.8%，其中，有的地方高达70%～80%，有的甚至达到90%以上。③ 这一制度性的缺陷已经给我国社会经济的发展造成严重后果，亟须改进。

（二）征地补偿标准不合理，补偿范围不明确

征地补偿标准，是指在市镇行政区的土地根据政府总体规划确定的用地范围内，依据土地类型、土地年产值、土地区位登记、农用地等级、人均耕地数量、土地供求关系、当地经济发展水平和城镇居民最低生活水平保障等因素，再依据片区划分用于征地补偿综合计算的标准。实践中，拆迁补偿标准的调整由市县人民政府公布。我国法律规定各地政府应根据经济发展水平、当地人均收入增长幅度等情况，每2～3年对征地补偿标准进行调整，逐步提高征地补偿

---

① 刘守英：《中国土地产权与土地市场发展》，载http://wenku.baidu.com/view/7f4c27bff121dd36a32d826c.html
② 《推进农村改革发展学习辅导读本》，新华出版社2008年版，第82页。
③ 李季平：《保护耕地必须破解法律难题》，载http://www.dzwww.com/xinwen/xinwenzhuanti/2007qglh/wpjc/200703/t20070308_2036707.htm

水平。在现实社会生活中,农民依法长期使用的土地被征用后,本应获得最大的收益或补偿,但许多情况下农民是最大的受害者,其利益被侵害或被剥夺的情形时有发生。据有关部门调查表明,如果以成本价(征地价加各级政府收取的各类税费)为100%,农民只得到5%~10%,农村集体经济组织得到25%~30%,60%~70%为政府以及各级部门所得。① 由此可见,通过土地征收,各级政府通过低价征用、高价出让土地的形式,获得了巨额的土地出让金,甚至形成许多地方政府严重依赖土地出让的土地财政。土地征用一方面使各级政府获得大量财富,另一方面使得失地农民变成了种田无地、就业无岗、社保无份的"三无农民",生活陷入贫困,社会矛盾激化,真正成为不稳定的社会因素。

1. 土地征收补偿费标准偏低

根据《中华人民共和国土地管理法》第47条的规定,征收土地的按照被征收土地的原用途给予补偿;征收耕地的补偿费用包括土地补偿费、安置补助费以及地上附着物和青苗的补偿费。征收耕地的土地补偿费,为该耕地被征收前三年平均年产值的6~10倍。征收耕地的安置补助费,按照需要安置的农业人口数计算。需要安置的农业人口数,按照被征收的耕地数量除以征地前被征收单位平均每人占有耕地的数量计算。每一个需要安置的农业人口的安置补助费标准,为该耕地被征收前三年平均年产值的4~6倍。但是,每公顷被征收耕地的安置补助费,最高不得超过被征收前三年平均年产值的15倍。征收其他土地的土地补偿费和安置补助费标准,由省、自治区、直辖市参照征收耕地的土地补偿费和安置补助费的标准规定。有学者认为,土地管理法中的征地补偿标准形成于1986年,当时的宏观经济政策以及实际情况都决定了征地补偿标准的局限性,特别是在区位和地域差的考虑上缺乏动态。按照现行法律规定测算的补偿安置费用,不足以使被征地农民保持原有的生活水平,这个问题在人多地少的地方尤为突出。按照我国东部地区一般耕地的年产值800元左右计算,就是按最高的30倍来补偿,也不过每亩2万多元。实际工作中,由于年产值不确定,倍数标准变化存在较大幅度,政府往往在法定范围内压低征地补偿费用,一些重点基础设施建设项目征地多数采用的是法定补偿倍数的最低限。现行的征地补偿标准,以土地平均农业年产值的若干倍计算,只考虑了对土地生产的农产品的补偿,没有充分考虑土地作为农民的生产资料和重要社会保障的价值,

---

① 宋斌文、樊小钢、周慧文:《失地农民问题是事关社会稳定的大问题》,载《调研世界》,2004年第1期。

更没有考虑对农民的土地承包经营权的补偿。①

（1）按土地原用途给予补偿违反公平正义原则

土地作为一种稀缺性的资源具有巨大的增值空间，尤其是城市郊区的土地，具备未来发展的区位优势，土地用途的改变可以带来巨大的增值收益。按照马克思的地租理论，由于区位不同可以产生级差地租，但这部分土地收益由于并非是土地权利人投资形成的，所以，理应在土地的所有者、国家和用地单位之间合理分配。但是按照现行法律规定，国家征用土地再出让时决定不同地价的级差地租是国家投资形成的，原则上这项收益应当属于国家。因为作为被征地农民的利益被剥夺了，因此是违反法律的公平正义理念的。

（2）以年产值的倍数作为补偿标准不科学

按照年产值的倍数计算补偿数额虽然简便易行，但是在市场经济高度发展的今天，土地价格的确定很大程度上同被征地所处的区域经济发展状况紧密相关，而同农业用地年产值的关联性程度并不明显，而现行的征地补偿标准不能反映土地的位置、地区经济发展水平、市场交易价格及人均耕地面积等影响土地价值的经济因素，也不能体现同一宗土地在不同投资情况下出现产出差别的真实价值。尤其值得注意的是，当前我国农产品价格普遍偏低，以土地的年产值倍数作为补偿标准，农民得到的补偿仅仅也就几万元，无法保障农民的长远生计。

（3）确立征地补偿的最高补偿限额不合理

根据《中华人民共和国土地管理法》第47条和2006年国务院《关于加强土地调控有关问题的通知》的相关规定，征地补偿安置必须以确保被征地农民原有生活水平不降低、长远生计有保障为原则。因此，在征地补偿中设定一个征地补偿的最低限额有利于保障农民的合法权益，但设定一个最高不超过30倍的最高限额却是不合理的。因为在当前我国农村尚未建立有效的社会保障体系，土地对于农民来说不仅仅是生活之源，还具有生存保障的社会功能。所以，规定一个补偿的最高限额，很有可能使得失地农民生活无保障，因此这一规定是不合理的。②

2. 土地补偿范围狭窄

根据《中华人民共和国物权法》第42条的规定，征收集体土地的，应当依

---

① 茹荣华：《我国农村集体土地流转制度研究》，北京大学出版社2010年版，第83页。
② 崔兆在：《论我国土地征用补偿法律制度的完善》，载 http://www.worldpublaw.sdu.edu.cn/cms/html/gfpl/sb/2008/0105/188.html

法足额支付土地补偿费、安置补助费、地上附着物和青苗的补偿费等费用,安排被征地农民的社会保障费用,保障被征地农民的生活。征收单位、个人的房屋及其他不动产,应当依法给予拆迁补偿;征收个人住宅的,还应当保障被征收人的居住条件。根据《中华人民共和国土地管理法》第 47 条第 2 款规定,征收耕地的补偿费用包括土地补偿费、安置补助费以及地上附着物和青苗的补偿费。征收城市郊区的菜地,用地单位应当按照国家有关规定缴纳新菜地开发建设基金。根据《中华人民共和国农村土地承包经营法》第 16 条的规定,承包地被征用(征收)的依法可以获得相应的补偿。

根据以上规定,我国土地征收的补偿范围主要有以下几项:①土地补偿费。用地单位依法对被征地的农村集体经济组织因其土地被征用造成经济损失而支付的一种经济补偿。②青苗补偿费。用地单位对被征用土地上的青苗因征地受到毁损,向种植该青苗的单位和个人支付的一种补偿费用。③附着物补偿费。用地单位对被征用土地上的附着物,如房屋、其他设施,因征地被毁损而向该所在人支付的一种补偿费用。④安置补助费。用地单位对被征地单位安置因征地所造成的富余劳动力而支付的补偿费用。但实际上,农民因被征收土地所带来的损失远远不止这些,上述补偿只是补偿征地的直接损失,而对失地者的间接损失,如土地承包经营者的损失、残余土地的损失、相邻土地的损失(第三人的损失)、涉及农户搬迁的迁移费用、涉及营业场所的营业损失、土地的社会价值损失、先前土地上基础设施及提高土地效率的投入损失等没有得到考虑。另外,房产是多数农民家庭资产的最大部分,但由于受现行法律的限制,农民对自己的房产没有完整的处置权和收益权,遇到征地,也只能作为地上附着物得到象征性的补偿,而不能像城市房屋拆迁那样,可以按照评估价得到补偿。①

(三)征地补偿法律程序不完善

在我国,土地征用程序在限制公权力运作方面却未能发挥其应有的作用。

1. 程序性法律规范本身有漏洞

许多征地法律法规仅有原则性的规定,缺乏操作的具体标准,为相关部门滥用自由裁量权打开了方便之门。例如,《中华人民共和国土地管理法》实施条例 25 条规定,如果对征用补偿的标准有疑义,最终将由批准征地的机关裁量。但其对裁量的程序和标准未做出具体的规定。再如,我国虽然对土地征用听证

---

① 茹荣华:《我国农村集体土地流转制度研究》,北京大学出版社 2010 年版,第 83—84 页。

做了规定,但是在听证代表的选拔和总体名额的分配上缺乏明确的规定。总之,关于土地的法律规范本身存在许多的漏洞和不足,需要进一步完善。

2. 农民的程序性权利无保障,缺乏有效的法律救济机制

现行法律规定征地补偿方案由市、县人民政府土地行政主管部门会同有关部门制定,补偿方案制定后公告农民,新出台的《征用土地公告办法》《国土资源听证规定》赋予了被征地的农村集体经济组织、农村村民或者其他权利人对征地补偿方案有提出不同意见和要求听证的权利,对农民提出的意见确须修改时,土地行政主管部门应当修订,并在报同级人民政府批准的时候附上相关意见和听证笔录。但是程序规范的法律约束力不足。我国的《征地公告办法》《国土资源听证规定》等程序性规定本身仅仅属于部门规章。

在我国的土地征用过程中,政府往往追求效率而忽视程序,但是农民的权益却与程序密切相关。对于农村征用补偿争议的处理由县级以上政府协调,协调不成的由批地政府裁决,对土地征用的决定不服申请行政复议,且复议为终局裁决。这样一来,农民在自身权益受损时,如果得不到行政救济,也就失去了司法救济的途径。而实践中法院基于自身在权力体系中的地位,往往对涉及征地的案件拒绝司法,致使农民的诉讼权得不到保障,更使得政府肆无忌惮。①

三、国外土地征收制度的考察和启示

在我国,土地征收是指国家为了公共利益需要,依照法律规定的程序和权限将农民集体所有的土地转化为国有土地,并依法给予被征地的农村集体经济组织和被征地农民合理补偿和妥善安置的法律行为。而在国外,土地征收大多是为了公共利益的需要,将私有土地通过征收方式转化为国家或政府所有的行为。因此,土地征收是政府的特有权力,征地的主体只能是国家;必须是因公共目的才能实施土地征收;土地征收必须给予一定的补偿。但在具体的实施过程中各国又有自己的特点,存在不同程度的差异。

(一)国外土地征收制度的考察

无论各国实行何种性质的经济制度,保护社会成员的私有产权都是一项基

---

① 崔兆在:《论我国土地征用补偿法律制度的完善》,载 http://www.worldpublaw.sdu.edu.cn/cms/html/gfpl/sb/2008/0105/188.html

本的宪法原则。土地征收作为各国普遍采用的一项以强制方式取得财产的重要法律手段，涉及权利人的私人财产权益，所以必然具有其权力的法源。

1. 国外土地征收制度的法律体系

大多数国家的土地征收，一般都能在宪法中找到权力的来源，即便在宪法中找不到权力来源，在民法中也可找到。目前，世界主要国家土地征收制度涉及的立法形式主要有两种：一是独立式，即土地征收法与土地法独立；二是单节式，即土地征收法作为土地法的一个章节存在，是土地法的一个组成部分。土地征收不仅有其独立的宪法基础，而且土地征收法与土地法在其性质上也有所不同。前者是公权力对私人财产权的合法剥夺，是国家以强制性手段取得财产的方式；后者则属于民法中物权范畴。因此，多数国家均制定土地法和单独的土地征收法。

作为以判例法为特征的英美法系国家，其土地征收法律制度自有特点。加拿大所有土地在名义上属于皇室所有，实际上大部分土地归私人所有，联邦政府、省及市政府都拥有自己的土地。各级政府对所辖范围的土地拥有处置权。而联邦政府为全国办事需要用地，有权征收省属公有土地，但必须是有偿的。对于土地征收，联邦和各省都制定有相应的土地征收法。例如，联邦和安大略省制定有《联邦及安大略省土地征收法》，阿尔伯达省制定有《阿尔伯达省土地征收法》。另外，英国的立法也有独立的土地征收法，如1965年的《强制购买法》、1981年的《土地征收法》。日本1951年也颁布了《土地征收法》。美国作为一个判例法系的国家，虽没有独立的土地征收法，但将1970年的"土地征收政策"提升为法律，也具有独立的法律地位。[①]

2. 国外土地征收的目的

世界各国土地法律制度都明确规定"公共利益"为土地征收的唯一目的，并以之作为判断土地征收正当性的唯一标准。即只有在出于公共利益的情况下，政府才能行使土地征收权。因此，在法律上准确界定公共利益就显得尤为重要，否则，不确定的"公共利益"将导致土地征收权的滥用。这是从法律制度上防止政府借土地征收权的行使，侵犯、损害市民社会私权利的重要措施。但由于各国情况不同，对公共利益的认识或观点也有所不同。对公共利益的不同界定，体现了一个国家对土地私有权与公共土地需求之间利益矛盾、冲突的平衡、协调及法律关系的调整。

---

① 沈晓敏、张娟、贺雪梅：《中外土地征收制度的比较与借鉴》，载《经济研究导刊》，2007年第6期。

大陆法系国家一般将土地征收目的规定在成文法律之中，按照"公共利益"在法律中规定的方式，其立法体例主要有两种形式：第一种是概括式，即只在法律中概括规定土地征收的目的。在这种立法方式下，政府的自由裁量权较大，既要对所涉事业进行认定，先决定该事业是否属公共事业，又要决定有无征收土地的必要。因此，这对行政、司法机关的要求也比较高。采用这种方式的主要有德国、法国等。第二种是列举兼概括式，即除了在法律中概括规定土地征收的目的以外，还具体列举符合"公共利益"的各种公共事业。有关部门需先判断某个项目是否属于法律所列举的公共事业，再判断是否有征收的必要。政府自由裁量权的范围仅限于有无土地征收的必要性这一点上，其形式相比前一种方式较为狭隘。这种方式将原则性与操作性较好地结合在一起，其"公共利益"的边界比较清楚，为世界上多数国家（地区）所采用，如日本、韩国等。①日本法律规定符合公共利益是指与国家社会生活、生产和科学研究等基本公共利益相关的各种用地，包括公路建设、路外停车场建设、消防设施、博物馆、图书馆、中央批发市场、地方批发市场等35种公益事业项目。

英美法系国家的土地征收制度以美国为代表。早期，美国的法院对"公共目的"做了限制性的解释，将其定义为"公共使用"（public use），即代表公共利益主体的使用。20世纪30年代，美国政府为改善平民区居民的居住条件，拨款征收土地兴建平民住宅房。但美国法院经过咨询得出的结论却是平民住宅区住房的建造虽然有利于改善城市卫生的政策措施，但住宅的主体是平民，不是公共利益主体，因此不符合"公共目的"。② 之后，对土地征收中"公共使用"的要求在司法判决中被大大放宽，仅要求"最大地服务于公众"。"公共目的"不再局限于公共利益主体的使用，还包括其他公共利益。如在美国曾有一些城市重建项目，即使这些项目最终的使用者是私人，法院也认为这些项目符合"公共目的"的要求。③《美国联邦宪法第五条修正案》规定："非依正当法律程序，不得剥夺任何人的生命、自由或财产；非有合理补偿，不得征收私有财产供公共使用。"该条修正案关于征收的规定具有决定性的意义，规定了征收应具三项要件：第一，正当法律程序；第二，公平补偿；第三，公共使用。可见，政府只有在把私人所有的土地用于"公共使用"时，才可以行使土地征收权，

---

① 茆荣华：《我国农村集体土地流转制度研究》，北京大学出版社2010年版，第76—77页。
② 沈守愚：《土地法学通论》，中国大地出版社2002年版，第486页。
③ ［美］Roger Bernhardt：*Real Property*, Third Edition, West Publishing Co, 1993, 中国人民大学出版社2002年影印注释本，第444页。

依法取得私人土地。判断征收行为是否合宪、合法，关键在于该行为是否具有公共使用之目的。随着对土地征收中"公共使用"的要求在司法判决中被大大放宽，美国关于"公共目的"的要求与其他国家法律中"公共利益"的要求已基本一致。① 甚至有学者认为，美国对公共利益的内涵有广义理解。公共使用排除政府利用权力，通过损害某人利益使另一人获利的行为，但公共利益也不意味着政府征收的财产只能用以公用或给一般公众使用。政府征收财产又立即转给多数私人使用，同样可以构成公共使用。② 属于英美法系的加拿大联邦及安大略省征地法规定，征用土地是国家为了公共利益向私人收回土地的一种强制权力。在此，征地的目的必须为公共利益服务，征地范围限制在为公众服务的交通、能源、水利、环境保护、市政建设、文物遗迹保护、学校、医院及社会福利等领域。

从以上法律界定来看，公共利益是一个不确定或无法确定的概念，其往往与一个国家的政治、经济、社会、文化及法治发展等因素紧密相连，只能根据一个国家社会经济发展的实际情况来界定。

3. 国外土地征收补偿的原则、方式

（1）土地征收补偿的原则

说到土地征收的补偿原则，就不能不提到德国法律，德国的公益征收补偿理念经历了从19世纪普鲁士的"全额补偿"到魏玛宪法时期"适当补偿"再到基本法"公平补偿"的变迁。考察德国征收补偿理念的变化历程可以得知，征收补偿的原则并非一成不变，而是随时代的发展而发展。

第一，全额补偿原则。土地征收的全额补偿是以被征收人完全恢复到与征收前同一的生活状态所需要的代价为补偿标准。国外土地大多实行私有制，在法律上大多明确宣誓私有财产神圣不可侵犯。而所有权神圣不可侵犯的观念出发，认为土地征收正是对所有权的侵犯，但征收损失补偿的目的就在于实现平等，为矫正这一不平等的财产权侵害，应当给予全额补偿才符合公平正义的要求。早在1874年的《普鲁士土地征收法》就明确规定，土地征收实行全额补偿，征收应补偿被征土地及其附属物和孳息的全额。其认为国家给予人民的全额补偿，是一种"国家歉疚"的表现。目前发达国家的征收补偿大多采取全额

---

① 茹荣华：《我国农村集体土地流转制度研究》，北京大学出版社2010年版，第76—77页。
② 沈晓敏、张娟、贺雪梅：《中外土地征收制度的比较与借鉴》，载《经济研究导刊》，2007年第6期。

补偿原则。

第二，适当补偿原则。1919年魏玛宪法规定，为了公共福利的原因，依法可以对公民的财产进行征收。除了联邦法律另有规定外，征收必须给予适当补偿。适当补偿从"所有权的社会义务性"观念出发，认为产权因负有社会义务而不具有绝对性，由于公共利益的需要，可以依法加以限制。但土地的征收已经超越了对财产权限制的范围，剥夺了公民的财产权，应当依法给予适当补偿。

第三，公平补偿原则。公平补偿是立法者在制定征收法律时，必须就公共及涉及参与人之利益作公平衡量后，规定征收之补偿。联邦德国于1949年颁布的《基本法》第14条第3款规定，财产的征收唯有因公共福祉所需时方得为之；对财产的征收必须依照法律进行，且该法律必须规定补偿的形式和额度；确定财产补偿时，应当公平地衡量公共利益和相关人的利益。这种既不偏向当事人之利益，亦不私好"公众"而以私人利益为"牺牲"的"公平补偿"，即为征收补偿的公平原则。

对于补偿额有争议的，可以向普通法院提起诉讼。这一条规定强调征收法律中补偿的不可缺性，征收法律必须有补偿条款，才能有效存在和适用。目前各国土地征收大多遵从全额补偿、适当补偿、公平补偿等三项原则。

（2）土地征收补偿的方式

现代各国土地征收补偿的方式一般是货币补偿。但考虑到货币补偿一旦在土地评估技术不足和地价狂跌的情况下，被征收者所领的补偿金根本无法维持其原有的生活水平，所以，许多国家都相应地规定了一些例外的实物补偿，与货币补偿同时兼用。如日本，除现金补偿以外，还有替代土地的补偿、拆迁代办和工程代办补偿。又如，德国的土地征收补偿办法，除现金补偿外，也有代偿地的补偿、代偿权利的补偿。

另外，也有些国家或地区采用"土地债券"的方式进行补偿，如韩国采取的债券补偿制度就是土地征收补偿中出现的一种新方式。其1991年修订的征地法规定，对于土地征用和使用的补偿，除其他法律的特别规定以外，原则上要以现金进行支付。但是，如果项目人是国家、地方公共团体、土地公社及由总统令指定的如道路公社一类的政府投资机构时，在下列条件下：第一，土地所有人及关系人希望时；第二，总统令规定的当事人不在的不动产，按照总统令规定，补偿金为1亿韩元以下时支付现金，超过的部分则可以采用债券的形式进行补偿。另外，如果补偿金额超过总统令规定的部分，可以用该项目人发行的债券进行补偿。债券的偿还期限为5年以内，利率应该高于债券发行时的一年定期储蓄利率。①

4. 国外土地征收权的行使主体

世界上大多数国家都以法律形式规定征地权是政府的特有权力,征地权的行使主体只能是国家,也有少数国家有不同规定,归纳起来主要有三种:

(1) 行使主体为土地需要者

各国在法律上大多明确规定了土地征收中权利的行使主体,如加拿大法律认为征地权人为土地需要者,只要征地目的是为了公共利益,政府及各行业部门、机构组织,如自治市、医院、大学等公共设施建设服务的机构,可以通过立法授权代表政府及团体享有征地权,即使是私人企业也可以按照相关法律享有征地权。

(2) 行使主体首先应是国家,其次也可为土地需要者

国家通常是宣布土地征收的主体,是土地征收权的源泉,而行使土地征收权的主体并不限于国家。如在法国,享有征收权的主体主要包括两类:一是公法人,包括国家、地方团体、公务法人,他们都享有征收权力,但只能在自己的权限范围内进行征收,二是私人,但以其所从事的活动具有公共利益性质且法律明文规定为限。法国法律对征收权的行使主体规定的比较宽泛,几乎涵盖了所有的社会组织。而日本土地征收除可由国家实施外,也可由地方的公共团体、各种法律确定的事业主体实施。

(3) 行使主体只能为国家

现今,各国的土地征收立法多规定土地征收权的行使主体仅针对国家而言。既然土地征收是转移土地所有权的一种强制性手段,是国家行使土地所有权的行为,因兴办公共事业而需要土地的,只能求助国家行使土地征收权,经国家核准后,由国家执行土地征收,方可避免滥用征地权与不必要的侵害。因此,土地征收权只能由国家行使,不宜授予需用土地者或他人。②

从以上规定可以看出,由于各国土地所有制、社会经济发展状况、文化背景等的不同,土地征收权行使的主体也有所不同,但在法律上都明确规定,严格限制土地征收权的行使。

5. 国外土地征收补偿的标准和范围

综观各国法律,所有被征用土地的人,包括土地的所有人、承租人和使用

---

① 王崇敏:"我国土地征收制度",载 http://wenku.baidu.com/view/05374602de80d4d8d15a4f6d.html

② 茹荣华:《我国农村集体土地流转制度研究》,北京大学出版社2010年版,第77—78页。

者因土地被征收都有得到补偿的民事权利。关于补偿的标准，虽然各国存在不同程度的差异，但大多数国家都是以被征土地和相关资产的市场价格，作为主要参考标准，不同的只是市场价格的计算时间有所不同罢了。

(1) 土地征收补偿的标准

第一，按公平市场价格补偿。即以被征用土地征用时在公开市场上能得到的公平市场价格为补偿标准，而"公平市场价格"的定义是买卖双方愿意接受的价格。大多数市场经济国家采用这种方式，虽然这些国家都是以被征土地和相关资产的市场价格为主要参考标准，但在市场价格的计算时间上仍然存在差异。大多数国家或地区是以在正式的政府征地通告发布日的市场价格，或者最终裁决日的价格，或正式征收日的价格为准，德国、日本、英国、美国、加拿大、印度等国家都采取以上标准。如美国土地征用补偿标准根据征用前的市场价格为计算标准，加拿大沿用的是英联邦的土地征收制度。对土地征收的补偿是建立在被征土地的市场价格基础上，一般是依据土地的最高和最佳用途，按当时的市场价格进行补偿。另外，少数国家为了抑制土地投机，把标准定在若干年前被征土地的市场价。如瑞典对征地补偿价格的计算，是以10年前该土地的市场价格为标准。法国虽然参考土地征收日被征土地周围土地的市场价格，但是还要以最终裁决日一年前被征土地的用途为准来最终确定土地价格。因为土地用途是确定土地价格的重要标准，所以，农业用地与商业用地当然不是一个水平的价格。法国的这种做法实际上是相对冻结了土地的价格，同样是为了防止投机买卖土地。

第二，按裁定价格补偿。即按法定征用裁判所或土地估价机构裁定或估定的价格补偿。如法国以征用土地周围土地的交易价格或所有者纳税时的申报价格为参考，由征用裁判所裁定补偿标准。

第三，按法定价格补偿。即按法律规定的基准地价或法律条文直接规定的标准补偿。如韩国，在执行公示地价的地域，土地补偿额以公示的基准地价为准（有时要根据实际情况予以修正）。

第四，按纳税申报价格补偿。即有些国家会以所有者纳税时的申报价格作为确定补偿费参考确定价格。如法国、墨西哥、危地马拉、新加坡等。在墨西哥，土地所有者有权获得所有者为了税收目的申报的或认可的数额，这个数额可以根据以前的纳税价值的改变进行调节。但在新加坡，申报的纳税价值是补偿费最高限额，而危地马拉的最高限额则是在申报的纳税价值加上30%。1980年，萨尔瓦多出于土地改革的目的，使用了1976年和1977年的纳税价值。

（2）土地征收补偿的范围

土地权利人受补偿的范围一般包括两部分：土地征收费和土地赔偿额。土地征收费相当于被征土地的价值，是土地所有权的经济实现；赔偿额是对土地权利人因征收而造成的经济及其他损失的补偿。

从大陆法系国家征收补偿的具体情况看，德国的征地补偿费主要包括：①土地或其他标的物的权利损失补偿；②营业损失补偿；③征用标的物上的一切附带损失补偿。法律还规定对补偿费有争议时，应依法律途径向辖区所在的土地法庭提起诉讼，以充分保障被征收人的合法权益。同时，各类补偿费由征收受益人直接付给被征收人，且应在征收决议发出之日起 1 个月内给付，否则征收决议将被取消。另外，日本的征地补偿费主要包括：①土地补偿费，既可有法律定价，也可按市价确定；②征收损失赔偿，它是对征收造成的财产损失的赔偿，按财产的正常市场价格计价赔偿；③通损赔偿，它是对土地权利人因征地而可能受到的附带性的损失进行的赔偿，如搬迁补偿、歇业、营业规模缩小等赔偿；④少数残存者的补偿，它是对因征地使得人们脱离生活共同体而造成的损失的赔偿；⑤离职者的赔偿，它是对土地权利人的雇佣人员因征地而失业发生的损失赔偿；⑥事业损失赔偿，它是对公共事业完成后造成的噪音、废气、水污染等损失的赔偿。

从英美法系国家的情况看，美国土地征收补偿时充分考虑土地所有者的利益，不仅补偿被征土地现有的价值，而且考虑到补偿土地可预期、可预见的未来价值；同时，还补偿因征收而导致相邻土地所有者、经营者的损失，充分保障了土地所有者的利益。而英国土地征用补偿的范围额：①土地（包括建筑物）的补偿，其标准为公开市场土地价格；②残余地的分割或损害补偿，其标准为市场的贬值价格；③租赁损失的补偿，其标准为契约未到期的价值及因征用而引起的损害；④迁移费、经营损失等干扰的补偿；⑤其他必要费用支出的补偿（如律师或专家的代理费用、权利维护费等）。加拿大的征地补偿费主要包括四个部分：①被征收部分的补偿，必须依据土地的最高和最佳用途，根据市场价格补偿；②有害或不良影响补偿，主要针对被征收地块剩余的非征地，因建设或公共工作对剩余部分造成的损害；③干扰损失补偿，被征地所有者或承租人因为不动产全部或基本被征收，因混乱而造成的成本或开支补偿；④重新安置的困难补偿。

总之，虽然上述国家的做法有所不同，但就各国立法的发展趋势来看，对于征收所造成损失的补偿范围和标准都呈日渐放宽之势，以充分保障失地者的合法权益。

6. 国外土地征收的程序与司法保障

完善的土地征收程序，可以有效遏止土地征收权的滥用，防止被征地人的合法权益受政府公权力的无端侵害，为私权利的实现提供有效的制度保障。因此，各国法律对土地征收程序都有明确的规定，以体现征地的公正性、合理性、公示性与可操作性。

（1）国外土地征收的程序

在国外的土地征收中，大多都制定了较为严格的征收程序。由于各国的现实情况不尽一致，所以，制定出来的土地征收程序形式各异，但大体上都包括了四个阶段：第一阶段，事业的认定。即确认用地申请人的拟用地事业是否符合宪法和土地法规定的征收目的，防止用地人以公共利益为借口进行土地征收，侵害他人的土地所有权。西方发达国家一般都规定享有此种事业认定权的主体为中央行政官署，也有少部分国家把该权限下放给一个专门委员会或者委托给地方行政机关。第二阶段，征收范围的确定。即以作为征收依据的事业来确定侵害第三人财产至何种程度的决定。实践中，一般由需用地人拟定征地计划，然后由主管机关加以决定并予以公告。第三阶段，损失补偿金的决定。大多数国家规定，征收范围的决定与损失补偿金的决定要依据不同的程序进行。第四阶段，征收的完成。一般来说，随着补偿金的支付，征收物相应的发生物权效力，土地权利当然的转归需用地人。但在物权转移的时间上各国仍有差异，有的在征收裁决时即发生物权效力。有的在支付补偿金后还要有征收公告，经过公告之后才能发生物权效力。

从各国的具体情况来看，法国对土地征收的程序具有代表性，其土地征收程序包括三个步骤：①申请。依照法律，土地征收的申请单位、被征收土地的所有者和利害关系人，以及与土地征收有直接利益的人，因对土地征收目的发生争议，不服批准决定的，可以在批准决定公布后两个月内，向行政法院提起诉讼，由行政法院审查土地征收目的是否符合公共利益的需要。②调查。经当事人申请后，则进入调查阶段。调查分为事前调查和具体位置调查两个阶段，事前调查主要针对土地征收目的调查，具体位置调查则是核实被征收土地的实际方位、面积等。③批准。土地征收由省长或部长批准，涉及国防建设的土地征收由总理批准，事前调查的结论不赞成征收或特别重要的土地征收由总理咨询最高行政法院的意见后发布命令决定。法律规定，批准征收的决定最迟在事前调查结束后1年做出，需要咨询行政法院意见的，可延长6个月；超过规定没有批准，必须重新进行事前调查才能批准。

日本对土地征收规定了非常严格的程序，依日本的《土地收用法》，公用事业的营业者即起业者在需要征用土地时，需经以下几下程序：①须向建设大臣或都府县知事申请。②起业者与地权人达成征购协议。申请得到批准后，起业者确定被征收土地的所有者和与土地有关的权利人，登记被征收土地及其上的建筑物，起业者与地权人双方对赔偿额无异议可达成征购协议。③征购协议须经征收委员会确认，若当事人之间不能达成协议，起业者可申请征地委员会裁定。④不服申诉和诉讼。对征地委员会的裁决（与损失补偿有关的除外）不服的，可以向建设大臣进行不服申诉（审查请求）。对于征地委员会裁决中损失补偿的诉讼，必须在裁决书正本送达后3个月以内提起。①

美国联邦宪法第5条修正案规定了土地征收的三个必备要件，其中之一就是正当的法律程序。联邦宪法规定，只有通过公正的法律程序后，土地才能被征收。在美国，土地征收行为应当遵循如下程序。①预先通告。②政府方对征收财产进行评估。③向被征收方送交评估报告并提出补偿价金的初次要约，被征收方可以提出反要约。④召开公开的听证会，说明征收行为的必要性和合理性，如果被征收方对政府的征收本身提出质疑，可以提出司法挑战，迫使政府放弃征收行为。⑤如果政府和被征收方在补偿数额上无法达成协议，通常由政府方将案件送交法院处理。为了不影响公共利益，政府方可以预先向法庭支付一笔适当数额的补偿金作为定金，并请求法庭在最终判决前提前取得被征收财产。除非财产所有人可以举证说明该定金的数额过低，法庭将维持定金的数额不变。⑥法庭要求双方分别聘请的独立资产评估师提出评估报告并在法庭当庭交换。⑦双方最后一次进行补偿价金的平等协商，为和解争取最后的努力。⑧如果双方不能达成一致，将由普通公民组成的民事陪审团来确定"合理的补偿"价款数额。⑨判决生效后，政府在30天内支付补偿价金并取得被征收的财产。可见，美国的征地程序较为繁细、被征收者参与性强、政府受制约多。②

此外，加拿大征地必须经过一系程序。①征地者向征地审批机构提出申请。当征地机关向批准机关提出征地申请时，征地机关必须通知将被征用的正式登记的土地所有者。②征地者通知被征收土地的所有者，并在当地媒体上发布公告。征地者要在当地的定期报纸上每周1次、连续3周，公告有关征地内容。③召开听证会。任何与征收有关的土地所有者可以在接到正式邮件或第一次公

---

① 茆荣华：《我国农村集体土地流转制度研究》，北京大学出版社2010年版，第79—80页。
② 王崇敏：《我国土地征收制度》，载 http://wenku.baidu.com/view/05374602de80d4d8d15a4f6d.html。

告30日后，向批准机关提出书面申请，要求举行听证会。④审批机构派调查员调查。在特殊情况下，如果议会副总督认为征地对实现公共利益是必要而且是有利的，就直接命令预征机关继续进行征地程序，否则由首席检察官指定调查官及主要调查人员，成立调查委员会。调查官就征地的公平、正确、合理、必要性，综合双方的证据、意见，并向批准机构提交报告。⑤发送审批证明。批准机构根据调查官的报告，决定是否批准征用或修改征地计划。在批准机构收到调查官报告之后的90日内向争议双方（征地机构和被征收土地涉及到的所有者）以书面形式解释做出决定的原因。⑥征收土地的登记。在征地批准后的3个月内，征地机构要到相应的登记机关登记由征地机构和土地测绘部门共同签署的规划，登记有关使用土地的时间、权利等。在征地补偿协议达成前，征地机构必须在规划登记后的30日内以书面形式向被征土地所有者下达征地通知书。⑦土地所有者申请补偿。土地所有者可以在通知下达的30日内，向征地机构书面申请有关补偿事宜，选定补偿评估日期。征地通知书下达后，征地机构征得土地所有者同意后，可以进入现场进行不动产评估。若土地所有者不同意，征地机关可向市政委员会申请进行赔偿评估；若土地所有者不接受赔偿价格，征地机构则要提供"法律出价"服务。⑧与征地者达成补偿协议。征地双方通过平等协商，达成征地协议。若仍达不成协议，双方可以向谈判委员会（如安大略省市政委员会就是这种特别行政法庭）提出诉讼、要求谈判、请求仲裁，谈判委员会必须到征用的土地现场进行调查取证、进地调解，并做出仲裁；若不同意市政委员会的仲裁，任何一方可向法院提出申请做出最后的判决。⑨强制进入或使用土地。补偿问题解决后，征地机构可以通知被征土地所有者拥有或进入使用土地时间，在下达使用土地通知书的至少3个月后可以使用土地，此时可以请法院强制执行保证土地的顺利使用。

（2）土地征收的司法保障

国外对土地征收的司法保障主要体现在两个方面：一是通过司法程序审查土地征收目的是否符合公共目的，二是通过司法裁决处理土地赔偿纠纷。关于土地赔偿额的纠纷，各国都规定了当事人可以向法院起诉，由法院做出最终的裁决，多数国家是民事法庭裁决。对土地征收的目的进行审查，法国颇具代表性。法国的行政法院可以审查土地征收的目的是否符合公共利益的需要。依照法国法律，土地征收的申请单位、被征收土地的所有者和利害关系人，以及与土地征收有直接利益的人，因对土地征用目的发生争议，不服批准决定的，可以在批准决定公布后2个月内，向行政法院提起诉讼。但有些国家由专门的法庭或法院受理这些案子，如英国的土地法庭、瑞典的土地法院。

法院的裁决原则上要公正、公平地确定赔偿。以英国为例，英国土地法庭主要根据下面的原则裁决赔偿金额：①在征收是强制执行的事实下，没有补偿费；②地价将采用自愿购买者在开放的市场上购买土地所需支付的数额；③假如征地目的需要法令认可，那么将不考虑对于任何目的土地特殊的适用或适应性；④以不合法的害公共卫生的方式使用地产，其价值不予考虑；⑤假如一块特定的土地由于缺少市场卖不出去，不能确定它的市价，则赔偿费可以参照相当的地块给予占有者的合理成本确定。在一定条件下，根据没有被征地的地价的折旧确定赔偿费也可以是有效的。①

而新加坡与其他国家相比，多了一道裁决程序。新加坡土地征收的赔偿是由地税征收官所确定的，如果当事人不同意，可以向上诉委员会上诉，委员会在听取了上诉，可以做出确认、减轻、加重、撤销地税官的裁决，或发布其他适当的命令。赔偿费金额确定后，在分配比例上有争议的话，上诉委员一人可以对当事人有权享有赔偿费比例做出决定。但通常上诉委员会的决定是终局的。不过，如果诉讼案涉及金额在5000新元以上，上诉人或地税征收官则可以依据法律就上诉委员会所做的决定中有关法律问题向法院上诉，其上诉程序与高等法院对民事案件所做决定向上诉法院上诉的程序相同。上诉法院在处理上述案件时应当给上诉人和地税征收官或他们的代理人提供辩论的机会。上诉法院有权确认、减轻、加重、撤销上诉委员会的决定，或附上法院的意见后让上诉委员会重审。上诉委员会在接到退回的案卷后应按要求进行修改。上诉法院所做出的裁决是最终裁决。②

（二）国外土地征收制度对我国的启示

针对我国土地征收制度上存在的问题，借鉴国际上比较成熟完善的土地征收制度和经验，应从以下几个方面对我国土地征收制度加以完善：

1. 在完善征地制度的基础上严格控制征地权的行使

要充分借鉴国外立法经验，对我国土地征收制度中存在的一些矛盾及漏洞及时进行修订，以完善我国土地征收法律体系。如可考虑制定独立的土地征收法，以调整、规范土地征收法律关系，并在此基础上，严格控制政府征地权的行使。从各国征地权的行使主体看，一些国家明确规定征地权是政府特有的权

---

① 陈婴虹：《土地征用制度的国际比较》，载《资料通讯》，2004年第4期。
② 王崇敏：《我国土地征收制度》，载 http://wenku.baidu.com/view/05374602de80d4d8d15a4f6d.html

力。政府行使征地权的具体表现通常是控制征地审批权,但问题的关键不在于审批权在哪一级政府,而在于是否能严格控制征地审批权。借鉴国外的经验,可行的做法是建立征地审批责任制,从政府首脑到职能部门负责人再到具体经办人员,责任层层落实,如违反法律规定,则严格追究相关人员的民事、行政及刑事责任。

2. 在法律上明确界定公共利益

从法律角度对公共利益进行明确界定,在法律上严格限定用地范围的公共利益。对于"非公益性"用地需求,应在法律的框架内由用地人和土地所有人进行平等协商,按市场价格进行交易,使公益用地与商业用地严格区分开来。从国外情况看,大多将"非公共目的"用地和"公共目的"用地区别对待,对商业用地的流动不过多地干预,而对公益用地,政府则依法充分行使土地征收权,保证在需要时能获得土地。因此,只有在法律法规上明确界定"公共利益"的内容和范围,才能将两类用地区分开来。特别在市场经济条件下,为了既不破坏土地市场的竞争规则,又保证有足够的公共利益用地,就必须加快征地立法,明确征地"公共利益"的内容与范围,以防止公权力的滥用,保护市场经济条件下土地流转的正常进行。

3. 完善土地征收补偿制度

在许多国家的宪法中,均规定征收征用土地必须予以补偿,且关于补偿的额度也是宪法层面上需要加以明确规定的一项重要内容。补偿额度,不仅明确回答了被征地者的土地被征收征用时要不要补偿的问题,而且还直接决定着国家对被征地者补偿的程度。如1993年《俄罗斯联邦宪法》第35条第3款规定:"为国家需要而把财产强制性地划归公有,只有在事先等值补偿下才能进行。"在多数国家和地区,土地征收方都给土地所有者以较为满意的补偿,法律给予被征地者的补偿往往要超过土地的市场价值,这既有利于保证被征地者原有的生活水准不降低,也有利于土地资源的优化配置。① 首先,土地征收补偿应遵循"公平市场价格"原则。从理论上讲,补偿的标准及范围应以失地农民的损失而不是以征收者的所得为基准,同时还要综合考虑土地对失地农民的特殊价值、农民失去土地的间接损失等因素。在市场经济条件下,征地中不同利益主体对补偿标准或成本的预期,取决于使用者对土地市场价格的认知程度,而合理、公平的补偿无论在买方还是卖方看来,都应该是"合理的市场价值或买者乐意支付、卖者愿意接受的价格"。对农民的补偿,不能以"维持农民生活水平

---

① 王小莹:《外国征地制度对中国的启示》,载《当代世界》,2009年第7期。

不下降"为原则，而应该把失地农民作为城镇市民，以让他们"拥有城市市民平均生活水平"为原则进行补偿。其次，合理确定补偿范围。目前我国的土地补偿范围过窄，根据现代征收补偿理论，征收补偿范围应包括因征收而直接造成的一切财产损失。借鉴国外的有关补偿理论，我国的土地征收补偿应该包括两部分：土地征收费和土地赔偿费。土地征收费以被征收的土地"公平市场价格"来确定，土地赔偿则要充分考虑被征收者的生存发展权，增加土地经营损失补偿和残余土地的补偿，甚至还要包括非经济损失，如新的生活环境上的不适应，精神上的痛苦等。最后，应完善土地征收补偿程序。增加上诉程序，完善征收补偿方案的决定程序；增加调查、听证、谈判、申诉、仲裁的规定，保护和加强农民的合法土地产权。作为征地利害关系人的集体和农民对土地征收有知情权、协商权和上诉权，他们应该参与到整个征收过程中来，针对不合理的征地情况，农民集体有上诉的权利并能在相关的申诉机构中实现其作为土地所有人或土地承包人的权利。①

4. 严格土地征收的法律程序和司法保障

程序合法是世界上许多国家（地区）土地征收制度公认的一项重要原则，而制定完善具体的程序是保障征地行为程序合法的基本前提。国外大多数国家的法律都明确规定土地征收的法律程序与司法保障，并严格依法进行，这一做法值得我们借鉴。有学者提出完善我国土地征收制度程序合法应从以下三个方面考虑：第一，针对土地征收目的建立严格的合法性审查机制。首先，应取消省级以下地方政府的征地审批权。规定国家重点建设项目和地方性大型建设项目需要征地时，必须由国务院审批，其他地方性建设项目由省、自治区、直辖市人民政府审批。其次，借鉴法国、德国等国家的做法，在省、自治区、直辖市人民政府设立由法律专家、经济学家等专业人员组成的专门委员会，对土地征收是否符合公益性目的进行审查，只有经专门委员会审查通过后，才能提交政府土地管理部门根据国家和市政建设以及土地利用的总体规划决定应否批准其征地申请。第二，完善监督程序，增强征地过程的透明度。首先，完善土地征收的公示程序，增加事前公告制度。在对征地申请审批前，应将申请人拟征地的范围、用途等有关事项予以公告，社会公众和被征地人无异议时，才进行审查批准。在申请获得批准后、补偿方案确定前，应再次进行公告，听取相关各方的意见。其次，完善听证制度。听证制度的设立是为了保障被征地人尤其

---

① 沈晓、张娟、贺雪梅：《中外土地征收制度的比较与借鉴》，载《经济研究导刊》，2007年第6期。

是农民能积极参与征地过程,维护自己的合法权益。应规定政府主管部门依职权主动组织听证会,允许土地所有者、其他权利人和一般公众发表意见,政府在听取公众意见和就征收行为所带来的利弊进行分析后,做出决策,以便更好地维护广大农民的利益。第三,完善救济程序。法律应明确规定,被征地人及其他利害关系人对土地征收决定不服时,可以通过申诉、行政复议或行政诉讼等方式主张救济。只有法律规定征地方和被征地方具有同等权利,才可能形成农民得到公正、政府依法行政的双赢局面,才可能形成既严格保护耕地,又保证社会稳定、经济持续发展的条件。①

5. 合理分配土地发展带来的土地增值收益

农地转变用途之后的土地增值即土地发展收益,应该在农民和国家政府之间进行合理分配。在目前的土地产权、土地征收及补偿框架下,我国土地征收常常是,低价从农民手中征得,转手高价出让,从而在由低收益的农地转为高收益建设用地时,剥夺了农民应得的土地增值权益。但按照市场经济规则,土地发展权归全社会公共所有,理由是土地增值主要来源于地区经济增长,而地区经济增长则得益于地区公众劳动、基础设施的公共投资、政府公共补贴及各种优惠政策扶持等。故土地增值部分应该由全社会共同拥有,这理应也包括农民。政府可以将土地收益中的相当部分纳入农民的社会保险基金、医疗保险基金和养老保险基金,以维护失地农民利益。对于土地用途转变实属土地发展权的问题,我国有关土地方面的法律没有明确设立"土地发展权"的权利种类,也没有对土地发展权或其内容与归属做出统一而清晰的规定,即土地发展权在我国的相关制度安排中处于"缺位"状态。土地发展权的"缺失"使得土地发展权益分配存在"无法可依"的境况。因此,尽快设立土地发展权,完善包括土地产权在内的土地征收制度仍然是当务之急。②

四、我国农地征收制度的定位与完善思路

我国土地征用制度存在着诸多问题,作为建立于计划经济条件下的土地制度,其设计完全是以计划经济思路为指导,土地征收的目的主要在于满足国家

---

① 王小莹:《外国征地制度对中国的启示》,载《当代世界》,2009年第7期。
② 沈晓敏、张娟、贺雪梅:《中外土地征收制度的比较与借鉴》,载《经济研究导刊》,2007年第6期。

社会经济建设的需要,以国家或政府利益的实现、满足为宗旨,一定程度上忽视了农民的土地产权利益。在具体的土地征收法律关系中,既不能体现平等、自愿、公平、有偿的民法原则,也不符合市场经济的基本准则,严重制约着我国市场经济的建立、健全。要解决这些问题,就必须改革我国土地征用制度,在法律上处理并协调好国家、集体和农民三者之间的土地收益关系,充分保障农民利益不受侵犯。众所周知,随着我国社会经济和城市化的快速发展,被征地农民到城市落户,已经成为必然趋势。但在目前条件下,适合我国城镇特点的社会保障制度还未建立起来。目前,农民进入城镇后,无论户口类别是否改变,都还不能确保失地农民享受到基本的社会生活保障。因此,有必要对我国土地征收制度进行认真反思,在准确定位的基础上,予以完善。

(一)准确界定"土地征收"与"土地征用"概念

征地是我国的一项重要法律制度,但我国相关法律对土地征收与土地征用这两个含义完全不同的概念在法律上并没有明确进行区分或界定,大多数情况下二者通用,完全混淆了土地征收与土地征用的区别。所谓土地征收,是指因公共利益需要,政府通过强制方式取得非国有土地所有权,并给予相应补偿的法律行为。在此,国家通过土地征收行为完全取得了土地的所有权,而原土地所有人则丧失了土地的所有权。在这一法律关系中,流转的是土地的所有权。而所谓土地征用,则是指国家因公共利益的需要,强制性地收回由其他民事主体依法所享有的国有土地使用权,并对其因土地被强制收回而造成的损失予以赔偿的法律行为。在这一法律关系中,流转的是国有土地的使用权。因此,土地征用是财产权人在征用期间临时停止其占有使用权,其所有权或使用权并未丧失。

土地征收与土地征用的意义相差甚远,在法律上若不将二者加以区分,混同使用,既不科学,也不合理。我们认为,应将我国现行法律上笼统使用的土地征用概念,在且必须在立法和理论层面,严格进行界定,区分为土地征收和土地征用,并明确其使用范畴。从我国土地流转的范畴来看,应包含两个层面:一是土地所有权的流转,即通过土地征收,将农地所有权通过征收转变为国家所有;二是土地使用权的流转,通过征用将国有土地使用权收回。与土地征用这种使用权的积极流转相比,土地的征收是集体土地转变为国家所有的一种消极的权利流转。

在我国,土地征收主要有三个特征:一是土地征收主体的唯一性。即土地征收主体只能是国家。土地征收实质上是国家取得土地所有权的一种特殊方式,是国家行使其土地权力的体现,这种土地是其他任何法人组织或自然人均不可享有的。土地征收法律关系中的当事人只能是国家和被征地的土地所有人,而不能是其他。值得关注的是,各级政府并非土地征收的主体,而是土地征收行为的实施者。政府实施征收土地的权力,是基于国家对政府授权形成一种土地征收委托——代理关系而获得,因此,土地征收的法律后果应当由国家而不是由地方各级政府来承担。二是土地征收方式的强制性。它主要表现为国家基于公共目的而行使征收土地的权力,这种权力高于其他一切主体对于土地的权利,任何土地权利人都必须服从于国家土地征收权力。土地征收强制性的核心要素是,这种征收行为产生的是一种典型命令与服从的纵向行政法律关系,而不是一种基于平等基础上自愿与协商的横向民事法律关系。在土地征收中,被征地者的自主性及其意愿在土地征收中被弱化,甚至是被抑制。当然,这一切都是以国家合法行使土地征收权力为前提的。三是土地征收权的转移性。土地被国家征收后,土地的所有权发生转移,即原属于农民集体所有的土地转变成为国家所有。"土地征收"不同于"土地征用",它们之间最大的区别就是二者发生的法律效果不同。其中,土地征收是土地所有权主体的改变,土地征用则是土地使用权主体的改变。同时,在发生征收与征用侵权损害赔偿法律责任中,在土地征用的情形下,如果标的物没有毁损灭失,就应当返还原物。土地征收是一种所有权的移转,因此,原则上并不存在返还的问题。①

从以上的表述中,我们可以看出,由于我国特殊的社会历史原因,土地所有权实行的是公有制,具体体现为国家土地所有权、集体土地所有权两种形式。在法律上,我国不允许土地的私人所有,这一法律形式与国外完全不同,这同时也就意味着我国的土地流转与国外有所不同。从法律角度看,其实征收也是我国特有的一项土地所有权流转方式,但由于征收在实施过程中有诸多限制性的行政规定,所以,学界一般不把这种流转看作正常的民事问题,而认为征收是一种行政行为,体现的是国家的公权力。我们认为,这一看法有失偏颇。诚然,在我国目前的条件下,土地征收确实是以行政行为为主,兼有民事行为的混合行为。但从民事权利视角看,它又确实是我国市场经济条件下,市民社会中的私法问题,土地的征收应该符合民法平等、自愿、公平、等价有偿的基本原则,只是由于我国特殊的社会历史原因或国情,在法律和实务上这一问题一直没有得到很好的解决,以致造成许多无法解决的社会矛盾或问题。

---

① 张伟:《论集体土地征收中公共利益的界定》,载 http://www.iolaw.org.cn/showNews.asp? id = 22060

(二) 严格界定"公共利益",防止土地征收权的滥用

何为"公共利益需要",各国有不同的法律规定。我国从《中华人民共和国宪法》《中华人民共和国民法通则》《中华人民共和国物权法》到《中华人民共和国土地管理法》无一例外地规定只有出于公共利益的需要才能征收、征用土地,但都没有对公共利益的内涵和外延给出明确定义。从国外立法情况看,各国法律中均对公共利益给予界定,其表述方式可分为两种:一是概括式,即在宪法和与土地有关的法律法规中仅原则性地规定"只有处于公共利益的目的才可以行使征用权",但到底哪些属于公共利益的范围未加明确界定,如澳大利亚、加拿大、美国等;另一种是列举式,即在与土地征用的法律中详尽地列出哪些公共利益的情况才能行使征用权,最典型的有日本、韩国、印度等国。其实,我国法学界对如何界定公共利益进行过广泛讨论,但始终未能达成一致意见。

1. 我国法律有关公共利益规定的矛盾与冲突

2004年我国宪法修正案中对土地的征收主要是指对集体经济组织所有的土地的征收。而集体经济组织所有的土地主要是指作为集体经济组织的农业生产用地、集体经济组织的公共设施和公益事业建设用地、集体经济组织成员的宅基地。很多学者认为,对集体所有土地的征收之所以滥用,是因为《中华人民共和国土地管理法》中没有对"公共利益"明确化。对此,有学者认为,集体所有土地征收中的问题,并非完全归罪于普通立法的疏忽,而是我国的土地使用制度造成了"公共利益"的稀释。从《中华人民共和国土地管理法》第43条来看,任何单位和个人进行建设,需要使用土地的,必须依法申请使用国有土地;兴办乡镇企业和村民建设住宅经依法批准使用本集体经济组织农民集体所有的土地的,或者乡(镇)村公共设施和公益事业建设经依法批准使用农民集体所有的土地的除外。可见,任何建设用地都必须使用国有土地,现实中,这种建设用地主要有三种情况:①国家进行公共设施及公益事业建设需要使用集体所有的土地;②国有企事业单位需要使用集体所有的土地;③需要办理出让手续的土地。从上述三种情况来看,只有第一种情况是属于公共利益,后两种情况则属于经营性的和主要追求经济利润的利益,并不符合公共利益原则。但为什么必须要进行征收呢?这是因为,作为"非公益用地"本来可以通过该土地的自愿出租、转让获得,但是,由于我国对集体土地和国有土地分别实行两种使用制度,国有土地可以实行有偿使用,可以进行出让、转让、出租和抵押等,而集体土地则不能进行出租和转让,且对用地方式进行严格的用途管制,

因此，对于非公益使用集体土地就只能通过征收为国有土地来实现了。在这种情形下，即使规定"公共利益"的原则，也只会导致将一些非公共利益的商业利益，如果硬要解释成是"公共利益"，从而使"公共利益"稀释化，这不能不说是"公共利益"与现实土地制度之间的矛盾。

2. 我国理论界对公共利益之目的的争论

反对以"公共利益"作为土地征收目的的观点或看法，其理由可以归纳为以下几点：第一，中国特殊的土地权利结构决定了征地以公益为目的的基础不存在。即在土地资源国有化后，我国的土地所有权只有国家所有和集体所有两种，土地的性质均属于"公"，从而征地的"公共利益"目的无存在之基础。第二，中国特殊的土地市场结构决定了征地不能以"公益"为唯一目的。在中国，企业只能从国有土地使用权市场中取得土地使用权。如果法律规定国家征地须以"公共利益"为唯一目的，则卡死了土地使用权的来源，阻滞了这种单向流动的土地使用权市场，破坏了脆弱的土地使用权市场运转机制。第三，现实的做法已经突破了"公共利益"需要。即在"公共利益"的标题下，允许为经济建设而征收征用土地。第四，以"公益"作为征地唯一目的，不能起到防止滥征滥占耕地和保护被征地者利益的作用。第五，以"公益"作为征地的唯一目的，引起了法律之间的冲突。① 从以上观点我们可以看出，其立论的出发点主要是依据现行政策和土地征收的实际情况，并据此否定土地征收的公益目的。对此，持肯定看法或观点的学者做出了相关解释：

第一，土地公有制之"公"不等于公共利益之"公"。首先，土地征收的客体不限于单一的土地所有权，集体土地所有权仍然属于一种私权利，土地所有制与土地所有权并非同一概念。所有制首先是一个政治概念，带有强烈的意识形态色彩，而所有权是一个标准的法律概念。所有制与所有权之间，关系密切，但并不等同，因此不能以土地所有制的属性为公有，就简单地推导出与此相对应的土地所有权为公权。其次，土地所有制之"公"也不等于公共利益之"公"。集体土地公有制之"公"的主体范围是历史和地缘形成的农民集体，且农民集体本身是特定的，其成员数量是有限的，虽然其成员在不同的时间可能会有一定的变动，但在特定的时间点又是特定的，而公共利益之"公"的主体范围则是不特定主体。两者之间可能会有交叉，但也有可能毫不相干。集体土地公有制之"公"的内容是对土地的各项所有权权能，而公共利益之"公"的

---

① 陈传法：《论土地征收中公共利益的立法界定》，载《私法研究》第 11 卷，法律出版社 2011 年版。

内容则包罗万象，土地所有权只是实现其内容的手段而已。最后，土地征收的客体并不限于集体土地所有权。退一步说，即便土地公有制之"公"与公共利益之"公"相同，仍不能废除征地的公益目的。因为，在现有立法中，土地承包经营权作为一种用益物权，已经明确纳入征收客体范围之内。此外，以土地为核心的一系列私权都可以作为土地征收的客体，其中绝大部分权利的主体，与土地承包经营权的主体一样，都是个体，都与"公"没有什么直接的关联。

第二，征地以公益为目的，不会破坏土地使用权市场。目前的土地使用权市场，乱象纷呈。此种乱象，并不是征地的公益目的所致，而是土地使用权出让方单一即高度垄断所致。高度垄断的市场，并不是真正完备的市场。在垄断市场中，市场机制本身所具有的有效配置资源的作用，根本无从发挥。

第三，现实对征地公益目的的突破，是不正常、不合理的社会现象。现实中，由于农村建设用地使用权不能进入土地使用权一级市场，导致大量征地突破公益目的，虽然这在现行法制之下是一种不得已的现象，但也绝非正常、合理的现象。

第四，坚持征地的公益目的，是保护耕地、保护被征地者合法权益的重要手段。取消征地的公益目的，只会使征地行为更加随意，侵害被征地者合法权益的事件更容易发生。

第五，在征地问题上所存在的法律冲突，解决之道不应是否定以公益为目的，而应是修改与公益目的相抵触的法律。因此，在因立法者的疏忽发生法律冲突的情况下，立法者应该保留合理的法律规定，废止不合理的法律规定。消除法律冲突本身并非最终目的，消除不合理的法律、实现法律规制的目标才是最终目的。[①]

3. 在法律和理论上界定公共利益的可能性

从理论上讲，"公共利益"包含着"公共"和"利益"两个层面。所谓"公共"，德国学者纽曼认为，公共概念分为两种：一种是提出"公共性"原则，即开放性，任何人可以接近，不封闭也不专为某些个人所保留；另一种是国家或地方自治团体等所设立，维持其设施所掌握的职务，这是以国家设施之存在及所为是为了公共事务之故。为此，纽曼提出了"不确定多数人理论，即公共的概念是指利益效果所及的范围，即以受益人的多寡的方式决定，只要大

---

① 陈传法：《论土地征收中公共利益的立法界定》，载《私法研究》，第11卷，法律出版社2011年版。

多数的不确定数目的利益人存在即属公益"①。该理论符合多数决定少数的理念，因此成为公共的标准通论。而所谓"利益"，通常是指人们为了需要而通过社会生产或者以和谐交往为主所得到的好处或所拥有的资源。即"利益是对主体与客体关系的一种价值判断。而利益的这一特性使利益概念的内容具有不确定性和多面性。首先，价值判断的对象存在多元性，不仅包括物质上的也包括精神上的。其次，利益内容的不确定性与多面性还表现在价值判断的历史性"②。公共利益是土地征收立法的基础，其概念具有一定的抽象性，不论在立法上还是理论上，都难以界定，至今众说纷纭，莫衷一是。

有学者认为，公共利益不仅在法律、法学、行政及司法实务上以各种形式上类似或不同的表达方式而被普遍使用，甚至还可以说是一个用以架构公法规范体系及公权力或国家权力结构的根本要素或概念。但是对于到底什么是公共利益，却没有哪个国家的法律有明确的规定。这是由公共利益"利益内容"的不确定和"受益对象"的不确定所决定的。所谓"利益内容"的不确定性，主要是指由于受利益主体和当时社会客观事实的左右，对利益的形成和利益的价值认定无法固定成型；而所谓"受益对象"的不确定性则是指享有公共利益者的范围很难确定，因为公共一词实在是无法给出一个完整而又清晰的定义。③但也有学者认为，对于这些不确定用语，虽然各国宪法没有对之加以明确界定，但有的国家已通过具体法律、法规明确其涵义和范围，使之具体化，另外，有的国家（大多数国家）则是由执法者根据其法律理念，根据其对相应法律的目的、原则、精神的理解，就具体个案的情形对之做出其认为最适当的解释。如果相对人对之有疑义或异议，则可诉诸法院，由法官做出最终解释。而在我国，基于目前的法治状况、执法者和法官素质，还无法做到这一点。但考察我国和境外的法律实践，法律界定公共利益一个基本涵义和大致范围应该说还是可能的。④

4. 在法律上明确公共利益范围的意义

我国相关法律虽然明确规定土地征收的前提是公共利益的需要，但都没有明确界定公共利益的范畴。针对现实中争议较大的"公共利益"界定问题，2011年，国务院颁布的《国有土地上房屋征收与补偿条例》第8条对"公共利

---

① 闫桂芳、杨晚香：《财产征收研究》，中国法制出版社2006年版，第91页。
② 胡建淼、邢益精：《公共利益概念透析》，载《法学》，2004年第10期。
③ 黄学贤：《公共利益界定的基本要素及应用》，载《法学》，2004年第10期。
④ 姜明安：《界定公共利益完善法律规范》，载《法制日报》，2004年7月1日版。

益"做出规定,将公共利益限定为:①国防和外交的需要;②由政府组织实施的能源、交通、水利等基础设施建设的需要;③由政府组织实施的科技、教育、文化、卫生、体育、环境和资源保护、防灾减灾、文物保护、社会福利、市政公用等公共事业的需要;④由政府组织实施的保障性安居工程建设的需要;⑤由政府依照城乡规划法有关规定组织实施的对危房集中、基础设施落后等地段进行旧城区改建的需要;⑥法律、行政法规规定的其他公共利益的需要。正如我们在前面所指出的,这一界定实际上是不科学、不合理的。该规定甚至不能区分公益与非公益,在此,旧城区改建,法律、行政法规定的其他公共利益的需要,其范围非常广泛,既有公益,又有非公益,这实际上否定了公共利益的限定。

对此,有学者提出,参酌日本及相关国家和地区立法的规定,可以初步确定如下土地征收的公益事业类型:第一,国防军事用地;第二,国家机关用地;第三,公共交通道路、停车场、汽车终点站、铁道、轨道、索道设施,无轨电车设施,石油、天然气、煤气管道设施,航路标识、水路测量标识,飞机场、航空保安设施,防止滑坡、矸石、山崩设施;第四,农用道路、水路、海岸堤防、水池、防风林及其他类似设施,土地改良设施;第五,公共水源,与公共利益有关的河流(含运河)以及对于这些河流以治水、排水、用水为目的设置的堤防、护岸、水库、水道、贮水池及其他设施;港湾设施、渔港设施,海岸保全设施,水道事业设施、下水道事业设施;第六,气象、海洋状况、洪水及其他类似现象的观测设施或用于通报的设施,无线电测定装置,电气通信设施、设备,广播设备,发电、变电、送电设施,电气制成品、煤气制成品;第七,消防设施、防水设施;第八,教育与学术研究设施,职业训练设施,原子能研究所需的设施,核电、核燃料开发所需设施,航空、航天事业开发所需设施,博物馆、图书馆、公益展览馆,养老院、社会救助站、孤儿院等供社会福利之用的设施,公益性医院、诊所、合作医疗机构、疗养院及其他公共医疗机关、防疫检疫机关,火葬场,公益性墓地,废弃物处理设施、公用厕所,公园,绿地、广场、运动场及其他供公共之用的设施;第九,自然环境保护事业,森林等自然资源保护事业,防沙设备或设施,文物古迹及风景名胜区保护事业;第十,社会保障性住房建设用地;第十一,中央及地方批发市场,公益团体设置的市场,屠宰场,烟草专卖所需设施,国家重点扶持的能源建设,其他政府兴办的以公益性为限的国家重大经济建设项目用地;第十二,以上所列事业所不可缺少的通路、桥梁、铁道、轨道、索道、各种线路、水路、管道、池井、土石的堆放场、材料的放置场,职务上需要常驻的职员的执勤办公室或者宿舍及其他设施。① 显然，这一看法有一定的道理，可以在我国法律制度制定、修订时加以参考。

5. 在法律上判定公共利益的原则

公共利益是一种独立的利益形态，而并非所有成员利益的简单相加。在不同的社会发展时期，人们判断公共利益的标准是不一样的，存在着差异性，并随着国家社会情形的变化而呈现不确定性与多面性。因而，公共利益并非恒定不变，它是一个发展的动态概念，会因社会发展阶段的不同、具体国情以及经济发展水平的不同，具有不同的内涵。关于公共利益的判定标准，有学者提出以下标准：

（1）比例原则

土地征用、拆迁必须是为了公共利益目的，但符合公共利益目的并不意味着任何土地征用行为都是正当的。国家可以随意地行使相关权力，但它必须同时符合比例原则。比例原则源于德国，它具有三层涵义：一是政府采取的手段确实可以实现政府希望实现的目的（必要性原则）；二是政府采取的手段是在各种可选择的手段中对个人或组织权益有最少侵害的（妥当性原则）；三是受侵害个人或组织的利益不应超过政府所要实现的公共利益（狭义比例原则）。比例原则在于限制政府在征地过程中过于宽泛的自由裁量权，它要求政府机关在实施征地行为时，应兼顾行政目标的实现和保护相对人的利益。如果为了实现行政目标（公共利益）可能对相对人的利益造成某种不利影响时，应使这种不利影响限制在尽可能小的范围内，使两者处于适当的比例状态。当征收、征用的目的可以通过其他代价较小的方式实现时，则无必要征收征用。

（2）利益衡量原则

利益衡量原则是指依据立法上概括的公共利益标准征收（征用）后，能否给社会产生比原所有人使用"更高的"公益价值。而"更高的"公益价值并非仅指受益人数量多少的问题，而且也包括该征收（征用）之目的之"质"的问题，其中"质"取决于所涉及的利益较其他利益是否具有明显的价值优越性。例如，"相对于其他法益（尤其是财产性的利益），人的生命或人性尊严有较高的位阶"，并且，即使是多数人受益，也不能建立在少数人的痛苦之上；即使多数人同意，也不能剥夺少数人的基本人权。因为公共利益具有功利性价值，而人权具有目的性价值，而无论如何，公共利益的增益不能以剥夺人权或牺牲人

---

① 陈传法：《论土地征收中公共利益的立法界定》，载《私法研究》第11卷，法律出版社2011年版。

权为代价,这是法治社会的基本原理,否则将可能导致"多数人的暴政"。换句话说,公共利益应该是对所有个体利益的整体性抽象,其体现为每一个体利益都能得到改进,即使"帕累托改进"很难实现,至少也要恪守卡尔多 - 希克斯改进的底线。

(3) 公平补偿原则

运用公权力追求公共利益必然会有代价,这就造成公民权利的普遍损害或特别损害。因此,在寻求公共利益而不得不让少数人做出牺牲时就必须确立公平补偿的原则。有权利损害必有救济,这是公平正义的社会价值观的体现,也是现代法治的基本精神。只有做到公平或公正的补偿,才能使公民个人的权利损害降低到最低限度。但各国法律中对补偿的表述不一,有"公平补偿"(德国与法国),有"适当补偿"(美国),有"正当补偿",他们在计算补偿金额时却考虑了直接损失与间接损失,而中国宪法修正案中尽管增加了征收和征用时给予补偿的规定,可在计算补偿金额时考虑的因素较小,结果往往给予补偿的金额很低,造成了公共利益对私人利益的侵害。

(4) 正当法律程序原则

公共利益的确认过程应当充分融入正当法律程序之理念,因为公共利益的公共性和社会共享性要求对公共利益进行确认时,必须确保每一个利益集团都有充分的话语权来表达自己的利益诉求。公正程序应当包括五个方面,即程序的合法性、主体的平等性、过程的公开性、决策的自治性和结果的合理性。

(三) 实现"非公益性用地"的市场化

《中华人民共和国土地管理法》第 43 条规定:"任何单位和个人进行建设,需要使用土地的,必须依法申请使用国有土地。""前款所称依法申请使用的国有土地包括国家所有的土地和国家征收的原属于农民集体所有的土地。"该规定将土地征收权扩展到了整个非农建设用地,将商业性开发用地纳入国家土地征收权的行使范围,使土地征收实际上突破了公共利益的限定,与宪法规定相冲突。而由于非公益性征地的大量增加,导致国家征地的规模急剧膨胀,加剧了社会矛盾。一方面,它剥夺了农民的发展权,违反社会的公平正义的理念,造成大量的失地农民,严重侵害了农民的基本权利;另一方面,在征地过程中由于监督不力、制度缺失等原因,滋生了大量的腐败或权钱交易现象。当然,更为重要的是,土地管理法规定的非公益性征地是违宪的,它破坏了以宪法为基础的法制秩序。因此,应该依法取消政府非公益性用地的审批权,实现非公益性用地的市场化。这有利于提高土地资源的利用效率和土地资源的优化配置。

从市场经济角度考虑，政府凭借公权力对土地资源进行严格控制的做法，往往不能实现其最初的愿望，恰恰相反，这反而降低了土地资源的利用率，而且极易导致权力寻租现象。在土地利用者看来，用较低的贿赂成本可以获取较高的经济收益同样，官员也可以凭借公权力谋私利。因此，虽然市场调节土地资源存在诸多的缺陷，市场调节也可能出现失灵，但这并不是把问题交给政府处理的充分条件。市场调节不好的问题，政府未必解决得好，甚至会把事情处理得更糟。为了保证以宪法为基础的法制秩序的统一，也为了实现社会的公平正义，保证土地资源的有效配置，我国法律应该取消非公益性用地的审批权，实现非公益性用地市场化。土地权利人和土地使用者可以就土地价格等问题直接磋商，达成协议后经政府土地审批部门确认后即发生土地使用权转移的法律效力。另外，由于农民在信息方面处于劣势，政府应建立土地价格的信息公布机制，克服单纯依靠市场调节所带来的弊端。

实现非公益性用地市场化，可以实现法制的统一，有利于土地资源的有效利用，也有利于政府公权力的依法运行。① 因此，在严格界定土地征收"公共利益"的基础上，在法律上将非公益性建设用地排除在土地征收之外，可通过市场机制加以解决。

（四）土地征收补偿应充分遵循市场规则

征收是对农村集体土地所有权和使用权的永久性转移，在这一流转法律关系中，集体或农民将完全失去土地的所有权或经营权，但失地农民也将失去生活的来源和保障。从世界各国土地流转的发展趋势看，对于国家征收行为造成的损失，一般是按土地的市场价格来进行补充。在立法者或司法者看来，只有以土地的市场价格对其进行补偿才能保障原土地所有人与土地使用人的利益，土地交易严格遵循市场规则。随着我国市场经济的发展，土地资源日益紧缺，征地矛盾也日益尖锐，征地补偿必须在确认农民集体土地财产权利的基础上，严格按市场经济规则来确定。在征地补偿时，除了要考虑土地被征收前的价值之外，还应充分考虑土地的区位、市场供求、当地社会经济发展及政府宏观政策等因素，充分体现被征土地的潜在价值。

1. 土地补偿原则与国家社会经济发展密切相关

综观国内外，土地征收补偿的具体范围和标准与各国经济发展水平以及采

---

① 崔兆在：《论我国土地征用补偿法律制度的完善》，载 http://www.worldpublaw.sdu.edu.cn/cms/html/gfpl/sb/2008/0105/188.html

用的土地政策有关。通常，发达国家具有较强的经济实力，可以对被征地人实行充分而完全的补偿。另外，一些国家则为防止土地的投机或从公平的角度考虑，往往采用相当补偿原则或不完全补偿原则。

（1）完全补偿原则

该原则从"所有权神圣不可侵犯"的观念出发，认为损失补偿的目的在于实现平等，而土地征收是对"法律面前一律平等"原则的破坏，为矫正这一不平等的财产权侵害，自然应当给予完全的补偿，才符合公平正义的要求。

（2）不完全补偿原则

该原则从强调"所有权的社会义务性"观念出发，认为财产权因负有社会义务而不具有绝对性，可以基于公共利益的需要而依法加以限制。但征收土地是对财产权的剥夺，它已超越了财产权限制的范围。因此，基于公共利益需要，例外地依法准许财产权的剥夺，应给予合理的补偿，否则财产权的保障将成为一纸空文。

（3）相当补偿原则

该原则认为，由于"特别牺牲"的标准是相对的、活动的，因此，对于土地征收补偿应分情况而采用完全补偿原则或不完全补偿原则。在多数场合下，本着宪法对财产权和平等原则的保障，就特别财产的征收侵害，应给予完全补偿；但在特殊情况下，可以准许给予不完全补偿。比如，对于特定财产所给予的一般性限制，由于其限制财产权的内容在法律的权限之内，因此，要求权利人接受低于客观价值的补偿，并没有违反平等原则。①

2. 我国应确立完全补偿原则

《中华人民共和国土地管理法》第47条之规定，征收土地的，按照被征收土地的原用途给予补偿；征收耕地的补偿费用包括土地补偿费、安置补助费以及地上附着物和青苗的补偿费；土地补偿费和安置补助费的总和不得超过土地被征收前三年平均年产值的30倍。但该规定没有综合考虑土地年产值以外的其他因素，如土地的区位、供求关系及土地对农民的就业和社会保障功能，这种补偿利益明显小于损失利益。对此，有必要借鉴市场经济国家之经验，确立土地征收的完全补偿原则。

在计划经济体制下，包括土地在内的一切生产要素均实行非市场的配置方式。土地被征用以后，农民转为城市户口，可以享受城市户口所带来的福利待遇，因此，失地农民的生活水平在当时是提高了而非下降了。虽然征地所带来

---

① 陈泉生：《论土地征用之补偿》，载《法律科学》，1994年第5期。

的风险没有分散给农民个人家庭，但在市场经济条件下，失地农民必须考虑就业问题。可又由于农民缺乏生存技能，因此，失地农民的再就业非常困难。而且在当下，农村没有建立起完善的社会保障机制，对于农民来说，失去土地实际上就是失去一笔家庭财富、失去基本的就业岗位、失去一种低成本的生活方式、失去一种低成本的发展方式、失去生存和发展的保障基础[1]。因此，失去土地不仅意味着失业，也意味着生计没有保障。所以，征地补偿必须着眼于农民的长远生计，采取完全补偿原则。

基于完全补偿原则，在具体的制度设计时，应该细化补偿项目，扩大补偿范围。这可以借鉴国外关于补偿范围的规定，补偿的范围包括：土地及其附着物的直接损失、因征地而发生的可预期利益的损失、残余地分割损害、征用发生的必要费用损失等。另外，基于农民生存权和发展权保障的考虑，被征地农民的社会保障费用，应该纳入征地补偿安置费的范围。借鉴经济学关于相关问题的研究，我国的土地征用完全补偿费用＝地价＋青苗等地上附着物价格＋由征地外部不经济引起的损害连带补偿价格＋土地发展价格。其中，地价以马克思地租理论为基础，地价＝地租/资本化率＝〔农地级差地租Ⅰ＋农地级差地租Ⅱ＋绝对地租（农用）＋垄断地租（农用）〕/资本化率。[2] 因此，在明晰集体土地所有权或私人土地所有权的基础上，土地补偿费用，应按法定程序直接、公开地支付给农村集体成员或个人。

（五）拓宽失地农民安置途径，建立多种安置模式

对被征收土地的农民进行妥善安置，是失地农民生存与可持续发展的关键所在。新中国成立以来，我国失地农民安置模式经历了20世纪50年代农业安置模式、80年代就业安置模式、90年代货币补偿安置模式等三次制度变迁阶段。而进入20世纪90年代后，由于传统安置方式的失效，如何妥善解决失地农民问题，成为困扰各地经济发展的核心问题。2004年，国务院和国土资源部先后出台了《关于深化改革严格土地管理的决定》《关于完善征地补偿安置制度的指导意见》，这些文件对完善征地补偿安置制度做出了许多新规定，并在原有安置方式的基础上创新了安置方式，使我国失地农民安置模式进入了第四个阶

---

[1] 廖小军：《中国失地农民研究》，社会科学文献出版社2005年版，第16页。
[2] 张慧芳：《土地征用问题研究：基于效率与公平框架下的解释与制度设计》，经济科学出版社2005年版，第231页。

段即制度创新阶段,① 目前已由原来的农业安置、招工安置和货币安置,发展到留地安置、入股安置、住房安置、移民安置、社会保障安置等多种方式。根据国土资源部 2007 年中国征地移民工作指南及监测体系建设课题《我国征地工作调研分析报告》,1978 年以来,全国土地征用共安置农业人口约 7280 余万人。其中,700 多万被征地农民已纳入了基本生活保障或养老保障制度范畴,1200 万被征地农民实现了异地安置,600 万被征地农民通过招工转非得到了安置,2000 万被征地农民通过调整土地得到了农业安置,其余 2780 万人以货币安置为主并辅以其他形式的安置。② 可见,我国的安置模式在不断创新,安置渠道在不断拓宽。

1. 货币安置模式

我国现行的征地补偿方式主要为一次性的货币补偿。货币安置是目前征地中最主要的安置方式。对于政府而言,这种方式操作简单,只需要按法定标准计算补偿费,造册发放到人,不用做太多的工作;而对被征地农民而言,由于集体内部调整土地越来越难,再考虑到眼前利益,一般也都乐于接受货币安置。这种方式适宜安置年轻人和已外出打工的农民,不适宜于年龄较大和劳动技能较低的农民;适宜于沿海经济发达地区,不适宜于中西部等经济不发达地区。③ 因为在此情况下,如果失地农民缺乏其他谋生手段,仅依靠土地补偿费就会难以维持其生计,特别是我国对失地农民缺乏完善的社会保障,则无疑会使失地农民的生活陷入绝境。

另外,我国目前的征地补偿分配也不合理。根据相关规定,占土地收益总额的 70% 以上土地补偿费归属农民集体经济组织,由集体经济组织负责发放。但目前我国的村委会和农村集体经济组织不规范,仍处于"政府职能代表"和"群众自治代表"的冲突之中,无法真正代表农民的利益,很多情况下甚至会以牺牲农民的利益来换取政治资本或者牟取个人私利。乡、村、组、农民缺乏统一的可操作的分配方法,补偿费发放环节过多,数额偏低、时限不明确。引发村委会、政府、开发商、农民等各利益主体之间的矛盾、冲突。一般情况下,货币安置虽能解决被征地农民一时的经济困难、保证征地工作和项目建设的顺利进行,但很难解决某些失地农民生活的长远之计。因此,我们可以借鉴国外

---

① 刘海云、刘吉云:《失地农民安置模式选择研究》,载《商业研究》,2009 年 10 期。
② 钟水映、李魁:《失地农民社会保障安置:制度、模式与方向》,载《中州学刊》,2009 年 第 1 期
③ 茆荣华:《我国农村集体土地流转制度研究》,北京大学出版社 2010 年版,第 92 页。

的做法，改变单一的货币补偿方式和发放办法，实现补偿方式的多样化，也就是说，土地的补偿方式可以是货币补偿，也可以是实物补偿，还可以是其他方式的补偿。健全征地补偿费的发放方式，以集体组织成员为补偿对象，将土地补偿费直接发放给农民，进一步完善征地补偿费用的监督机制，保障农民的合法权益。

2. 土地入股安置模式

对有长期稳定收益的项目用地，在农户自愿的前提下，被征地农村集体经济组织经与用地单位协商，可以以征地补偿安置费用入股，或以经批准的建设用地土地使用权作价入股，农村集体经济组织和农户通过合同约定以优先股的方式获取收益，这种方式被称为土地入股安置。而土地入股安置有狭义和广义之分，狭义上的土地入股安置是指集体建设用地使用权作价入股，广义的土地入股安置还包括以征地补偿安置费用入股的形式。征地补偿安置费用入股是以征地补偿安置的费用入股，实质上相当于将货币安置的资金用于投资项目经营。虽然征地补偿安置费用入股与传统征地补偿模式并无本质区别，但其具有一定的优势。首先，土地入股安置尊重了被用地农民的意志，使其分享土地增值收益，符合市场规律。在征地模式下，双方实际上处于不平等的地位，集体土地所有者与农民无疑是弱势群体，被征地农民无法充分反映自己的意见。实行土地入股安置后，村（组）或集体经济组织的集体行动能力和谈判能力增强，而在此基础上，由村（组）或集体经济组织按照统一规划，以联营、入股、出租等形式直接向用地单位供应土地，在一定区域范围内打破了政府垄断建设用地供应的格局，并将土地增值收益留归集体和农民，使集体经济组织和农民实际分享到了经济社会发展带来的土地增值收益。其次，土地入股安置保障了被用地农民连续、长期的收入来源，从而保证农民利益不受侵害。传统的以货币补偿为特征的征地补偿安置方式，一次性割断了农民与土地的联系，没有充分考虑被征地农民长期生活来源，在政策设计上始终无法得到最佳的效果。以集体土地使用权入股的方式，农民失去土地增值的合理收益权，能够得到持续不断的回报，使农民生活来源有所保障。再次，土地入股安置有利于推动农民向第二、三产业的转变。土地入股模式将农民的收益与土地开发后的整体利益结合起来，既体现了失地农民的利益优先，也兼顾了公平的原则。同时，土地入股后，将农民从传统的农业种植中解放出来，促使农民向城市进军，有利于加快本地区的第二、三产业的发展，加快城市化进程。最后，土地入股安置能降低项目用地的一次性投入。在征地补偿安置过程中，如果继续沿用单一的一次性拨付征地补偿安置费用的做法，必然会加大城市化建设中政府和建设单位的前期投入。但如果采用入股的方式进行安置,则不仅缓解了政府在征地中的一次性投入的压力,也有利于项目集中资金用于前期建设,以降低初期成本。①

农地入股方式不仅得到了政策的支持,而且已经在城中村改造、高速公路建设、水电项目建设等项目中得到具体运用。如2006年深圳田厦村实行的城中村改造,就是采取宅基地作价入股的方式。即由原来的村集体股份公司——田厦实业有限公司牵头,田厦实业股权结构为三三制:合作股、集体股和募集股。其中,合作股由999名村民共同持有,集体股由田厦村集体资产管理委员会持有,募集股由该公司法定代表人郑稳棠等1123人持有。田厦实业负责新村的改造、开发和建设,参与开发商不再从政府处获得土地,而是直接采取与田厦实业合作的方式,取得宅基地的使用权,由双方合作成立股份有限公司,负责宅基地的统一开发和经营。村民可以分配获得数倍于原来宅基地面积的住宅面积,剩余的住宅或者商业地产经营收入由村集体、开发商和参股村民按所持股份进行分配。政府在城中村改造中只需要起到一定的引导和监督作用。再如,上海青浦区作为国土资源部征地制度改革试点地区之一,曾在2001年进行了高速公路用地合作经营的试点,试点项目是沪青平高速公路青浦段(27公里)。该项目也是由区政府牵头,将沿线所需2800亩土地涉及的镇、村集体经营组织,以集体土地使用权作为资产纽带组成投资公司,市政投资方与投资公司联合成立股份合作公司,为高速公路项目公司,合作期限为25年,以期间项目年1350元/亩,支付土地合作回报。土地不征收,被征地农民不办理农转非手续,由集体经济组织内部进行土地调整。此外,在广东都坪水电站、四川槽渔滩水电站和福建东固水电站等地方小水电项目建设征地中,也都曾实行土地入股安置的方式。②

3. 社会保险安置模式

对于城市规划区内的农民来说,失去土地就失去了一切保障,其也由农村居民转为城市居民,应享受和其他城镇居民一样的社会保障。所谓社会保险安置,就是变一次性补偿为终生保障,具体操作上是将征地补偿费用中安置补助费部分或全部的土地补偿费用于缴纳养老、医疗保险费,逐步将被征地农民纳入社会保险体系,这有利于解决被征地农民的后顾之忧。早期的社会保险安置大多只解决失地农民养老保险问题,资金多来源于土地征收后原应直接给农民

---

① 戴勇坚、周志芳:《长株潭背景下的农村土地入股安置模式研究》,载 http://www.dyjlawyer.com/News/2009－11－20/2009112119556－1.htm

② 同上。

或集体经济组织的安置补助费和土地补偿款。但后来农民参加的社保不仅仅局限在养老保险，有些地区还扩大到了医疗保险。农民参加社保的费用由政府另外安排财政经费支出，但依年龄段不同而享受不同的标准和待遇。如早在1993年，浙江省就为失地农民购买保险，变一次性的土地补偿为终生保障；1998年，浙江嘉兴市出台《嘉兴市土地征用人员分流办法》，将需要安置的农业人口养老、就业及医疗纳入城镇居民社保体系，这一办法已为许多地方仿效。据不完全统计，吉林、辽宁、上海、江苏、浙江、福建、广东、海南、四川、重庆、陕西等都在尝试。

从各地早期的做法来看，存在如下特点：①根据政策规定，农户的土地被征用后，必须参加"土地换社保"，以土地换得社会保险——主要是养老保险，但养老金的标准一般低于城镇职工养老保险的标准，退休后领取的养老保险金为100~400元/月。②按政策，大都规定社保资金的来源主要是土地征收后原应直接分给农民或集体经济组织的安置补助费和土地补偿款，由政府所出份额一般约占参加社保所需资金的10%~30%。基金的发放管理及增值管理没有明确。③按政策，一般大体将失地农民划分为4个年龄段，从而分别对其进行补偿。其中，对未成年人，实行一次性补偿；对成年但未接近退休年龄者，先发放2~3年的基本生活补助，达到退休年龄后领取养老保险；对成年且接近退休年龄者，先发放基本生活补助，到退休年龄后领取养老保险；对达到退休年龄的人员，则直接发放养老保险。

而从各地后期的做法看，则已将社会保险扩大到医疗保险，以财政补贴农民参加社保。如成都市温江区在全国率先提出的"双放弃换社保"政策，即自愿放弃土地承包经营权和宅基地使用权的农民，可在城区集中安排居住，并享受与城镇职工同等的社保待遇。①在参加"土地换社保"的环节，强调了农民的自愿性，农民的自主性有所增加。同时，农民参加的社保不再仅是局限于养老保险，同时还扩大到了医疗保险，并且实现了与城镇居民同样的支付标准和调节机制。②"双放弃"农民仍然可以获得土地补偿费和安置补偿费，农民参加社保的费用由政府另外安排财政经费支出。个人缴费的标准及享受待遇分四类情况，而不同情况下农民以不同的方式参与社会保险，政府也采用了不同的补贴政策。③为"双放弃"农民建设定向安置房，保证农民在城镇地区能买得起房。温江区规定，凡自愿申请放弃土地承包经营权和宅基地使用权的，经审核批准，可按政府规划要求在全区范围内购买集中居住区的定向安置房居住。定向安置房，按三种标准作价购买：人均$35m^2$以内按入住居住区的安置价购买；人均$35m^2$~$45m^2$按成本价购买；人均超过$45m^2$的部分按市场价购买。对此，有学者认为,"土地换社保"只是解决失地农民问题的一种手段,绝不可演变为使农民失地的一种手段,也就是说政府的出发点必须是为了解决因为城市建设不得不失去土地的农民的社会保障问题,而不是为了获得土地,使用社会保障作为手段让农民放弃土地,这是衡量"土地换社保"政策是一个好政策还是一个坏政策的关键区分点。"土地换社保"只是解决失地农民问题的一个新尝试,但它并不能完全解决这一问题,实施还需慎重,失地农民问题的解决还有待继续进行制度创新。①

从社会保障资金的筹集情况看,浙江、山东、江苏、河北、福建、广东等省的社会保障资金的来源基本上都是由政府、集体、个人分别从土地出让金、土地补偿费、征地安置补助费进行列支和分摊。而浙江、山东、江苏、福建等地由政府、集体和个人承担的比例均为30%、40%、30%。实际上,三个筹资渠道的承担比例是视各地的经济发展水平、保障内容、土地补偿费和安置补助费的规模以及失地农民的数量等情况决定的。② 总之,社会保险安置的战略意义就是建立了被征地农民分享工业化、城镇化和现代化成果的内在机制,但这种安置方式需要处理好被征地农民的近期生活与长远保障的关系,需要大幅度提高征地补偿安置费用,以弥补目前存在的资金缺口,要求地方政府具有较强的经济实力,且必须量力而行。

4. 留地安置模式

留地安置是指在征地时为了使失地农民的生产、生活有长远稳定的保障,在规划确定的建设用地范围内安排一定面积的建设用地,支持被征地的农村集体经济组织和村民从事生产经营的安置方式。留地安置能够保障失地农民的长期收益,使被征地农民的收入随着城市化进程的持续推进不断提高,同时,对被征地农民的社会保障以及转非集体的可持续发展也有很强的保障作用。留地安置模式最早出现在深圳经济特区。20世纪90年代初,在建设资金紧缺、政府没有财力对整个失地农民的住宅和生活等方面进行补偿的情况下,深圳特区政府给原农村集体划拨一定数量的土地,用于发展村集体经济,村民从集体经济组织中获得收益并以此解决失地农民的就业。在经济较发达地区和城乡接合部征地中,留地安置对解决失地农民的长远生计发挥了重要作用。如从我国城市

---

① 林宝、隆学文:《土地换社保政策要慎重推行》,载《中国党政干部论坛》,2008年第5期。
② 钟水映、李魁:《失地农民社会保障安置:制度、模式与方向》,载《中州学刊》,2009年第1期。

化进程较快的深圳、浙江及上海等地的安置经验来看，留地安置的失地农民在工资性收入、房屋出租收入、留用地经营收入和社会保障等方面有了基本的保障。

从各地实践来看，留地安置政策中的留用地产权性质有两种情况：一种是将被征收的农用地转为国有土地以后，从其中或者从其他国有土地中划出部分土地作为被征地农村集体经济组织的留用地；另一种是留用农村集体非农建设用地，即被征用土地中留出一定比例土地不进行产权变更，仍然作为集体土地由被征地农民集体自行开发经营。实行留地安置方式较早的地方，其留用地是集体产权的情况较多，如广东省佛山市南海区。2002年南海区的工业用地总量为15万亩，其中集体土地性质的土地总量就有7.3万亩，占到48.7%。也就是说，南海区长期以来实行的征地安置方式实际上是政府征地与给农村集体经济组织留地面积各占50%，即农村集体经济组织留用地比例为被征地总面积的50%左右。浙江省境内实施留地安置政策的地方从一开始就规定留用地的产权性质是国有土地。如杭州市1995年开始试行留地安置政策时规定留用地以划拨国有土地方式供地，后来又在《关于贯彻国务院国发〔2001〕15号文件进一步加强国有土地资产管理的若干意见》中正式规定留用地先征为国有再以出让方式供地，留用地上建成的房产建筑物等固定资产有"国有土地证""契证"和"房产证"，但是不能分割转让。此外，上海、北京、厦门等地也是如此。当然，有一些地方是根据留用地的区位和性质不同，国有土地和农村集体土地两种产权性质的留用地并存。如广东省惠州市规定，在城市规划区内的留用地是国有土地，在规划区以外没有进行专门规定；山东省临沂市在改造城中村进行征地时，规定对安置用地和社会公共事业、公用设施用地，原属集体所有的，依法征为国有土地，暂不具备征为国有土地条件的，也可保留为集体经济组织所有土地，并核发《集体建设用地使用证》。①

从留地安置的特点来看，第一，留地安置中政府的主要投入是政策支持，而不需要投入更多的资金，同时，也有利于失地农民的就业和社会稳定；第二，安置留用地的开发和经营，可以为集体经济发展提供必要的场所和发展基础，有利于发展壮大集体经济实力；第三，由于安置留用地一般都处于人多地少、经济发展市场化程度较高的地区，具有良好的区位条件，土地的资产价值十分明显，因而有效地弥补了法定安置费不足的缺陷，间接提高了对被征地农民的补偿。当然，留地安置也存在明显的弊端，如适用范围有限。留地安置对于经济

---

① 辛毅：《留地安置该如何有效推进》，载《中国土地》，2011年第1期。

较发达地区和城乡接合部较为适合,但对经济较为落后地区和远离城市地区难以发挥作用。由于对安置留用地的开发经营存在市场风险,导致被征地农民的长远生计存在一定的风险。安置留用地的用途与规划的协调难度较大,不利于城市土地的合理利用。权属交叉,交易频繁,管理难度大。

目前,各地在安置留用地的管理上,缺乏统一协调,有的将留用地征为国有,有的仍然保留集体土地所有权,且由于城乡接合部的土地流转较快、交易频繁,也给土地的产权管理、规划管理和市场管理增加了难度。总之,采用留地方式安置被征地农民,对于土地区位条件优越的地方确有借鉴和推广意义,但这同时也需要政府的政策支持和规范管理,并从土地利用的程序上保障其合法性。总之,经济发达程度的高低及离城市距离的远近,往往影响到安置方式的选择。但无论何种情况下,各级政府都必须肩负妥善安置被征地农民的职责,完善和落实被征地农民就业培训和社会保障的政策措施,妥善解决被征地农民就业、住房和社会保障问题,确保被征地农民原有生活水平不降低,基本生活长期有保障。

5. 集中开发式安置模式

将土地征用款由村集体统一使用,作为村集体的创业基金,通过村集体创办企业,实现资金的增值和资本积累。如河北半壁店和槐底村利用土地征用款,集中开发,带领失地农民走上发展之路。这种安置方式的特点是:集中管理土地,统一进行拆迁补偿;集中安置农民住宅,统一进行综合开发;集中使用土地补偿安置费,统一安排农民生产生活。这种类型的安置方式充分发挥了集体的优势,将留下的土地和就业安置费集中使用,既解决了失地农民的生产和生活,又解决了村集体创业资金不足的难题。另外,如果资金运用得当,可以实现资产的增值和资本的快速积累,解决失地农民的发展问题,而且,通过集体开发,既能保证大部分人的就业安置,又能使个别能力差或情况特别的人能有生活保障。无疑,这种模式是对失地农民安置方式的一次新的探索,并且成功了模式。但是该种安置方式也存在问题:一是仅仅适用于经济发达地区,对经济欠发达地区则不适用;二是存在产权不明晰的情况,往往会因为集体财产究竟归谁所有、分配比例是否合理、资金使用是否合法等产权问题而陷入困境;三是市场化程度较差,可能会因为政府的干预或产权分散应对市场时灵活性差,影响资产的增值;四是运作方式市场风险较大,如果投资失利,集体经济可能受到严重损害,严重时可能血本无归;五是将失去土地后的农民通过社区保障的方式进行妥善安置,解决了失地农民的后顾之忧,但是失地农民如果脱离了原生活社区,社区保障就会消失,所以,如何将失地农民从社区保障纳入社保障，仍有一段路要走。①

（六）将宅基地使用权纳入征收补偿范围

宅基地使用权是我国最具本土特色的用益物权，其产生导源于城乡二元结构的土地公有制度及立基于其上的二元地上权。但在对集体土地进行征收时，无论是物权法还是土地管理法都没有将宅基地使用权作为征收对象。而学界在探讨集体土地征收补偿范围时，也几乎无人关注宅基地及其使用权。并且，由于宅基地使用权原始取得具有无偿性特征，因此有学者认为，宅基地使用权若为无偿取得，则其价值被土地所有权吸收，征收集体土地时，宅基地使用权的终止本身无须补偿。② 与城市相比，对农民宅基地的使用权不予补偿理由似乎更充分，因为农民的宅基地本来就是无偿取得，对于无偿取得的使用权因征收而被收回时当然也就无补偿可言。③ 在现实社会生活中，征收宅基地时，补偿一般仅限于对宅基地上的房屋及其他建筑物给予相应的补偿。实际上，稍有社会历史常识的人都知道，在我国长期的计划经济时代，所有土地使用权的取得或使用都是无偿的，即使是在今天，土地使用权的取得方式仍然有两种：即有偿出让和无偿划拨。根据相关法律、政策规定，无偿划拨土地使用权在具备了一定的条件后，可以转化为有偿出让土地使用权，何况宅基地这种原本就属于农民所有的，甚至祖祖辈辈居住的家园，只是由于社会历史原因，才演变为宅基地使用权的。

宅基地使用权取得的无偿性是基于集体土地所有权产生这一深层原因。农村村民取得宅基地使用权，基本上是无偿的，或者也只是交纳了很少的费用。我国法律之所以规定宅基地使用权的无偿分配，学界通说认为，原因在于宅基地使用权所具有较强的社会保障和社会福利的性质。即农民一旦失去住房及其宅基地使用权，将会丧失基本生存条件，影响社会稳定。法律上通过维护农村宅基地资源使用过程中的利益平衡，达到对土地利用的社会公平，从而保障农民的生存利益，通过宅基使用权无偿分配的方式使得非所有人的村民能够利用集体所有的宅基地财产，以此满足利用人的生存利益的需要。④ 其实，我国长

---

① 刘海云、刘吉云：《失地农民安置模式选择研究》，载《商业研究》，2009年10期。
② 崔建远：《不动产征收视野下的房屋拆迁》，载房绍坤、王洪平《不动产征收法律纵论》，中国法律出版社2009年版。
③ 王克稳：《改革我国拆迁补偿制度的立法建议》，载房绍坤、王洪平《不动产征收法律纵论》，中国法律出版社2009年版。
④ 刘智慧：《中国物权法解释与应用》，人民法院出版社2007年版，第450页。

期坚持宅基地使用权取得的无偿性，其理由并非所谓的社会福利，而是有着更深层的社会原因，即基于集体土地所有权产生的历史背景。

众所周知，新中国成立以来，我国农村土地经历了农民私人所有和农村集体经济组织集体所有两个阶段。新中国成立之初，曾在全国范围内进行了轰轰烈烈的土地改革运动，废除封建土地制度，没收大地主的地产分给无地的农民，实行耕者有其田。土地改革运动建立了农民私人所有的土地制度，农民成了小块土地的所有者和经营者。而20世纪50年代中期，我国又推行了以农业集体化为内容的农地制度改革，这次改革的基本精神在于对农业生产资料私有制进行社会主义改造，把农民个体所有制改造为社会主义集体所有制，通过相继推行初级农业合作社、高级农业合作社和人民公社，逐步剥夺农民的土地所有权，完成将土地私有转变为土地集体所有的社会主义改造。[①] 可见，集体经济组织所有的土地，在历史上是农民响应党的号召、自愿放弃其土地所有权而形成的，农民的私人土地所有权通过集体化而转化为集体的土地所有权。也就是说，"人民公社化运动"实质上消灭了新中国成立之初，被法律所承认的农民土地私有制。集体不能在无偿取得农民土地所有权之后，再要求其（或其子孙）有偿使用这些土地，[②] 因此，农村集体经济组织应当以无偿提供土地供农民使用作为一种补偿。

另外，作为我国物权法中最具本土特色的用益物权，宅基地使用权具有独立的法律地位。由于我国现行宅基地使用权制度根植于计划经济时代，因此，现行该制度设计中，行政权力对宅基地使用权的过多干预。如宅基地使用权人在对宅基地行使收益和处分权利的时候，受到严格限制，这直接导致了宅基地使用权的公法化，影响了宅基地使用权作为私法上的一种物权的基本属性。这也导致宅基地使用权很难从土地管理法中走出来而进入物权法中去。[③] 尽管如此，我们不能因此否认宅基地使用权的物权属性，它是我国物权法中最具本土特色的用益物权，其一经设立，就成为农民的私权，具有独立的法律地位。

当前，淡化宅基地使用权的行政色彩，还原其作为用益物权的本性，是改革现行宅基地使用权制度保护农民权益的关键。因此，国家在进行征收时，不能无视宅基地用益物权的独立法律地位，应予以补偿。尽管既不存在集体土地

---

① 孙毅、申建平：《建设用地使用权·宅基地使用权》，中国法制出版社2007年版，第255—256页。
② 尹飞：《物权法用益物权》，中国法制出版社2005年版，第268页。
③ 高圣平：《宅基地性质再认识》，载《中国土地》，2010年第1期。

使用权的政府定价，也不存在集体土地使用权的市场价格，致使宅基地使用权的价格也无法估算，但是集体土地一旦被征收并转化为国有土地后，土地使用权的可流转性使得其市场价值开始显现出来，其巨额的土地出让金完全由政府独享，对于世世代代居住在这片土地上却因为政府的征收不得不背井离乡的农民来说是极不公平的，也无法实际保障其拆迁后的居住条件。因此，在法律上，仅以无偿取得就否认对征收宅基地使用权予以补偿的看法是站不住脚的，这完全忽视了宅基地形成的历史过程及其法律地位，不能成为国家征收宅基地时不予补偿的理由。所以，建议改变现有做法，将宅基地使用权纳入土地征收补偿的范围，以真正维护农民的合法权益。

（七）完善土地征收程序，保障农民的程序性权利

在现代法治社会里，对于公民财产权的限制和剥夺除合乎公共利益的需要外，还要遵循正当程序。美国宪法第五条修正案规定："没有正当程序不得剥夺任何人的生命、自由和财产；没有公平的补偿不得征用私有财产供公共使用。"在土地征用过程中，完善的土地征用程序，可以防止公权力恣意损害公民的私人利益，使公权力在法律预设的轨道上运行，同时，也可以使财产权利人预知公权力的运行模式，从而监督其运行，防止滥用而侵犯自身的合法权益。任何机关，不得在没有法律规定的条件下剥夺私有不动产，亦不得未依法定程序剥夺他人财产所有权。因此，土地征收程序应当充分体现法律公平正义之精神，体现公共利益与私权人之间均衡保护的理念。有学者认为，可以对土地征收程序进行如下设计：

1. 建立征地目的合法性审查机制

我国目前的法律中没有规定土地征收公益性目的的认定程序。正如前文所述，土地征收是否具有公益性目的是判断土地征收是否合法的唯一标准，对公益性目的的不确定解释会导致征收权的滥用，不利于社会对土地这种稀缺资源的利用。因此，我国法律中应规定由一个专门机构严格按公益性目的规定，对土地征收项目的公益性进行认定，特别是对介于公益性和经营性之间的用地项目严格把关。在认定过程中，由需用地人提出征收申请，政府权力机关应公示告知征收的举办事业、征收目的、是否符合社会公共利益、理由何在等事宜，并在确认公共目的、批准征收前，采取座谈会、论证会、听证会等多种形式广泛听取公众的意见，且公众有权就征收目的、范围、条件、补偿标准、具体实施等问题发表意见和提出建议。权力机关在调查后，依据法律对征地目的的界定来判断该征收是否具有正当性。

2. 完善征地批准后的实施程序

征收批准后的实施程序，包括财产评估程序、听证协商程序、补偿标准公示程序。由征收各方代表组成的委员会共同协商、审定征收人提出的补偿方案，有利于减少土地征收中的不公平性，使双方可以在相对平等的基础上进行协商，实现各方利益的最大化和平衡化。充分听取农民的意见，用前期调查协商取代现行法律规定的补偿登记环节。意见不一时，由批准征地的人民政府裁决，有对裁决不服的，可以向人民法院起诉，由人民法院裁决，以保证补偿方案的公正性，落实征收过程中农民的参与权、知情权和监督权。

3. 建立征地纠纷救济程序

征地作为政府强制剥夺公民财产所有权或使用权的一种具体行政行为，其对公民造成的损失是显而易见的，是典型的损益性的行政行为，因此，必须通过法律设定有效的救济途径，以作为保障公民财产权的最后屏障。我国现行法律并没有规定被征地农民的救济程序，这显然不利于保护农民的利益。如果被征收人有提出征地不合法、补偿不合理、安置不落实等问题，应允许被征地人采取申诉、行政复议等措施，且在这些措施不能保障其权益时，也可以提起诉讼，要通过正当的程序解决。另外，应在法律中明确，征收行为引起的纠纷，属于行政复议、行政诉讼及国家赔偿的范围。公民、法人及其他组织对行政征收行为不服的，可以申请行政复议或向人民法院提起诉讼。而对于补偿问题，也可以以民事纠纷提起诉讼。司法救济程序一方面可以保障权利人在权利受到侵犯时有地方维护权利，另一方面可以制约行政权力。建立征地纠纷救济程序，既能有力保障公共利益征地顺利进行，维护国家利益，同时也能有效保护被征地农民的合法权益不受侵犯，维护社会稳定。① 另外，在严格法律程序的基础上，要明确规定土地回收制度。对于征而不用闲置浪费的土地，要及时收回，并给予相应的责任人予以严厉的经济处罚。

---

① 茆荣华：《我国农村集体土地流转制度研究》，北京大学出版社2010年版，第92页。

第五章

农地所有权法律属性及改革模式选择

集体土地所有权是适应计划经济体制的需要而设计的土地制度,它适应我国农村传统的"三级所有,队为基础"的经营管理体制,构成了农村计划经济体制的基石。但随着改革开放后人民公社时期土地集体所有、集体经营模式的逐步解体,我国农村最终确立了土地的集体所有与农户家庭承包经营的基本法律形态。但在这一法律关系中,土地的所有权并没有发生任何实质性的变化,它仍属于集体经济组织所有,只是土地的使用权由集体经济组织作为发包方,通过与农民签订土地承包合同的方式发包给农户,由集体成员依法享有。随着我国农村社会经济的发展,特别是政社分设后,农村集体经济组织的建设长期处于滞后或发育不全的状况,由此导致的集体土地所有权性质的模糊、主体的虚位,就成为必然。在此社会经济发展背景下,由于人们的出发点、立场不同,对集体土地所有权法律关系的法律属性、定位及其发展趋向的认识也就完全不同,甚至发生根本的对立或冲突也都在情理之中。

一、集体土地所有权的法律属性

集体土地是指土地属于农民集体所有的一种土地所有形式,表现在土地所有权上就是农民集体的土地所有权。我国实行土地的社会主义公有制,土地的所有制形式包括国家所有(全民所有)和劳动群众集体所有两种形式。所有权是民事主体依法以占有、使用、收益、处分等方式对其物所享有的全面支配的权利。如《中华人民共和国物权法》第39条规定:"所有权人对自己的不动产或者动产,依法享有占有、使用、收益和处分的权利。"它是整个物权法律体系的基石,依法设立于集体所有土地之上的用益物权和担保物权,都是以集体土地所有权的存在为基本条件。而在我国,集体土地不仅谈不上"所有权",而且"使用权"往往也有名无实。农民只是在别人特许下"使用着"土地而已。因此，要深入研究农地的流转，建立科学、合理、规范的农地流转制度，就必须认真分析集体土地所有权的法律属性、内容、实现形式以及运行方式等基本问题。

（一）集体土地所有权的法律依据

《中华人民共和国宪法》第 10 条规定："城市的土地属于国家所有。农村和城市郊区的土地，除由法律规定属于国家所有的以外，属于集体所有；宅基地和自留地、自留山，也属于集体所有。"《中华人民共和国民法通则》第 74 条也规定："集体所有的土地依照法律属于村农民集体所有的，由村农业生产合作社等农业集体经济组织或村民委员会经营管理。已经属于乡（镇）农民集体经济组织所有的，可以属于乡（镇）农民集体所有。"《中华人民共和国土地管理法》进一步明确："中华人民共和国实行土地的社会主义公有制，即全民所有制和劳动群众集体所有制"。"村农民集体所有的土地分别属于村内两个以上农民集体经济组织所有的，可以属于各该农村集体经济组织的农民集体所有。" 总的来说，从上述法律规定来看，我国现行土地所有权制度与国家实行的公有制是一致的。集体土地所有权实际上是我国集体所有制在土地法律制度上的一种表现形式，其法律属性可以从以下几个方面去探讨：

集体土地的公有性不仅表现在权利的法定性方面，还表现在其经营、管理、转移、法律限制等诸多方面。与集体土地的公有属性相对应，农村集体土地的经营、管理只能由农民集体经济组织来承担。如《中华人民共和国土地管理法》第 10 条明确规定："农民集体所有的土地依法属于村农民集体所有的，由村集体经济组织或者村民委员会经营、管理；已经分别属于村内两个以上农村集体经济组织的农民集体所有的，由村内各该农村集体经济组织或者村民小组经营、管理；已经属于乡（镇）农民集体所有的，由乡（镇）农村集体经济组织经营、管理。"另外，集体土地所有权的确认必须由法律明文规定。如《中华人民共和国土地管理法》第 11 条规定："农民集体所有的土地，由县级人民政府登记造册，核发证书，确认所有权。"第 12 条规定："依法改变土地权属和用途的，应当办理土地变更登记手续。"同样，集体土地所有权的转移也只能通过国家征收的方式来完成，在法律上，不允许将土地所有权转让给自然人和其他法人组织，或者说，不允许土地的私人或法人所有。国家为了公共利益的需要，可以依照法律规定对土地实行征收或者征用并给予补偿。可见，集体所有的土地除集体成员居住外，原则上由集体或者个人承包经营，主要从事农林牧渔生产，不能挪作他用。

在法律上，农地所有权当然归属于农民集体经济组织，其包括农地的占有、使用、收益、处分等四项权能。从我国立法来看，关于集体土地所有权的主体，《中华人民共和国民法通则》第74条有明确规定，"集体所有的土地依照法律属于村农民集体所有的，由村农业生产合作社等农业集体经济组织或村委会经营、管理，已经属于乡镇民集体经济组织所有的，可以属于乡镇农民集体所有"；《中华人民共和国土地管理法》第10条也规定，"已经分别属于村内两个以上农村集体经济组织的农民集体所有的，由村内各该农村经济集体组织或者村民小组经营、管理……"。按这些规定，集体土地所有权的主体只能是农民集体。而在法律上，依农民集体的所属不同，可以将集体土地所有权划分为三种，即村农民集体土地所有权、乡（镇）农民集体土地所有权、村内两个以上农村集体经济组织的土地所有权。

（二）集体土地所有权的表现形式

1. 村农民集体土地所有权

村农民集体土地所有权是集体土地所有权中的基本形式。村农民集体土地所有权属于全村农民所有，其中，村集体经济组织的法人机关或者法定代表人是村农民集体土地所有者的法定代表。

2. 乡（镇）农民集体土地所有权

乡（镇）农民集体土地所有的土地属于全乡（镇）农民集体所有，一般由乡（镇）办企、事业单位使用，也可以由乡农民集体或个人使用。而乡（镇）农民集体所有的土地一般由乡（镇）人民政府代管，即由乡（镇）人民政府代行乡（镇）农民集体的土地所有权。

3. 村内两个以上农村集体经济组织的土地所有权

行政村内两个以上各自独立的农村集体经济组织，一般是指由过去的生产队沿袭下来的村民小组。关于农村实行大包干以后，大部分生产队实际上已经解体，一些地区相应建起了村民小组。关于这种村内的农村经济组织是否具有集体土地所有权的主体特征，有学者认为，可以从两个方面来考察：一是各个农村经济组织之间是否仍然明确保持着过去生产队时期的土地权属界线；二是这些农村经济组织对自己认定的界线内的土地是否享有法律规定的占有、使用、收益、处分的权利，凡是享有的，说明具有集体土地所有权，反之，亦然。

从我国集体土地所有权的形成历史看，集体土地是通过社员入社的方式形成的，由村集体经济组织或者村民委员会代表村民行使所有权，一般由农村集体经济组织或者村民小组依法或合同，进行经营、管理；而属于乡（镇）的，则由该层级的农村集体经济组织经营、管理。由于集体所有土地的特殊性,与其他典型用益物权不同的是,农地承包经营权、宅基地及农业建设用地使用权,其土地流转权或使用权归属于使用者,包括转包、出租、互换、转让等都属于使用者,但在法律上,使用者始终无权处分土地,土地的处分权依照法律规定,实际上由集体或国家来行使。这是我国现行农地法律制度的独特之处。

二、集体土地所有权性质的认识思路与探讨

(一) 集体土地所有权性质的认识思路

自我国农村实行土地承包制以来,集体土地所有权的性质一直人们讨论的热点问题。但由于诸多原因或因素的制约,有关此,人们的观点、看法众说纷纭,莫衷一是,始终无法统一。归纳起来,我国学界对集体土地所有权性质的界定主要有以下几种分析问题的思路。

1. 法人所有权思路

按这种思路,集体被视为一种法人,而集体土地是法人财产的一部分,集体土地所有权是一种法人所有权。实际上这是以现代法人制度来解释目前农村集体土地状况。[1] 有学者提出,可以依照公司法人治理结构模式改造农村集体土地所有权,明确集体土地所有权主体的组织形式。即依照公司法人治理结构,从法律上明确集体土地所有权主体的组织形式,形成责权利分明、激励与约束机制并存的集体土地所有权格局。亦即主张把农村集体按法人制度来进行改造,确立村、村民小组等现行法中的农民集体的法人资格,农民享有成员权而非所有权。对此,一种比较理想的方案,是将集体和成员之间的关系股份化,使成员对集体真正享有民法上的权利义务关系,而集体真正享有法律上的所有权。[2] 在此,集体土地所有权实际上是一种由"农村集体经济组织"或"农村集体经济组织法人"所享有的单独所有权,它以法人模式来规范集体土地所有权的主体。在法律上,能够成为集体土地所有权主体的一般包括三类:一是村农民集体,二是村内农村集体经济组织,三是乡(镇)农民集体经济组织。

对此,有学者则提出质疑,认为现代法人治理机制虽然对集体土地所有权

---

[1] 黄辉:《农村土地所有权制度探讨》,载《现代法学》,2001年第4期。
[2] 孙宪忠:《确定我国物权种类以及内容的难点》。载《法学研究》,2001年第1期。

的运作有一定的借鉴意义，但集体土地所有权绝不是一种法人所有权。这种由一定范围内的劳动群众共同享有的所有权，并未凝聚到足以产生一个具有独立法律人格的法人的层面上，公司的财产绝不是由其成员或股东共同享有，而是由公司法人单独享有①。这种定性意味着土地是该法人的"单独"的"私人"财产，而这就将土地与农民人为地隔离开来，极有可能导致集体法人的极权②。

另外，有学者认为，股份制法人模式并不能真正反映我国农村土地归属的立法现状。因为，按照股份制法人的一般特点，其是单个的自然人、法人将自己的财产采取投资的形式从而形成股份制法人的财产，单个的自然人、法人因其投资行为从而取得相应的股权，股权是对所有权的一种置换。我国有关农村土地归属的立法规定，农村的土地除依法属于国家所有的以外都属于农民集体所有。可见，单个的农民是不享有土地的所有权的，而既然农民不享有土地所有权，也就不存在农民利用土地所有权出资形成股份制法人的情形。③ 如果说农民是利用土地使用权出资，那么该股份制法人就只应该享有土地的使用权，这样一来，农村土地到底归谁所有的问题就没有得到解决。因此，无论权利制衡机制有多么完善，农民都不可能真正对抗集体，因为所有权掌握在集体手中而非农民手中。这种定性上的缺陷会使其权利运行机制在保护农民利益上先天不足。

2. 传统的物权总有思路

在传统物权法律制度中，日耳曼法的共有存在三种形式：总有、合有和共有（分别共有）。总有"系将所有权之内容，依团体内部之规约，加以分割，其管理、处分等支配的权能，属于团体，而使用、收益等利用的权能，则分属于其成员"④。它是由多数人结合而成的尚未形成法律人格的共同体共同享有土地所有权的制度。⑤ 我国的农民集体实际上就是这种"多数人结合而成的尚未形成法律人格的共同体"。在实行农村社区土地公有制的条件下，即由社区内的全体居民共同占有社区内的土地，这种由社区集体成员共同占有社区土地的经济事实反映在法律上即为集体共有权，与我国集体土地所有权有相似之处。⑥ 日

---

① 覃有土：《商法学》，中国政法大学出版社1999年版，第74—75页。
② 韩松：《论集体所有权的主体形式》，载《法制与社会发展》，2000年第5期。
③ 曹昌伟：《认真的思考我国农村土地的归属：采取类似法人治理结构的方式》，载 http://www.civillaw.com.cn/weizhang
④ 李宜深：《日耳曼法概说》，中国政法大学出版社2003年版，第72—76页。
⑤ 陈华彬：《物权法》，法律出版社2004年版，第234页。
⑥ 韩松：《论集体所有权的主体形式》，载《法制与社会发展》，2000年第5期。

耳曼村落共同体之所有形态,是指未赋予法律上人格的社会团体,以团体资格而享有物之共同所有。其中,团体成员脱离团体,则丧失团体成员身份;团体成员人数较多,以一定的团体规则加以约束;团体成员对团体所有权无请求分割权。①

而按照这一思路,我国农村便是一种以村、乡为基础的共同体。村民、乡民,从出生之时起,就是当然的共同体成员,并对集体财产享有共有权;即使长期不耕作,只要户籍登记没有改变,依然是共同体的一分子,因高考、婚嫁、参军等原因迁出户口,即失去集体共同体成员的身份,同时也失去其在集体共同体中可能享有的一切财产权利;集体成员永远没有对集体共有财产请求分割权。但"总有说"仅窥其极强的团体主义色彩,而未能深究其实质。总有为所有权质的分割,即管理处分权属于总有团体组织,而各总有成员则仅享有利用收益权。故与近代所有权为完全支配权者,于实质上完全异趣。② 另外,总有之管理、处分权专属其组织,团体成员仅有利用收益权,而无管理、处分之支配权,具有极权性。③

3. 新型总有思路

这种观点认为,目前我国农村的集体土地所有权状态类似于日耳曼法上的总有制度,但又不完全相同于该制度。这一思路是在吸收日耳曼法"总有"观念的基础上,根据古罗马法所有权的定义方法,对其加以更新而形成的,据以解释我国农民集体土地所有权形式。其中,有学者称为总同共有,也有学者称之为特殊的共有。按该思路,我国的集体土地所有权是一种特殊的财产权,属于总同共有,集体成员即村、村民小组、乡等社区范围的全体居民为实现其共同利益对属于其集体所有的财产,共同为全面支配的权利。总同共有主体对总同共有财产享有管理、占有、使用、收益、处分的权能。④

(四)集体组织全体成员共有权思路

按照这一思路,"集体土地所有权是一定社区范围内的农民共同共有的所有

---

① 史尚宽:《物权法论》,中国政法大学出版社2000版,第153页。
② 王利明:《物权法论》,中国政法大学出版社2003年版,第329页。
③ 胡吕银:《集合共有:一种新的共有形式:以集体土地所有权为研究对象》,载《扬州大学学报》(人文社会科学版),2006年第1期。
④ 韩松:《论总同共有》,载《甘肃政法学院学报》,2000年第4期;韩松:《我国农民集体所有权的实质》,载《法律科学》,1992年第1期。

权。"① "集体所有权既不是集体企业所有,也不是由集体组织作为法人享有所有权,而是指集体组织全体成员共同对集体财产直接享有的所有权,其主体是集体组织的全体成员,而不是集体组织,集体所有权是全体成员的共有权。"② 这实际上是以古罗马法所有权理论和大陆法系国家之民法典中,关于共同所有权的规定为依据或参照,解释农民集体土地所有权的本质和内容,这是目前法学界比较通行的研究思路。③ 对此,有学者指出,农村土地就是农民集体所有,而土地集体所有实质上是农民共同共有(或联合所有),这是集体成员获得土地权利的基础。无论哪一级集体的土地,都是农民共同共有(或联合所有),应该按照农民共同共有的原则理解集体所有权,按照"按份共有"的原则分享土地承包经营权。一切侵权行为都是蔑视农民共同共有权而发生的,其主张应当承认农地农民共同共有并强化其排他性。集体土地所有权也可以划分成股份,由集体内成员平均持有;土地承包权可以资本化、股份化,土地承包权作为资本,可以参与社会资本重组成为股份合作制企业。④

5. 集合共有思路

这是在借鉴英美法系联合所有制度的基础上,提出的一种共有形式。按照集合共有的观点,所有权主体是自然人以特殊形式——群体集合而成的共同体。这种共同体的存在不是基于财产结合的事实,而是自然人以一定身份的结合,是为了实现一定的共同生产和生活目的。集合共有的基本内涵是数人基于某种特定的身份,平等、永不分割地对财产整体所享有的所有权,其中若有共有人退出或死亡,其权利便丧失并自然地添加于其他共有人的一种共有权制度。我国的集体土地所有权,从各方面看,与集合共有制度具有内在的一致性。如其权利主体的平等性与民主性,可使农民集体成员在平等、民主的基础上形成集体共同意志,从而全体成员协力行使所有者权利,避免集体组织以行政管理权代替所有权,攫取所有者利益;其权利客体的永不分割性,便保证了集体土地不致落入私人之手,导致集体土地的私有化,即使农民集体成员全部退出或死亡,集体土地亦转给其他社区或收归国有。权利内容的完全性则使农民真正成为集体土地的主人,享有所有者权益。权利的自由开放性,有利于集体土地的

---

① 肖方扬:《集体土地所有权的缺陷及完善对策》,载《中外法学》,1999年第4期。
② 温世扬:《略论我国民法的物权体系》,载《中国法学会民法经济法研究会1996年年会论文》。
③ 高富平:《物权法》,清华大学出版社2007年版,第89—90页。
④ 《中国现代化进程与农民土地权益保护》,载 http://www.cngrain.com/Publish/qita/200401/144575.shtml

充分利用，促使土地资源的优化配置。①

（二）集体土地所有权性质的理论探讨

通过对上述各种思路的介绍，我们看到，各思路都是依据物权法某一基本原理或规则，对我国集体土地所有权的性质进行了有益的探讨，各思路都有一定的合理性与学术价值，都能从某一方面对集体土地的实际状况给予说明。相比较而言，我们认为，第三种思路即新型总有思路，在承认、尊重现有农民集体土地所有权的前提下，从集体权利的确立、发展、运行等方面进行研究，得出了比较合理的结论，基本符合我国农民集体土地所有权的实际状况，对于进一步完善集体土地所有权制度具有一定的参考价值。理由如下：

1. 集体土地所有权可以概括为新型的"总有"

传统的日耳曼总有制度是一种所有权质的分割，所有物的管理处分权能属于总有共同体，而使用收益权能则属于总有的各成员。这一特点极易导致共同体的极权，而使农民处于被欺凌的境地；总有成员享有的使用收益权能与其作为共同体成员的身份密不可分②，它讲究服从与身份，明显与现代市场中要求主体平等与意思自治的基本原则精神相冲突。因此，在使用这一制度时有改造的必要。据此，有学者提出两个改造的办法：一是将土地所有权的各项权能统一起来，由成员集合起来对总有财产享有抽象统一的支配权，避免极权的产生，彰显民主；二是削弱身份性要求，可以在集体土地上为成员以外的人设立用益物权，成员自己在集体土地上享有的用益物权也可以转让给成员以外的其他人。

而传统总有经过两步改造，成为符合集体所有制本旨的新型总有。但新型总有也继承了传统总有的一些其他特征：第一，由多数人结合起来总有一个所有权，这也正是集体所有制确立的本意，历史上的初级社、高级社及人民公社化运动正是将土地由农民单个所有变成一种联合所有。第二，成员对总有财产的应有份额并不具体划分，永远属于潜在份，且永远不得要求分割，而"观念性权利（份额）是不存在的。因此，如果某成员永久性地离开该村庄时，不可以要求分割"③。这正是集体所有与农民个人私有的区别，因为集体所有是一种农民的共同所有，由农民共同享有所有权，但这种共同所有是不分份额而且永

---

① 胡吕银：《集合共有：一种新的共有形式：以集体土地所有权为研究对象》，载《扬州大学学报》（人文社会科学版），2006 年第 1 期。
② 李双元、温世扬：《比较民法学》，武汉大学出版社 1998 年第 1 版，第 314 页。
③ 田山辉明：《物权法》（增订本），陆庆胜译，法律出版社 2001 年版，第 185 页。

不分割的，即集体所有是一种特殊的共有。① 可见，新型总有是符合集体所有制本旨的，是集体土地所有权的本来面目。通过对新型总有的认识，我们可以这样分析集体土地所有权，即集体土地所有权是由集体成员—农民共同享有所有权的形态，农民是土地的所有权人，但这一所有权的行使必须由农民集合起来统一行使，而且农民对所有权的享有是不分份额、永不分割的，它"是一种带有'总有'色彩而又与传统民法中的总有不完全相同的所有权形态"②。

2. "总有"的规则与我国现行民事立法规定相一致

《中华人民共和国民法通则》第74条规定："集体所有的土地依照法律属于村农民集体所有，由村农业合作社等集体经济组织或者村民委员会经营管理。已经属于乡（镇）农民集体组织所有的，可以属于乡（镇）农民集体所有。"《中华人民共和国土地管理法》第8条也规定："集体所有的土地依照法律属于村农民集体所有，由村农业生产合作社等农业集体经济组织或者村民委员会经营管理。已经属于乡（镇）农民集体经济组织所有的，可以属于乡（镇）农民集体所有。村农民集体所有的土地已经分别属于村内两个以上农业集体经济组织所有的，可以属于各该农业集体经济组织的农民集体所有。"

从上述规定来看，集体土地所有权的主体应该是"农民集体"，而村农业合作社等农业集体经济组织仅享有经营、管理权。农民集体所有实质上是一种带有"总有"色彩的所有权形态。首先，"农民集体"不是一种独立的民事主体形态。依通行的民法理论，具有独立法律人格、能够独立享有民事权利和承担民事义务的民事主体主要有自然人和法人两种。此外，作为主权者的国家也是一种特殊的民事权利主体，而"农民集体"作为一个法律用语，本身并不代表某一种权利主体，它只是描述了我国现阶段的一种农村社会（经济）组织形式（其典型形态是以村为单位的农民集体）。换言之，"农民集体"既非个人，也并非法人，因此，它本身并不能作为人格者享有土地所有权。③ 而农民集体所有制仅仅是一定集体组织，一般是一个社区单位内的全体劳动农民共同占有生产资料的公有制形式，这就使得一个整体组织范围内的全体劳动农民直接占有生产资料、享有所有权在客观上成为可能。而这种客观可能性必然要求法律上确认农民集体的直接所有权。因而，农民集体所有权的主体就是一定集体组织

---

① 王利明：《物权法论》，中国政法大学出版社2003年版，第288页。
② 余能斌：《民法学》，人民法院出版社，2003年版，第332页。
③ 温世扬：《集体所有土地诸物权形态剖析》，载《法制与社会发展》，1999年第2期。

范围内的全体农民。① 此种认识，是基于我国农民集体所有权在法律性质上与传统总有的比较，是对传统总有制度的继承和更新。

3. 农民集体所有是一种不同于传统总有的特殊形态

农民集体所有不是物权法律制度中典型的共同所有权，而是一种带有"总有"色彩，有别于传统总有的特殊共有形态。从法律性质来看，集体所有权为集体成员共同所有，但又不同于一般的共有，而是一种特殊的共同共有。这主要是通过对我国农民集体所有权与传统总有法律制度进行比较，认为前者对后者，既有继承，又有更新。具体地说，继承的主要表现有四：其一，多数人及其结合之团体，总有一个所有权，这适合由一定范围全体农民集体直接享有所有权。其二，所有权的行使受团体的强烈制约，这适合维持农民集体的统一意志和利益。其三，"总有以团体利益为先"，"惟于全体利益与个人利益一致之范围，而许团员个别权之行使"，这适合于农民集体所有权把集体利益与其成员利益有机统一。其四，总有成员对总有财产的应有份额并不具体划分，永远属于潜在份，不得要求分割、继承或转让，这适于维护集体公有制的巩固和发展。而更新的主要表现有二：其一，总有成员和其团体对总有财产具有抽象的统一支配权。也就是说，更新之后的总有所有权的核心已不再是简单目的——实现其成员对物的具体利用，不再是团体的管理、处分权和成员的使用、收益权的简单相加，而首先是总有成员通过其集体对物实现抽象的统一支配。即总有成员通过其团体，团体依据其成员对总有财产按照民法基本原则所归结的"平等自愿，议决一致"原则，占有、使用、收益和处分的权利。第二，集体成员对集体财产享有收益权。即从所有权总体上享受利益，如有承包经营、使用总有财产的资格，有权利用公共设施、享受公共福利等。②

综上所述，新型总有思路比较符合我国集体土地所有权的实际状况和有关立法精神。首先，在这一制度中，土地归属于一定范围内的农村成员集体所有，成员因其身份对集体所有的土地享有占有、使用、收益的权利，成员身份丧失后，成员享有的占有、使用、收益权也依法归于消灭。其次，集体成员对集体所有的土地及土地所有权不享有任何份额的共有权，农民集体的成员对集体土地始终无所有权之份额，无权分割、转让和继承。再次，集体土地的管理、处分等支配权能属于集体组织这一团体，占有、使用、收益等利用的权能则属于

---

① 韩松：《我国农民集体所有权的实质》，载《法律科学》，1992年第1期。
② 丁关良：《集体土地所有权性质之客观界定》，载《淮阴师范学院学报》（哲学社会科学版），2007年第1期。

集体成员。虽然集体成员对集体土地无份额可言，既不能具体地划分出来，也不能请求分割，但在理论上却存在潜在的应有份额。

三、集体土地制度改革模式与理论探索

自 20 世纪 50 年代起建立的集体土地制度，在我国社会经济特定的发展时期曾起过积极的作用，对调动亿万农民从事农业生产的积极性、促进农村社会经济的发展和稳定意义重大。但随着我国市场经济的确立与完善，这一产生于计划经济并与计划经济相适应的制度，无论在实际运行，还是在立法中的不足与弊端，都日益暴露出来，越来越成为阻碍我国农业及农村社会经济进一步发展的制约因素，严重影响着农村社会经济的发展和稳定。因此，有学者认为，目前我国并不存在一个叫"农民集体"的组织，原有的"三级所有，队为基础"的人民公社已被废除，现在的乡、镇人民政府属于基层政权，不是"农民集体"的组织体，而村民委员会属于政治性的群众自治组织，村民小组则根本就不是一级集体组织，因而它们都不是集体经济组织，不可能成为集体土地所有权的主体，否则将与宪法和土地管理法的规定相违背。[①]

由于存在着上述无人所有的缺陷，使得乡、镇政府对土地的管理职能与所有权合二为一，集体土地事实上成了国有土地。但现实中还出现更糟糕的问题，即所谓的土地集体所有，实际上成了乡、村干部的小团体所有，甚至有的成为个别乡、村干部的个人所有。在这种情况下，乡、村干部利用土地牟取私利和利用对土地的支配权欺压农民的现象屡见不鲜。[②] 因此，针对现行集体土地所有权现状，借鉴国外立法经验，在立法上对现有的农地集体所有制度进行创新、改革，确立科学、合理的农地所有制度，使现有农地所有权与使用权相互分离的状况彻底得到解决。对此，许多有识之士，经过认真研究、深入探讨，提出了一系列改进农地制度的主张或措施。归纳起来，主要有以下几种观点或方案：

（一）农地所有权的私有化方案

主张农地私有化的学者认为，各市场经济国家民法体系关于产权的规定中并无"集体所有制"提法。如果老百姓根据结社权，自由结成民间性集体，如

[①] 梁慧星：《中国物权法草案建议稿》，社会科学文献出版社 2000 年版，第 271 页。
[②] 王卫国：《中国土地权利研究》，中国政法大学出版社 2003 年版，第 96 页。

农会、民间合作社和股份公司，那就是私有制，"private"本来就有"民间的""非官方的"之意，并不仅指个人或自然人所有，企业法人与社团法人也可以成为"private"性质的权利主体。而如果是身份性或强制性的官办"集体"，如人民公社，那就是官府所有的一种形式。因此，认为抽象地谈集体、个体，意义是不大的。归根结底，掌握地权的不是老百姓（农民），就是官府（官员）。如果农民有结社权，可以自由结成"集体"，那么土地归农户，还是归属与集体，并没有原则上的区别（在国外民法中它们都算"私有"）——即便有区别，农民自己也可以做出选择，而无须他人越俎代庖。那么，从有利于农民的角度讲，从对农民"多予少取"的角度讲，地权是归农民（农户或民间性的集体）好，还是归官员（官府或官办集体）好，难道还有疑问吗？① 可见，农地私有化方案或观点十分明确，它从根本上否定了集体土地所有权存在的法理基础。公正地讲，如果抛开传统的、落后的政治观念的束缚，没有人能够否定它的合理性。具体来说，农地私有化观点主张将农村土地，在法律上明确规定为农民（农户或民间性的集体）所有，在法律上确保农民土地使用权的稳定性，使目前农地主体虚化的现象得到改善，并为农民进行土地的自由流转特别是土地交易提供法律上的依据。在此基础上，形成合理的土地流转市场，彻底改变目前土地市场的国家垄断或不正常的二元化结构，使农地法律制度真正起到推进农村社会经济发展的作用。但正如人们所看到的那样，面对我国特殊的国情，该种观点一提出，就遇到了强烈的阻力或反对。归纳起来，主要有两个原因：

第一，政治原因。该反对意见认为，社会主义制度与任何私有化主张势不两立，集体土地的私有化改革，无异于动摇公有制的基础。"我国是社会主义国家，而坚持公有制的主体地位是社会主义制度的主要特征之一，集体所有权是公有制的重要组成部分，这样，坚持社会主义道路，就必须坚持土地公有制（土地是集体财产的主要部分），而这在人们思维中，已是根深蒂固的认识，更何况，所有权不只是一种财产的形式，它是有十分丰富的经济内涵和政治内涵。因此，实行土地私有化的改革必然遭到基础政治制度的强烈反对，缺乏政治支持。同时，这也不会被广大的农民所支持和接受。"目前广大农民并没有恢复土地私有制的要求，他们要求的是土地的自主经营权而不是土地私有权。

第二，经济原因。一些学者与决策者担心，集体土地私有化后会出现土地兼并，使农民流离失所。尽管反对土地私有化的学者也认可土地的私有化会给农民带来许多利益，但同时担心会出现新的土地兼并。有学者指出，土地兼并

---

① 秦晖：《论地权的真问题：评无地则反说》，载《经济观察报》，2006年8月21日。

是中国历史上困扰中国土地制度并影响中国政治生活和经济生活的一大问题。如果土地私有化后出现这种情况，其结果就不仅是扩大农村贫富差距，而且还可能导致大量的农民涌入城市，这给城市的就业、居住、治安等问题增加压力。有人可能会设想，用限制土地转让或限制个人拥有土地数量的办法来抑制土地兼并，但这又意味着所有权能的欠缺。反而言之，为了防止土地兼并而不给农民以自由处分土地的权利，倒不如授予农民永久性的土地使用权，那又何必搞土地私有化呢？

在现行体制下，我们认为，村民委员会实际上既不是完全的村民自治组织，也不是完全的政府行政职能部门或延伸组织，而是介于两者之间的非常规性组织。这种非常规性主要体现在两个矛盾的方面：一方面，它虽不能完全代表村民，但面对国家、政府，它常常以农民集体代表的身份自居，代表集体和村民与国家进行民事法律行为；另一方面，它也不能完全代表政府，但在自身的定位或管理上，它更多的是将自己看作政府的代言人，具有一定的行政管理者身份，对农民或集体的各项事务进行管理，并接受政府的直接或间接领导，与政府之间实际上是一种领导与被领导的行政关系，特别是近几年党和政府针对农村社会各组织涣散、作用不强等情况，通过行政手段，大力加强农村党政组织建设，使农村组织实际上已经变为党和政府的下属机构，改变了农村社会组织的自治性。在此社会背景下，由农村村民委员会代表农民行使权利，与各级政府建立的土地征收关系已经不是法律意义上的民事关系，而是一种类似于行政隶属的关系。因此，村民委员会这一非常规组织，难以在我国社会经济生活中担当集体土地所有权代表的重任，必须予以改革。

而从强烈反对农地个人所有的许多观点来看，许多人甚至在不了解该观点具体内容的情况下，就凭长期形成的思维定式，做出了判断，认为该观点由于突破了社会主义公有观念，不为我国现行政治体制所接受。正如20世纪90年代市场经济体制确立前，许多人一提市场经济，就认为市场经济具有资本主义性质，与我国社会主义格格不入，可在今天看来，这种认识或观点是多么幼稚。我们不知道，很多人凭什么得出集体所有权与社会主义的必然联系，更不明白为什么农民不愿土地归自己所有，甚至我们也对此做了专项调查，但没有发现农民反对土地属于自己所有，只是一部分中老年农民担心万一社会发生变动，土地的私有，会被说成资本主义复辟，不敢接受罢了。

（二）农地所有权的国有化方案

这种观点主张取消集体土地所有制，在全国范围内实行统一的土地国家所有，即土地国有化，由国家强力介入全面掌控所有的土地资源，使集体土地全部变为国有土地，以实现土地的国家所有制。在经营使用制上，实行国家租赁制、国有永佃制、国有股份制或国有租赁经营多种形式，赋予农民（以及某些地方的农民集体）以永久性的土地使用权，克服目前集体土地所有权主体虚位等问题。该观点认为，集体土地国有化改革符合社会主义本质要求，能够得到中国政治体制的支持，有利于国土综合整治，有利于土地管理和国家对农村经济的宏观调节，且符合农业生产规模化经营的要求。① 主张将农村土地集体所有转变为国家所有的理由，大体可以归纳为以下几点：

第一，集体土地所有制形态主要为社会主义国家和非洲农业落后国家采用，而不为世界大多数国家采用，它不与高度发达的农业生产力相联系。个体对土地资源利用的不理性，导致资源利用整体的非理性。这种非理性是国家对土地实行社会化管理的内驱力。而个体的非理性与整个社会的理性要求之间的冲突、个体的获益与他人直接或间接受损，导致整个人类社会受损之间的矛盾，决定了土地作为整个社会的共同财富必须社会化。所有权的社会化是集体土地所有权国有化的内在要求。越南也于1987年制定了土地法，规定土地由全民所有，国家作为土地唯一所有者在全国范围内对土地进行统一管理，集体和个人可以对国有的土地享有使用权。②

第二，集体土地所有制形态主体不明、所有权虚置，农民无法实际行使所有权，集体所有权名不副实，这实际上是不完全的土地国有制。土地国有化没有大的障碍，只不过把现有的不完全的土地关系完全化、明确化。

第三，集体所有与国家所有同为公有，国家土地也同样存在全体人民无法共同实际行使所有权的问题，但这一问题已为世界上许多国家较妥善地解决了，即由政府代表国家（全民）行使土地所有权，是世界上许多国家普遍采用的土地所有权形态。③

第四，土地国有化可以降低土地管理成本。在集体土地所有权存在的情况下，国家对土地交易的管理必须既要越过集体一级，又要顾及集体土地所有权的存在。而众多集体的存在，在国家欲对大范围国内的土地统一部署时，就涉及多个团体的支配权或多个集体利益的协调。反之，国家凭借其土地所有权主

---

① 王先进：《中国土地使用权改革—理论与实践》，中国审计出版社1998年版，第131—132页。
② 陈志波等：《越南经济法研究》，中国社会科学出版社2008年版，第68—71页。
③ 茆荣华：《我国农村集体土地流转制度研究》，北京大学出版社2010年版，第58页。

体资格,就可以直接与单个的个体发生联系,从而节约交易成本。①

对于农地的国有化,也有学者担心农民能否接受。早在1956年我国实行农业合作化的时候,就曾提出过国有化方案,但之所以没有采纳,主要怕引起农民的误解。而对农地国有化实施的途径或管理,也有学者表示担心。第一,采取何种国有化途径?是有偿购买还是无偿征收?倘若有偿购买,需要支付巨额资金,受国力所限,国家势必无力承担;倘若无偿征收,定会引起农民不满,极有可能导致社会动荡。第二,如何管理?国家毕竟是一个抽象主体,实行国有化后,国家还需通过社区组织来管理土地,而在社区没有所有权的情况下,社区组织能否比现在更好地存在和运行值得怀疑。②

另外,也有学者认为,农地的国有化会带来比集体土地所有更大的问题。第一,产权关系不清、所有权虚置是公有制的共性,而国有制是范围更大的公有制。相对于集体所有制,国有制经济的产权关系更难以清晰,所有权主体更难以落实(这已从国有改革的经验得到证明)。所以,试图通过土地国有化来明晰农村土地产权关系,以便从源头上避免农民土地权益被剥夺,无异于南辕北辙。第二,实行土地国有化,村集体负责人在理论上已无权干预土地的处置过程。但是他们无权处置并不等于所有人都无权处置,况且国家也不是抽象的,其所有者权益也需具体的个人来行使,而这个具体的个人无疑是基层政府及其主要负责人,而且从现实看,在严重侵犯农民权益的土地征用过程中,起关键作用的恰恰不是理论上有权代表农民处置土地的村委会负责人,而是基层政府官员。所以,即便是实行土地国有化,如果缺乏对土地的有效保护和对基层政府的有效监督,他们完全有可能像现在这样侵犯国家赋予农民的土地经营权。

而按国有化思路,将土地收归国有之后,国家再将土地交给农民耕种,而且实行永佃制,可以继承,也可以转让,甚至鼓励土地经营权流转。但这样一来,除了在理论和法律上与集体所有制有区别外,单纯从经营权角度看,这和集体所有制没有实质性区别,因而会存在和现行土地制度相类似的问题,如土地流转困难、农民经营预期不稳定等。此外,还存在一个两难选择问题,即如果不鼓励甚至禁止土地经营权流转,就会阻碍土地集中和农业的规模化经营,从而不利于传统农业向现代农业的转变,但如果允许和鼓励经营权流转,农民

---

① 刘俊:《中国土地法理论研究》,法律出版社2006年版,第143—159页。王克强、王洪卫、刘红梅:《土地经济学》,上海财经大学出版社2005年版,第31页。
② 黄涛:《论集体土地所有权制度之完善—兼评物权法草案第八十八条》,载《甘肃政法学院学报》,2001年第2期。

均等占有土地的现状必然会被打破,致使一部分农民失去土地,甚至出现不是所有者的地主,而这种结果和实行土地私有制有殊途同归之效。① 因此,推行农地的国有化,尽管政治上的阻力比较小,但实施与管理的技术难度比较大,若操作不当则会产生很大的副作用。

(三) 农地所有权的多元化方案

土地所有权的多元化,就是农用土地,在所有制上实行国家所有、集体所有、农民私人所有三种所有制并存;在使用制度上实行家庭联产承包、租赁经营、股份合作等多种经营方式。② 这种观点认为,全国各地因条件而异,根据各地的条件实行国有制、私有制和集体所有制,符合当前我国农村的实际情况,有利于分层次进行土地管理。如有的学者提出,我国土地制度创新可以采取以私有制为主体,国有制、集体所有制为补充,家庭经营为基本经营方式的土地制度。具体来讲,即在高度发达和城市近郊地区的土地通过赎买的方式实行国有化;在广大农村实行土地私有化;在广大农村地区拿出少量土地,继续实行集体所有制,主要是满足农村公共基础设施建设的需要。③ 可见,这种方案是想通过对现有集体土地制度的创新,实行农村土地的混合所有,即国家所有、集体所有和个人所有并存,它的特点在于结合我国农村土地的实际情况,对前两种方案予以调和,使其更具可操作性。

对此方案,也有学者提出质疑,认为它面临两大难题:一是现有农村土地如何在国家、集体、个人这些不同主体之间的分配问题;二是不同主体之间的权利冲突问题。认为要在现有集体土地的基础上,采取类似"划出一块归国家、划出一块归私人、剩下的归集体"的方法,势必形成政府、农户和基层组织三者之间你争我夺的局面,而结果很可能是政府与基层组织占据优势,而农户则处于弱者的地位。最终,要么农户成为这场利益争夺中的牺牲者,要么他们为了维护自己的利益而奋起抗争。退一步讲,即使集体土地在政府、农户和基层组织间完成了分配,不同主体之间的权利冲突也在所难免。其中,国家的权利最难以保障,因为国家难以经常性地管理分散在农村各地的国有土地,反而对确定为国有的公共使用土地,要承担大量维持费用,而国家很可能在土地分配

---

① 周克任:《多种所有制并存是我国土地制度创新的现实选择》,载《山东财政学院学报》,2007年第1期。
② 王小莉:《土地法》,法律出版社2003年版,第65页。
③ 同上①。

以后的权利中扮演弱者的角色。① 因此，认为这一方案将会使土地所有权主体更加复杂混乱，不易操作。

（四）农地所有权的改良方案

即主张在坚持集体土地所有制的基础上对农地制度进行改造，主张以物的"利用"为中心代替物的"所有"为中心，通过改革用益物权制度解决农村土地制度问题。农村土地承包法就是这种思路的直接反映，整部法律仅有一个条文间接提到有关集体土地所有权的问题。但有学者认为，这种观点和立法思路也是不现实的。首先，这种思路无法克服农村集体土地制度改革中最严重的顽症——所有权主体虚位。由于所有权主体虚位，那么，实际掌握土地支配权的少数乡村干部便可以随意侵害和干涉土地使用人，导致土地承包关系不稳定。这样，如果不通过一定的法律机制来控制发包方滥用所有权限，那么将土地承包经营权由债权属性转变为物权的成效也就要大打折扣。因为无论土地承包经营权是债权抑或是物权，对发包方都是有法律的拘束力和不可侵犯性，至于承包方是以违约还是以违法作为请求发包方承担民事责任的依据，在后果上是微不足道的。② 可见，这种改革方案虽有一定的积极意义，但绝非釜底抽薪之策。其次，用益物权的种种理论与规则皆是围绕所有问题而顺利展开。在我国今后的物权立法中，虽然我们不再强调所有权的绝对性，但对所有权的尊重仍是建立用益物权的必要前提，对财产归属的强调仍然是有重要的现实意义。③ 因而，我国农村集体土地制度的立法还是不能忽视有关所有权的规定。

在上述各种立法改革方案中，有学者认为，农地所有权的改良方案是立法成本最低的一种立法路径，它可以降低新旧制度的摩擦成本，减少制度变迁成本，并规避改革风险。④ 而国有化路径变迁成本包括法律修订成本，农民反对成本，效率损失、政策不稳定导致农民积极性降低成本等，私有化路径变迁成本包括法律修订成本、公有制动摇导致政治风险成本、两极分化成本等⑤，改革成本及代价偏高，不具有可行性。还有学者从社会稳定的角度分析，认为一

---

① 王卫国：《中国土地权利研究》，中国政法大学出版社 2003 年版，第 108—109 页。
② 陈小君：《物权法制定的若干问题研究》，载吴汉东主编《私法研究》，中国政法大学出版社 2002 年第 2 卷。
③ 梁慧星：《物权法研究》，北京法律出版社 1998 年版，第 605 页。
④ 喻文莉：《农村土地所有权制度改革的经济分析》，载《农村经济》，2000 年第 12 期。
⑤ 黄涛：《论集体土地所有权制度之完善—兼评物权法草案第八十八条》，载《甘肃政法学院学报》，2001 年第 2 期。

种权利的变革实际上就是一种利益的重新分配，如果利益受损者过多，势必加大改革的成本，尤其土地所有权，其标的对于任何社会都是最重要、最基本的财产，土地所有权的变革往往会引起社会的激烈震荡。因此，集体土地所有权的变革必须慎重从事，在稳妥中求完善。① 认为与农地国有、私有化方案相比，农地所有权的改良方案显然更加符合这一要求，具有一定的实用价值，但不能从根本上解决问题。从操作层面来看，将集体土地所有改为国家所有的模式，阻力比较小，相对容易实现；而土地的私人、法人所有制模式，由于改革的阻力比较大，但也并不是没有可能。

四、完善农地所有与流转制度的路径与措施

一个有效、完善的农地法律制度，必须是能够反映并适应社会经济发展客观需求，运转良好，具有保障各民事主体合法利益，激励各民事主体对土地进行合理、有效利用、经营，充分发挥土地的经济、社会、政治功能的科学制度。但从目前我国农地流转制度运转的客观情况看，并不理想，特别是在制度层面遇到一些深层次的矛盾和问题，制约了农地平等、自由、健康、有序的正常流转。② 因此，对于困扰我国农地流转的各种因素必须认真进行研究，探讨制约农地流转的各种新情况、新问题，寻找科学、合理的土地流转制度。

（一）规范农地所有权与使用权的产权界限

从我国理论界对农地流转研究的情况看，专家、学者较为普遍地认为，我国现行农地制度存在的主要问题是产权不明晰，主体失真，并由此带来了一系列问题。因此，明确农地产权法律制度是农地制度改革的首要问题。虽然我国自1992年确立市场经济体制以来，通过加强法治，应用法律手段进一步规范财产法律关系，为市场经济体制的形成和发展奠定了坚实的理论基础。在我国，物权法律制度的确立，对于促进财产及所有权权能的移转、使各民事主体更有效地利用各种资源，具有决定性的意义。从法律上讲，对土地的使用有两种不

---

① 俞树毅：《论集体土地所有权的缺陷及其完善措施》，载《甘肃政法学院学报》，2002年第6期。
② 清邕：《统一城乡土地市场，改革二元土地制度》，载 http://blog.people.com.cn/open/articleFine.do？articleId=1343274684001

同的情况:一种是种土地所有人对自己所拥有的土地的使用,即所有权人以自己的名义实现自己权利;另一种是非土地所有人以自己的名义对他人土地的使用,这种使用有的是在合法的、享有权利的条件下进行的,有的是在非法的、不享有权利的条件下进行的。对不属于自己的土地有权合法地使用,就是土地使用权的实现方式。土地所有权、使用权,都是法律所规定的合法的民事权利。土地使用权从建立之初,其使用的方式、范围必然是受限制的,所以,土地使用权是一种限制物权。土地使用权依法取得之后,它便不再附属土地所有权,而是一种独立存在的民事权利。① 因此,在农地法治建设中,必须从立法上,明晰、规范集体土地所有权与使用权的产权界限,并在此基础上,从制度层面彻底解决农地使用中出现的各种新情况、新问题,以协调日益复杂的农地法律关系。

(二) 强化制度创新,以完善农地所有权

我国在农村长期实行的"三级所有,队为基础",曾经作为一项根本性制度被当作是我国农村集体所有制的理想模式。但实践证明,这个制度并不理想,随着改革开放的进行,这一制度实际上已被农村广泛推行的"家庭承包,联产计酬"所代替。不过,在此基础上转变而来的农地乡镇、村集体或村民小组"三级所有"的土地模式,并没有发生根本性变化,一直是学界争论的问题,且被认为这是造成我国农地所有权主体不明的根本原因。不论是农地的所有权还是使用权,其权利主体的明确是行使权利、进行土地流转的前提。由于目前我国集体土地所有权存在主体不明确、法律规定模糊、主体虚位的状况:一是在制定、修订土地立法时,在法律制度上明确规定农地所有权的主体及其权利义务;二是在现有法律制度框架下,对集体土地到底是归乡镇,还是归村集体或村民小组所有,在法律上明确予以规定,以改变目前多个主体共存或权利行使的混乱局面。对此,有学者指出,农民集体应当具备三个条件:第一,必须有确定的组织形式和组织机构,如集体经济组织或者村民委员。第二,应当具备民事主体资格,就是这个集体组织是被法律承认的,能够依据法律享受权利和承担义务。第三,集体成员应为农业户口的农村居民。②即依据这样一个标准来

---

① 孙宪忠:《论我国的土地使用权》,载《中国社会科学院研究生院学报》,1987年第3期。
② 梁书文:《房地产法及配套规定新释新解》(上),人民法院出版社1998年版,第807页。

确定某一集体经济组织代表农村集体行使所有权，并建议在立法中明确规定农民集体所有权的主体资格，以落实农地集体所有权。此外，也有学者提出以下建议：①属于村农民集体所有的，由村集体经济组织内各成员行使自己承包地的地面所有权，由村集体经济组织或者村民委员会代表集体行使地底所有权；②分别属于村内两个以上农民集体所有的，由村内各该集体经济组织或者村民小组代表集体行使所有权；③属于乡镇农民集体所有的，由乡镇集体经济组织代表集体行使所有权。当然后两种所有权的行使受到该集体成员的监督，并且各成员有获得平均利益的权利。[①] 可见，只有在法律上使农地所有权主体明晰、占有、使用、收益、处分各项权能设置明确，界限清楚，使用权主体及其权利配置合理，处置有据，法律保障严格，才能使土地法律制度发挥它应有的作用。

农地作为用益物权的社会作用主要是充分发挥土地的使用、收益权能，实现社会财富的有效利用，保障农民基本生活的需求。这一基本功能的发挥，在目前我国农村社会经济发展中具有重要的作用。换句话说，如果这一基本功能不能在法律、政策中得到确认，不顾农民利益和农村社会经济发展的实际，只单纯地强调所谓国家利益、集体利益、公共利益或土地财富在动态利用中的增值，通过牺牲农民利益来促进社会经济和城市化的进程，那么，这一代价将是沉重、巨大的，对农民来讲，也是不公平的。这会造成严重的社会后果，甚至会严重影响我国社会经济的发展和政治、法治文明建设。因此，通过法律、行政或经济手段的综合运用，确保农民的合法利益，确保农民土地收益权的实现，是目前立法者和政府部门的重要职责。在此，最为关键的是要通过相关法律制度的建设或政策措施的运用，以降低国家、集体获得土地收益的比例；严格依照法律程序，明确公共利益的界限，减少土地的征收，从制度上严禁公权力的滥用，使农民的利益得到严格的保障。另外，针对农业这一高风险的产业，国家必须进一步加大农业投入和补助，并采取诸如高科技研发、农田水利设施建设等相应措施，确保农业增产增收，以保持我国农业的稳定，使农民减产不减收，以保障农民土地收益权的实现。

长期以来，我国对土地资源实行由国家高度集中控制支配的体制，但实践证明，这种体制不利于我国社会生产力的发展，不利于土地资源的优化配置。在市场经济体制下，虽然国家或集体放弃了对土地资源的直接占有、使用、支配，而由不同利益追求的各民事主体依法享有、使用，对我国农地采取承包经营、使用等形式，实质上就是对我国现实农村社会生产力的利益分配关系和财产支配关系

---

① 何显美、邓昭辉：《我国现行农村土地产权制度的缺陷分析与完善》，载 http://cqfy.chinacourt.org/public/detail.php? id = 53343

的确认和保障，但基于各种原因，对于农地的处置权，在法律、政策层面始终没有得到很好的配置或解决。我们知道，在所有权关系中，处分权具有重要的法律意义，一般认为，它是享有所有权的标志，是一项标表型的权能。因此，在法律上能否承认农民对土地享有一定的处置权？这一权利对于集体所有权是否具有冲击力？承认农民对土地的处置权，是否会否定集体土地所有权的性质？如此等等，我们认为必须给予正视。否则，作为民事主体的农户所拥有的农地使用权就无法体现。

（三）完善农村社会保障机制，优化农地流转环境

农村社会保障制度是我国在特定的社会经济发展时期，主要以农村居民为参保或受益对象所建立的社会保障制度，它是我国社会保障体系的重要组成部分，在整个国家社会保障体系中占据重要的地位。在任何一个现代国家，社会保障都是一项基本的制度。而社会保障机制是否完善，已经成为衡量一个社会文明程度的重要标志。在我国，由于特殊的社会历史原因，广大农村的社会保障一直得不到重视。从我国农村社会保障制度建立情况看，新中国成立初期，我们的首要任务是实行土地改革，从法律制度上，实现耕者有其田的革命目标，使农民真正感受到翻身解放，当家做主的快乐，极大地提高、激发了农民从事农业生产的积极性。基于当时国力十分贫弱，在农村普遍实行以家庭保障为主、政府和社区适当扶持为辅的保障制度，这在我国特定社会经济发展时期，有它的合理性。但随着农业合作化运动的展开，农民所有的私人土地逐渐被演变为集体所有，国家在经济制度上实行严格的计划经济，在户籍管理上实行城乡二元化分割的管理体制。与此相应，将城市居民纳入社会福利保障范畴，而将农村居民排斥在社会福利保障的体制之外，这就显得非常不合理。在农村，虽名义上实行集体保障，国家扶持的策略，但实际上集体根本无法保障，国家也无法扶持，使整个农村的社会保障一直处于实际上的空白状态。

1978年后，随着改革开放的推进，我国农村社会保障开始起步，国家逐步重视农村的脱贫、扶贫及救济工作，同时，也初步建立了农村基层社会保障体系框架。目前，农村最低生活保障制度已经由试点进入全面建立阶段，农村养老保险制度探索在经过一段时间的衰退后重新进入试点阶段，农村失地农民和农民工参与社会保障的工作有一定进展，农村合作医疗试点进展顺利，农村社会救助体系建设范围扩展。但总体上看，还未建成比较成形和完善的基本制度框架，一些重

大类型的社会保障目前仍处于探阶段。① 在此社会保障背景下，农地不仅是农民最基本的生产资料，更是农民基本生活的重要保障。在国家推进城市化的建设中，如果不能建立起良好的社会福利保障，使农民在生活上解除后顾之忧，从根本上解决农民土地流转后的劳动、就业、福利、医疗及养老等在内的社会保障问题，要推进长远、广泛、有效、合理的农地流转只能是一句空话。

（四）对现有农地制度进行改革，从法律上明确集体土地法人所有的形式

在探讨我国集体土地所有权性质时，存在着多种对立的观点或看法，甚至目前还无法统一。对此，有学者提出对目前集体土地所有权进行改制，建立集体土地法人所有权。即依照公司法人治理结构从法律上明确集体土地所有权主体的组织形式，形成责权利分明、激励与约束机制并存的集体土地所有权格局。我们认为，这一主张在目前我国社会法治环境下，可以作为完善我国集体土地制度的一种尝试。法人所有权是不同于共同所有权形式的单独所有形式，但它又不同于自然人的单独所有权，同时，又与共同所有权有密切的联系。法人单独所有与自然人单独所有的区别在于，法人与自然人的不同。法人是法律拟制的民事主体，自然人是依自然规律出生而取得民事主体资格的人；法人所有权不同于共同所有权，共同所有权是两个或两个以上的民事主体对同一物共同享有一个所有权，而法人所有权则是由一个法人作为单独民事主体享有所有权，但法人所有权与共同所有权有密切联系，它是以共同所有形式发展而来的。具体来讲，可以从以下几个方面来完善我国集体土地法人所有权：

第一，在法律上明确社区农民集体的范围，确立其内部成员为社员。我国农村集体土地所有权是通过社员入社的方式形成的，由村集体经济组织或者村民委员会代表村民行使所有权，一般由农村集体经济组织或者村民小组依法或合同，进行经营、管理；属于乡（镇）的，则由该层级的农村集体经济组织经营、管理。因此，可以考虑在此基础上，以农村户籍簿上登记的农业户口为标准来确定社员资格，并由社员自愿或依据现有集体经济组织形成法人组织。依据《中华人民共和国民法通则》第36条的规定："法人是具有民事权利能力和民事行为能力，依法独立享有民事权利和承担民事义务的组织。"虽然法人是由众多自然人所组成，但其与自然人完全不同。自然人集合成法人，但法人与其组成者自然人的人格完全独立，具有民事主体资格。自然人单独所有是一个自然人享有所有权，而法人

---

① 韩俊、秦中春、崔传义：《和谐社会与农村社会保障制度》，载《理论视野》，2007年第1期。

所有则是由数个或众多自然人集合成一团体，团体因具备法律规定之条件由法律确认为一独立人格，作为法人享有所有权。

第二，以社员大会或社员代表大会作为社区农民集体的议事机关。社员大会或社员代表大会对法人所有的土地的规划和利用、土地的移转、发包与调整、宅基地或其他建设用地使用权的授予和出让进行表决，所有会员均享有平等的表决权，实行一人一票制。一般事项须经全体会员之简单多数，重大事项经全体会员之绝对多数表决通过，使农民真正成为集体财产的所有者，行使参与权。

第三，由社员大会或社员代表大会民主选举的委员组成经营管理委员会作为社员大会或社员代表大会的执行机关。经营管理委员会与村委会可以采取"两块牌子，一套人马"的做法，即经营管理委员会具体负责落实土地规划和利用方案，组织实施土地发包、调整工作，对土地承包人、使用人利用土地的行为进行监督，对社员大会或社员代表大会负责任并汇报工作。

第四，设立监事会作为常设的监督机构，对经营管理委员会工作进行日常监督。监事会成员由社员大会或社员代表大会民主选举产生，对社员大会负责，监事会成员不得兼任经营管理委员会成员，监事会对经营管理委员会工作中存在的问题有权要求纠正，必要时可以提议召开临时社员大会。依照公司法人治理结构改造农村集体土地所有权制度，既明确了集体土地所有权和经营权主体的组织形式，又能保障村民参与集体土地的民主管理，有利于避免农村土地被少数乡村干部控制的情况发生。[1]

通过上述改制，使农村集体土地所有权真正转变为法人所有，使其能够以法人所有的全部财产对其债务承担民事责任。一方面，由于在民法上任何债务人均应以自己的全部资产承担清偿债务的责任，因此，在法人经营过程中作为债务人时，亦应和自然人一样以自己的全部财产负责；另一方面，法人作为独立民事主体，与自然人一样具有自己在法律上的独立人格，而作为一个独立主体，它又具有自己的独立财产，此种财产与法人成员及创立人的财产是分开的。所以，法人只能以自己的财产独立承担民事责任。法人拥有独立的财产，是法人作为独立主体存在的基础和前提条件，也是法人独立地享有民事权利和承担民事义务的物质基础。[2] 可见，法人承担独立责任是因为有其独立财产，独立

---

[1] 常健：《试论我国农村集体土地所有权制度的完善》，载《不动产纵横》，2001年第1期。

[2] 王利明：《试论企业法人的独立财产》，载《中国法学》，1986年第6期。

财产决定了法人的有限责任。法人的财产与出资人的财产分开,所以,要实行所有权与各项权能的分离,并建立、健全相应的组织机构,对内管理法人的事务、对外代表法人从事民事活动,独立承担民事责任。而这与目前我国集体土地所有权状况完全不同,对于完善我国土地所有权制度,推动农村社会经济的快速发展,意义重大。

第六章

农地使用权流转发展及变革模式的探索

在市场经济条件下，农地作为一种重要的生产要素，应按市场机制进行优化配置，这是社会经济发展的必然趋势。而在土地资源的配置中，农地的合理流转是极其重要的环节。从理论上讲，土地流转应涵盖两个层面：一是土地所有权的流转，二是土地使用权的流转。但根据我国现行法律、政策的规定，农地所有权的流转，仅局限于国家对集体所有土地的征收，一般被归纳为单向性的流转。从民事角度观察，这种流转不具有典型性。因而，在众多学者看来，一般意义上的农地流转是指农地使用权的流转，即农地承包经营权、宅基地使用权、农村建设用地使用权在不同民事主体之间的流动或转让。从我国学界对农地使用权流转的研究来看，虽然其取得了较大成绩，但与现实社会经济发展的需求相比，还有很大差距。目前我们的研究大多局限于土地承包经营权流转的研究，而对宅基地、农村建设用地使用权流转的研究还不深入，特别是缺乏从土地权利、收益分析、制度保障、实证分析、区域差异等角度的系统分析。因此，要推进农地使用权流转研究的深入，就必须全方位地展开研究。

一、农地使用权流转类型及发展概况

物权实行的是严格的法定原则，即在法律上，要求物权的类型、各类物权的内容、效力以及创设的方式，都由法律直接规定，而不能由当事人任意创设，这与债权既可法定，也可由当事人自由创设完全不同。如我国法律明确规定土地所有权属于国家和集体所有，不管什么人通过什么方式都不可能获得土地所有权，只能获得土地的使用权。根据物权法定原则，在我国，可以设定于农地之上的土地使用权类型主要包括：土地承包经营权、农村建设用地使用权及宅基地使用权。与此相应，我国农地使用权的流转应包括以下三大类型：

(一) 土地承包经营权流转概述

1995年,国务院《批转〈农业部关于稳定和完善土地承包关系意见的通知〉意见》中明确提出:"建立土地承包经营权流转机制。"《中华人民共和国土地管理法》第15条规定:"国有土地可以由单位或者个人承包经营,从事种植业、林业、畜牧业、渔业生产。农民集体所有的土地,可以由本集体经济组织以外的单位或者个人承包经营,从事种植业、林业、畜牧业、渔业生产。发包方和承包方应当订立承包合同,约定双方的权利和义务。土地承包经营的期限由承包合同约定。承包经营土地的单位和个人,有保护和按照承包合同约定的用途合理利用土地的义务。农民集体所有的土地由本集体经济组织以外的单位或者个人承包经营的,必须经村民会议三分之二以上成员或者三分之二以上村民代表的同意,并报乡(镇)人民政府批准。"《中华人民共和国农村土地承包法》第10条规定:"国家保护承包方依法、自愿、有偿地进行土地承包经营权流转。"第32条规定:"通过家庭承包取得的土地承包经营权可以依法采取转包、出租、互换、转让或者其他方式流转。"2008年10月《中共中央关于推进农村改革发展若干重大问题的决定》指出,按照依法自愿有偿原则,允许农民以转包、出租、互换、转让、股份合作等形式流转土地承包经营权,发展多种形式的适度规模经营。

1. 土地承包经营权制度的法理分析

自20世纪70年代末改革开放以来,土地承包经营权开始在我国社会经济生活中广泛使用,并成为家喻户晓、妇孺皆知的一个名称。但在学术界,人们对其称谓、含义、范畴、属性等至今还未达成共识,因而在法律、法规、政策及学术理论的界定与论述中,使用极为混乱。因此,若想在法律上对土地承包经营权有一个准确的定位与清晰认识,就必须明确土地承包经营权的概念及其称谓。

在我国土地法治建设过程中,民法学界对土地承包经营权相关问题曾展开广泛讨论,提出许多不同的看法。有学者认为,承包经营权的概念与民法史上的任何财产权概念均不相同,无法准确地界定其真实的内涵和外延,使这样的一个法律概念的内涵具有了不确定性,在司法实践中造成不应有的混乱。而土地承包经营权中,确实包含着永佃权和地上权的内容,而这样的内容,恰恰又与中国法律中的土地使用权、造林权、宅基地使用权等概念相混淆,无法准确划清它们之间的界限。① 从我国学界的讨论来看，主要有"农地使用权""农地承包权""永佃权"等不同的称谓或看法。

（1）主张农地使用权的观点或看法

一些学者主张用"农地使用权"一语取代通用的土地承包经营权概念，并以物权关系固定农地使用关系，认为"承包经营权"不能作为表示在农用土地上为农用目的设立的用益物权的恰当用语。其理由可以归纳为以下几点：其一，承包经营权本是债权法范畴的术语。其二，承包经营权的词语意义与所表示权利的内涵外延不相称，既不能与农村中的土地使用权明确区别，又不能与企业的承包经营权、债权法上的农地承包经营权相区别。其三，承包经营权与承包经营合同相联系，实际上不是一个独立的用益物权。其四，《中华人民共和国民法通则》第80条第2款的规定："公民、集体依法对集体所有的或国家所有由集体使用的土地的承包经营权受法律保护。"这一规定指出对承包经营国家所有而由集体使用的土地，是在土地使用权的基础上再行设立土地承包经营权。这显然不符合物权法原理。其五，在承包经营权的"转包"关系中，转包人所取得的土地承包经营权的法律性质难以确定。如为物权，则与物权法原理不符；如为债权，则实务中就得区分物权性质的土地承包经营权和债权性质的土地承包经营权，非常繁琐。因此，采用"农地使用权"的名称。②

按照上述主张，农地使用权是指农业经营者在集体经济组织所有的或国家所有由集体经济组织长期使用的土地上进行耕作，养殖或畜牧等农业活动的权利，具有用益物权的属性。在该观点看来，农地使用权与属于债权的承包经营权不同，联产承包合同属于债权关系，基于承包合同所取得的农地使用权属于债权性质。而债权效力比物权弱，债权原则上不能对抗物权。如果采用物权关系和物权法律制度，基于物权的效力，它可以对抗所有权人。据此，可以避免任意侵害农户利益的现象。但也有学者认为，农村经济体制的改革与土地制度的改革密切相关。在我国农村土地制度改革的进程中，蕴含着一个农用土地使用权由债权向物权性质演进、转换的过程，这在权利形式上则表现为土地承包经营权向农地使用权演化，社会主义市场经济体制的确立以及农业经济的持续发展进一步加速了这一演进过程。目前的农用土地使用权利制度，仍然处于一个尚未完备的阶段，从现实中的土地承包经营权的普遍形成过程和具体内容上

---

① 杨立新：《论我国土地承包经营权的缺陷及其对策：兼论建立地上权和永佃权的必要性和紧迫性》，载《河北法学》，2000年第1期。
② 梁慧星：《中国物权法草案建议稿》，社会科学文献出版社2000年版，第514页。

看，土地承包经营权实际上仍然具有明显的债权性质。将土地承包经营权完全转化为物权性质的农地使用权，不仅符合市场经济条件下农村经济体制和农业经营模式的发展需要，也是完善农村土地制度的重要步骤。① 还有学者认为，为了实现中国法制的现代化，在法律术语上应与各国通行做法一致，故应用农地使用权代替土地承包经营权。

（2）主张使用、改造永佃权的观点或看法

有学者通过对用益物权中地上权与永佃权制度形成、沿革、发展的考察，研究了二者之间的法律区别，说明各自的准确含义，并通过与我国现行法律中使用的承包经营权的比较，指出承包经营权概念的失误及不足之处，由此提出以永佃权代替土地承包经营权概念。他们认为由此"中国民法上的土地承包经营权相当于……永佃权。"② 国外民法对永佃权和地上权的立法，从开始的那一天，就是两种不同的他物权，其性质、内容、作用都各不相同。永佃权的内容，是权利人在租用的他人土地上种植或牧畜；而地上权的内容，则是权利人在租用的土地上建筑建筑物或者种植竹木等不动产。这样两种不同的权利，是绝不能混淆的。③ 在我国，至明清，永佃权逐步发展而盛行于江苏、江西、福建、安徽等地，称土地所有权为田底权，称永佃权为田面权，田地称作地骨，田面称作地皮。清朝户部则例规定："民人佃种旗地，地虽易主，佃户依旧，地主不得无故增租夺田。"永佃权在我国的产生和发展，是物权制度发展到一定阶段的结果，其中包含着佃农斗争的胜利。这一制度富于弹性，既有佃者的名称，又有业主的身份；既可租种，又可出典、出卖、出租，因而有利于土地改良，缓和封建人身关系。④ 清末变法修律，使我国法制告别了传统的中华法系而融入了大陆法系，完成了封建法制向现代法治的演变。

在《大清民律草案》中，参照德国法和日本法的立法例，在物权编设四章规定他物权，其中用益物权分地上权、永佃权、地役权三章，没有规定典权；担保物权专设一章，分为通则、抵押权、土地债务、不动产质权、动产质权五节。而在《民国民律草案》中，他物权的立法体制略有改变，各种他物权均分章规定，共设有地上权、永佃权、地役权、抵押权、质权、典权六章。至《中

---

① 陈甦："土地承包经营权物权化与农地使用权制度的确立"，载《中国法学》1996年第3期。
② 崔建远：《房地产法与权益冲突及协调》，载《中国法学》1994年第3期。
③ 杨立新：《论我国土地承包经营权的缺陷及其对策：兼论建立地上权和永佃权的必要性和紧迫性》，载《河北法学》2000年第1期。
④ 李志敏：《中国古代民法》，法律出版社1988年版，第101页。

华民国民法典》正式颁布，物权一编共设七章规定他物权，分别是地上权、永佃权、地役权、抵押权、质权、典权、留置权，形成了完备的他物权制度。其中第832条规定的是地上权，内容是："称地上权者，谓以在他人土地上有建筑物，或其他工作物，或竹木为目的而使用其土地之权。"以下各条规定地上权之抛弃、撤销、租金减免请求之限制、地上权之让与、工作物及竹木之取回权以及建筑物之补偿等内容。另第842条规定永佃权："称永佃权者，谓支付佃租永久在他人土地之上为耕作或牧畜之权。""永佃权之设定，定有期限者，视为租赁，使用关于租赁之规定。"以下各条分别规定永佃权之让与、佃租之减免、撤佃、永佃权受让人之地租偿还责任、相邻关系规定之准用等。在这一时期的地上权和永佃权规定的内容中，可以看出，中国近代民事立法关于地上权的规定，基本上是借鉴西方立法经验，而对永佃权的规定，则多是我国古代的立法经验的总结。这是符合中国古代和近代立法发展的实际情况的。永佃权是在他人所有的土地上耕作或者畜牧，如种植庄稼、蔬菜、牧草等，放牧家畜，并取得收获物的权利。在享有永佃权的他人所有的土地上行使权利，不是在土地上添附不动产，而是耕作或者畜牧，虽然也可以种植，但种植的不是不动产，而是意图在土地上收获耕种或者畜牧的成果。这些成果不是附着在土地上，只有脱离土地才会产生价值，在依附于土地上的时候，并不是他物权人所追求的目的。例如，种植庄稼，永佃权人的目的在于收获粮食，只有收获粮食，他才会增加财富，仅仅是生长在土地上的庄稼，则不是其追求的目的。另外，即使是放牧，权利人也不是单纯追求放牧的权利，而是追求放牧的结果，即享有家畜畜产及其肉、奶、毛等产品的所有权。

在我国民法通则中使用的与土地承包经营权相关的概念，就是土地使用权、宅基地使用权、造林权这些概念。在法律上使用这样一些不同的概念，尽管在表述上不同，其实还是一个相同的内容，即都是在他人的土地上建造建筑物或者种植林木。其中，在一般的土地使用权上，是在国有土地上建造厂房、房屋、道路、桥梁等，这些都是建造建筑物；在宅基地使用权上，是在国有的土地或者集体所有的土地上建造公民的住宅，这同样是建造建筑物；在造林权上，是在国有土地或者集体土地上植树造林。可无论是建筑物，还是森林，其性质都是不动产。既然如此，凡是在他人的土地上建造建筑物或者种植林木的权利，都是地上权这样一个权利统管的内容。将地上权分设为几种不同的他物权，实在是没有必要。更为严重的缺陷是，这些概念与土地承包经营权概念之间存在重合与交叉。也就是，在土地承包经营权中，如果承包土地是经营植树造林，其性质就不是永佃权，而是与土地使用权等概念相一致的概念，成为地上权。

这种立法上的概念含糊不清、互相混淆的情况，应当说是非常严重的问题，绝不是一个简单的疏漏。所以，有学者据此提出，废弃土地承包经营权的概念，代之使用科学、实用的永佃权和地上权的概念。

有学者认为，永佃权具有将农地承包经营权改造为新型用益物权的基本条件。一是永佃权的主体，一方是土地所有人，另一方是租佃耕作人，双方构成佃权关系。由于永佃权在我国封建社会成为剥削农民的制度，因而传统上对其存有偏见，如将"佃"字解为"农民向地主租种土地"。事实上，不仅"佃"另具耕作之意，而且永佃权的土地所有人，并不仅仅为封建地主，在古罗马，也有国家，而在现代资本主义国家，还包括土地资本家。在我国农村，土地所有人是农村集体组织，农民是耕地的使用人，这符合永佃权的主体要求。二是永佃权的客体与农村土地承包经营权的客体完全一致，均为耕地和草场。三是永佃权的内容是租佃，土地承包经营权的内容是承包，二者虽有差异，但在基本方面相同。如二者均为使用他人耕作土地而经营、收益，均须向土地所有人交纳佃租或承包费，均准许转佃、转包。既然永佃权与土地承包经营权的基本内容相同，就不必舍弃准确的、统一的永佃权概念不用，而使用不准确，又具一定局限性的农村土地承包经营权的概念。① 还有学者认为，实行永佃权，不仅可以使土地所有权与经营权分离，而且可以使土地经营权得以流动，形成规模经营，并为土地投资提供内在动力，可以有效地克服家庭承包经营责任制的土地均包而引起的土地经营规模较小、承包地流转困难、产业结构调整受阻等问题，且永佃权的长期性可以避免农户对土地的掠夺式经营。

(3) 主张继续使用土地承包经营权的主张或看法

针对上述看法，也有学者提出没有必要改变土地承包经营权的名称，认为我国农村土地一直实行承包经营制度和承包土地的合同管理，农村土地承包的提法已经为广大干部和农民群众接受，如果采用使用权的概念容易引起农民的误解；关于农村土地承包经营权问题，现行法的缺陷在于未赋予承包经营权以物权的效力，而不在于承包经营权名称本身的缺陷。我国的物权立法完全可以在继续沿用承包经营权概念的前提下，着力完善该项权利的内容，则不必废除这一概念，将其改为农地使用权、永佃权等概念。以永佃权为例，它和承包经营权也是不同的，因为永佃权是建立在土地私有制基础上地主利用土地获取收益的一种法律形式，而承包经营权是建立在土地公有制基础之上的利用土地获

---

① 杨立新：《论我国土地承包经营权的缺陷及其对策：兼论建立地上权和永佃权的必要性和紧迫性》，载《河北法学》，2000年第1期。

取收益的关系。永佃权是一种无期限限制的物权。而农地承包权是一种有期限的物权,只能在一定期限内存在。即使永佃权的某些内容可以为承包经营权制度所借鉴,也可以直接纳入承包经营权制度之中,而不必废除承包经营权的概念。① 但我们认为,为了在法律上准确区分农地各项使用权,有必要继续使用土地承包经营权的概念:

首先,我国法律明确规定了土地的国家所有与集体所有,即法律上不允许土地的私人所有。另外,法律也明确规定,不允许土地所有权的流转。在我国,只有土地使用权的流转,且集体土地要进入建设用地使用权的流转,必须通过土地征收的方式进行,即集体土地通过政府征收转换为国有土地之后,才能进行土地使用权的流转。这是我国土地制度及其流转的法律特点。我国的土地流转与国外有所不同,从法律角度看,我国农村土地的流转一般是指农地使用权即用益物权的流转,其内容主要包括三个方面:一是农村土地承包经营权的流转,二是宅基地使用权的流转,三是农村集体建设用地使用权的流转。因此,在法律上有区别各土地使用权概念的必要。

其次,土地承包经营权不仅是我国一项重要的法律制度,而且是我国农村土地生产、经营的主要形式,不仅在宪法、民法通则、物权法、土地管理法、土地承包法、土地管理条例等法律、法规中予以明确规定,而且在党和国家的各项方针、政策中都有明确的规定。在法律上,土地承包经营权是指农村集体经济组织的个人或集体,依照土地承包经营合同,以承包的方式对农村集体所有的或国家所有、农村集体经济组织使用的土地享有的占有、使用,从事种植业、林业、畜牧业、渔业等生产并进行收益的权利。在我国社会经济生活中,承包经营权概念的使用已经相当广泛,并且深入人心,有继续使用的基础。

再者,土地承包经营权是我国农村现行土地制度的基本内容,是农用地使用与经营的主要方式。根据土地管理法、农业法、土地承包法的有关规定,土地承包经营权包括以下几种具体类型:一是农村集体经济组织的成员对本集体经济组织农民集体所有土地的承包经营权,二是本集体经济组织以外的单位或个人对农民集体所有的土地的承包经营权,三是农村集体经济组织或个人对国家所有由农村集体经济组织使用的土地的承包经营权。以上三种方式中,最普遍的是农村集体经济组织成员对本集体经济组织的农民集体所有土地的承包经营权。在农地承包法律关系中,其客体一般是由农村集体成员及其他民事主体

---

① 王利明:《农村土地承包经营权的若干问题探讨》,载《中国人民大学学报》,2001年第6期。

依法承包的农业用地，又称农地或耕地，这与其他的农地使用权完全不同，在概念上有区别的必要。

最后，在法律上，土地承包经营权是依照法律以承包经营合同设立的。即土地所有者或使用权人作为发包方，农村村民个人（包括家庭）或集体作为承包方，双方就权利的客体、内容、期限以及其他有关权利义务进行平等协商，订立书面合同，合同生效时承包人即取得承包经营权。这与其他他物权的取得时间和依据有所不同。在我国，土地承包经营制度是农村集体经济组织从事农业生产经营的基本形式。一般情况下，农村集体经济组织应当代表农民集体将土地承包给其成员经营。而对于农村集体经济组织的成员来说，集体经济组织拥有的耕地和其他主要生产资料是他们从事生产劳动和维持生活的基本条件，他们有权承包属于本村或村民小组的耕地和其他农业用地。农村村民取得本集体经济组织农民集体所有的土地的唯一条件，就是他属于本集体经济组织的成员。也就是说，农村集体经济组织的所有成员，都有权承包本集体经济组织的集体所有土地，集体经济组织也应当按当时的人口数，为本集体的每个成员设立基本的土地承包经营权。当然，随着我国社会经济的发展，土地承包方式也逐步发生了比较大的变化，即对于保障本集体经济组织成员生产、生活必需土地之外的土地，或国家所有集体使用的土地，可以由本集体经济组织的成员承包，也可以由本集体经济组织以外的单位或个人取得承包经营权。但作为承包经营权的主体仍然是集体经济组织的成员。因此，土地承包经营权是一个权利主体、客体、内容都比较明确的概念，没有舍弃的必要。

2. 土地承包经营权流转的法律与政策依据

在我国，人们不仅将土地承包经营权的流转作为一项重要的法律制度，在宪法、民法通则、物权法、土地管理法、土地承包法、土地流转办法等法律、法规和地方立法中明确予以规定，而且在党和国家的方针、政策中也明确加以肯定，并通过法律、政策，积极引导、鼓励农民以转包、出租、互换、转让、股份合作等形式流转土地承包经营权。但由于土地承包经营权流转的复杂性，在具体流转过程中也出现了一些问题，甚至在局部地区演化为社会突发事件，严重影响社会的和谐发展。因此，对土地承包经营权的流转采取法律、经济、行政等多种手段来进行管理，使其严格依照科学、合理、规范的土地流转法律制度运行，意义重大。

（1）土地承包经营权流转法律制度及其发展

改革开放前，我国实行的是计划经济体制，体现在农地制度方面上就是土地所有权与使用权不相分离。即农村土地为集体所有，也为集体使用，作为集体经济组织成员的农民，不能凭借自己的意志占有、使用集体土地。不过，这种土地制度虽然适应计划经济体制的需要，但不利于农业生产力的发展。中共十一届三中全会以后，以安徽凤阳县农村为发端，以家庭联产承包经营责任制为主要内容的农村改革迅猛开展起来。家庭联产承包经营责任制的推行，极大地调动了广大农民的积极性，使农业生产迅速得到恢复和发展，而长期以来困扰中国的吃饭问题也逐步得到了解决。农村改革的成功，对整个经济体制改革起了示范和推动作用，也为进一步改革奠定了坚实的经济和政治基础。1986年的土地管理法明确规定了"土地的承包经营权受法律保护"，并在民法通则中对土地承包经营权的内容做出了具体规定，在法律上确立了土地承包经营权制度。1993年，在宪法修正案中明确规定"我国农村实行以家庭承包经营为基础、统分结合的双层经营制度"，以法律的形式将土地承包经营这一基本经济制度固定下来。

《中华人民共和国宪法》第10条规定："城市的土地属于国家所有。农村和城市郊区的土地，除由法律规定属于国家所有的以外，属于集体所有；宅基地和自留地、自留山，也属于集体所有。国家为了公共利益的需要，可以依照法律规定对土地实行征收或者征用并给予补偿。任何组织或者个人不得侵占、买卖或者以其他形式非法转让土地。土地的使用权可以依照法律的规定转让。一切使用土地的组织和个人必须合理地利用土地。"第13条规定："公民的合法的私有财产不受侵犯。国家依照法律规定保护公民的私有财产权和继承权。国家为了公共利益的需要，可以依照法律规定对公民的私有财产实行征收或者征用并给予补偿。"《中华人民共和国民法通则》第80条规定："国家所有的土地，可以依法由全民所有制单位使用，也可以依法确定由集体所有制单位使用，国家保护它的使用、收益的权利；使用单位有管理、保护、合理利用的义务。公民、集体依法对集体所有的或者国家所有由集体使用的土地的承包经营权，受法律保护。承包双方的权利和义务，依照法律由承包合同规定。土地不得买卖、出租、抵押或者以其他形式非法转让。"可见，我国宪法与民事基本法对农地的流转大多采取严格限制的态度。

但随着我国社会经济的快速发展，农业规模化经营成为必然，而要开展农业规模化经营，必须实现土地承包经营权的流转。对于土地使用权的流转，《中华人民共和国农村土地承包法》第10条规定："国家保护承包方依法、自愿、有偿地进行土地承包经营权流转。"第32条规定："通过家庭承包取得的土地承包经营权可以依法采取转包、出租、互换、转让或者其他方式流转。"第33条规定："土地承包经营权流转应当遵循以下原则：（一）平等协商、自愿、有偿，任何组织和个人不得强迫或者阻碍承包方进行土地承包经营权流转；（二）不得改变土地所有权的性质和土地的农业用途；（三）流转的期限不得超过承包期的剩余期限；（四）受让方须有农业经营能力；（五）在同等条件下，本集体经济组织成员享有优先权。"第37条规定："土地承包经营权采取转包、出租、互换、转让或者其他方式流转，当事人双方应当签订书面合同。采取转让方式流转的，应当经发包方同意；采取转包、出租、互换或者其他方式流转的，应当报发包方备案。"总之，承包法虽然规定了土地承包经营权的流转及流转原则，但集体依然是土地流转的真正主体，这种产权结构极不利于农业结构的重组和农业剩余劳动力的转移。

针对我国农地流转的现实需求，物权法第三编专章规定了"土地承包经营权"，从内容看，基本上是对农村土地承包法的重述。其第128条规定："土地承包经营权人依照农村土地承包法的规定，有权将土地承包经营权采取转包、互换、转让等方式流转。流转的期限不得超过承包期的剩余期限。未经依法批准，不得将承包地用于非农建设。"第129条规定："土地承包经营权人将土地承包经营权互换、转让，当事人要求登记的，应当向县级以上地方人民政府申请土地承包经营权变更登记；未经登记，不得对抗善意第三人。"而第四编"土地抵押权"更是对担保法的再现，仍然严格限制农村土地的抵押。总体来看，物权法关于土地承包经营权制度的规定与其他立法比较，并无根本的重大突破，但它通过整合现行宪法、民法通则、土地管理法、担保法、农村土地承包法等法律法规，建立了比较完整的土地承包经营权制度体系，进一步完善了土地承包经营权流转的规定。

另外，我国的立法体制是中央统一领导和一定程度分权的，多级并存、多类结合的立法权限划分体制。最高国家权力机关及其常设机关统一领导，国务院行使相当大的权力，地方行使一定权力，是中国现行立法权限划分体制突出的特征。[①] 作为一项重要的国家制度，农村土地承包经营权同样受到地方立法的高度重视，全国各省、市、自治区基本都制定了农村土地承包的地方性法规，目的就是要更好地保证土地承包双方当事人的合法权益。从这些规定可以看出，土地承包经营权可以在集体组织成员内，经发包方同意，以转包、转让、互换、入股的方式流转，对集体经济组织以外的成员受让土地承包经营权则很严格。明确规定土地承包经营权不可以抵押。有学者认为，如此规定的土地承包经营

---

① 周旺生：《论现行中国立法体制》，载《北京大学学报》（哲学社会科学版），1989年第3期。

权流转制度,其流转范围封闭,社区成员的身份因素对流转有很大影响,采取债权的流转方式,使得土地承包经营权流转并不顺畅。

正如人们所看到的,历经农村改革开放,土地承包经营权流转呈现了多方演变的趋势:流转从不允许到允许,流转形式从单一化(转包)到多样化(转包、出租、互换、转让或者其他方式),从无偿流转向有偿流转转变,从封闭型(内部农户之间)流转到封闭型流转和开放型流转并存,流转的区域由东部沿海发达地区向中、西部内陆地区扩展,流转期限从短期化到短期化和长期化并存,从自主(行)型流转到自主(行)型和委托型流转并存,从限制(如须经发包方同意)性流转到限制性流转和非限制(自由)性流转并存,流转当事人权利法律保护从债权的方法保护到债权的方法保护与物权的方法保护并存,从只有政策调整、规范到政策和法律共同调整、规范并以法律调整、规范为主,法律规范从无到有、从不规范到日渐规范。① 但对农地的流转在学术界却始终存在两种不同的观点或看法:一种观点认为,农地使用权(土地承包经营权)不应当允许转让,如出卖和赠予等。理由在于,承包经营权流转就会使许多农民丧失土地,这极不利于农村和整个社会的稳定。在中国,土地不仅仅是生产资料,而且具有社会保障功能,农民的生老病死主要依赖土地。一旦允许土地承包经营权流转,农民离开了土地,社会又不能对农民提供保障,这将会使农民丧失基本的生活保障。② 也有学者认为,"农地使用权人不得将其农地使用权转让给他人。但国有或集体所有荒山、荒地等以拍卖方式设立的农地使用权除外"。其理由是,在中国这样一个拥有十多亿农业人口的农业大国,如果允许农地使用权的转让,"势必重演历史上农村两极分化,出现大批无地少地农民的社会问题"③。而另一种观点认为,土地承包经营权在物权化后,应当允许其流转。为保障农村土地承包经营权人的财产权利和农业生产的自主权,物权法应当允许土地承包经营权自由转让。当然,这种转让不得违反法律的规定或合同的约定。④

(2) 土地承包经营权流转的政策依据

在我国,人们是将承包经营权作为我国现代农业生产、经营的主要形式来

---

① 丁关良:《土地承包经营权流转并不意味着土地私有化》,载《中州学刊》,2009 年第 4 期。
② 邓科:《土地能保障农民什么》,载《南方周末》,2001 年 6 月 14 日版。
③ 梁慧星:《中国民法典草案建议稿附理由:物权编》,法律出版社 2004 年版,第 263 页。
④ 王利明:《农村土地承包经营权的若干问题探讨》,载《中国人民大学学报》,2001 年第 6 期。

看待的,党和政府对此也给予高度关注,制定了一系列的土地承包与流转的相关方针与政策,这也对推动农村社会经济发展起到了良好的效果。为了保证土地分配的公平性,1984年中央1号文件规定:"在延长承包期以前,群众有调整土地要求的,可以本着'大稳定、小调整'的原则,经过充分商量,由集体统一调整。"并首次提出,允许农户经集体同意可以转包承包地给种田能手,但强调不准买卖、不准出租、不准转作宅基地或者非农用地。这里所指的"延长承包期以前",其实是指在第一轮15年的承包期以前,而实际上大多数农村地区在第一轮的15年土地承包期内,也采取了所谓"大稳定,小调整"的做法,3~5就进行一次"小调整"。

中国(海南)改革发展研究院课题组2001年一项调查显示,到2000年底,农村签订了30年不变承包合同的比例只占60.5%,而未签的高达37.7%。其中,25.1%的农户新增了土地,49.5%的农户减少了土地,只有23%的农户土地没有变化。调整的结果是原本已经十分狭小的农地进一步细碎化。为此,1993年11月,《中共中央、国务院关于当前农业和农村经济发展若干政策措施》提出:"为避免承包耕地的频繁变动,防止耕地经营规模不断被细分,提倡在承包期内实行'增人不增地,减人不减地'的办法。"这实际上就是在承包期内提倡不调整土地。这一政策本质上是对土地承包经营权的强化,但在现实中却总是无法被很好地实施。据国家统计局1995年的统计数据显示,1978年,我国耕地面积为99389.5千公顷,到1995年底减少到94970.9千公顷,18年间共减少耕地4418.6千公顷,减少了4.4%,年均减少245.5千公顷;而农户户均耕地面积由0.57公顷下降至0.41公顷,农业劳动力人均耕地面积由0.35公顷下降至0.29公顷。[①] 我国的农户成为世界上经营规模最小的农户。

1993年,中央11号文件提出,允许农户在承包期内转让土地使用权,但须在坚持土地集体所有和不改变土地用途的前提下,且经发包方同意。1998年,党的十五届三中全会作出决定,提出"土地使用权的合理流转,要坚持自愿、有偿的原则依法进行",同时强调"不得以任何理由强制农户转让"。2001年年底中央发出18号文件,系统地提出了土地承包经营权流转政策,对流转进行了规范。2008年10月,党的十七届三中全会通过《中共中央关于推进农村改革发展若干重大问题的决定》指出,按照依法自愿有偿原则,允许农民以转包、出

[①] 陕西省农村税费改革办公室课题组:《中国农业税制的历史沿革及改革方向研究》,载《全国农村改革试验区系列报道》第163期,http://znzg.xynu.edu.cn/Html/?9224.html

租、互换、转让、股份合作等形式流转土地承包经营权，发展多种形式的适度规模经营。这指明了土地承包经营权流转的方向，并在保持土地承包经营权流转政策连续性的基础上，总结了各地土地承包经营权流转的经验，系统完整地提出了土地承包经营权流转政策，明确指出："以家庭承包经营为基础、统分结合的双层经营体制，是适应社会主义市场经济体制、符合农业生产特点的农村基本经营制度，是党的农村政策的基石，必须毫不动摇地坚持。"①

党的十八届三中全会提出，要进一步解放思想，稳中求进，改革创新，坚决破除体制机制弊端，坚持农业基础地位不动摇，加快推进农业现代化。根据上述精神，2014年中央1号文件《关于全面深化农村改革加快推进农业现代化的若干意见》，明确提出："稳定农村土地承包关系并保持长久不变，在坚持和完善最严格的耕地保护制度前提下，赋予农民对承包地占有、使用、收益、流转及承包经营权抵押、担保权能。在落实农村土地集体所有权的基础上，稳定农户承包权、放活土地经营权，允许承包土地的经营权向金融机构抵押融资。有关部门要抓紧研究提出规范的实施办法，建立配套的抵押资产处置机制，推动修订相关法律法规。切实加强组织领导，抓紧抓实农村土地承包经营权确权登记颁证工作，充分依靠农民群众自主协商解决工作中遇到的矛盾和问题，可以确权确地，也可以确权确股不确地，确权登记颁证工作经费纳入地方财政预算，中央财政给予补助。稳定和完善草原承包经营制度，2015年基本完成草原确权承包和基本草原划定工作。切实维护妇女的土地承包权益。加强农村经营管理体系建设。深化农村综合改革，完善集体林权制度改革，健全国有林区经营管理体制，继续推进国有农场办社会职能改革。"② 从国家社会经济管理的角度而言，这实际上为我国未来土地承包经营权制度改革指明了方向。

有学者认为，要建立、健全土地承包经营权，一是要完善土地承包经营权的权能，依法保障农民对承包土地的占有、使用、收益等权利，搞好农村土地确权、登记、颁证工作，这是土地承包经营权流转的基本前提和基础；二是要加强土地承包经营权流转管理和服务，建立健全土地承包经营权流转市场，这是土地承包经营权流转健康发展的保障；三是要按照依法自愿有偿原则，允许农民以转包、出租、互换、转让、股份合作等形式流转土地承包经营权，发

---

① 中共中央：《中共中央关于推进农村改革发展若干重大问题的决定》，载《人民日报》，2008年10月20版。

② 中共中央、国务院：《关于全面深化农村改革加快推进农业现代化的若干意见》，载 http://news.xinhuanet.com/2014-01/19/c_119033371_2.htm

多种形式的适度规模经营,有条件的地方可以发展专业大户、家庭农场、农民专业合作社等规模经营主体,这是土地承包经营权流转的原则和允许的形式;四是土地承包经营权流转不得改变土地集体所有性质,不得改变土地用途,不得损害农民土地承包权益,这是土地承包经营权流转的底线。这四个方面,相互联系,相互依存,共同构成了完整的土地承包经营权流转政策体系。① 可见,土地承包经营权作为我国目前农业生产、经营的主要方式,在整个国家制度中都占有相当重要的地位,历来为党和国家高度重视。

3. 土地承包经营权流转与规模化经营的思考

农地承包经营权的流转,不仅关系到农民的切身利益,而且关系到农村社会经济的发展和社会稳定。随着我国社会经济的快速发展和改革的深入,加强农地流转的管理和服务,健全土地承包经营权流转市场,并按照平等、自愿、公平原则,允许农民以转包、出租、互换、转让、股份合作等形式流转土地承包经营权,发展多种形式的适度规模经营,已成为我国现代农业发展的重要途径。但农地规模化经营目标的实现,并不是以通过剥夺农民土地承包经营权的方式来实现,以农民家庭承包为代表的传统土地承包制度与农地的规模化经营并不矛盾或对立。我们认为,在我国,土地的规模化经营并不是一定要将土地全部集中到大公司、大企业手中,我国传统的家庭承包并没有把小规模土地经营固定化,反而为土地的流转与集中提供了潜力和发展空间。以农户为代表的土地承包在未来我国土地的规模化经营中仍然是主要力量,国家应在稳定现行土地承包关系的基础上,通过土地承包经营权流转制度的改革、创新,积极扶持、引导、规范以农村家庭为主导的农地规模化经营。

(1) 影响或制约我国农地流转及规模化经营的主要因素

目前,我国农村生产力结构落后于生产力要素的矛盾十分突出。一方面,我国现代农业的发展迫切需要以机械化为基础的规模化经营;另一方面,人多地少,土地细碎化现象非常突出,不仅无法满足农业规模化经营的需要,也无法满足农户正常的承包经营。具体来讲,影响我国农地流转及规模化经营的主要因素可以归纳为以下几点:

第一,土地所有权主体虚置,农民权益受到损害。

在我国农地使用权的管理上,由于众多原因,始终未建立起统一、独立的土地管理、运行经济组织,由此导致了土地所有权主体的虚位。这种主体上的

---

① 陈晓华:《切实加强农村土地承包经营权流转管理和服务》,载《农村经营管理》,2009年第1期。

虚置，给土地承包经营权的自由流转造成了各种困难或障碍。众所周知，产权明晰是产权交易的基本前提，没有法律上合格的权利主体，物权流转法律关系就无法建立起来。目前，我国土地所有及管理的乡镇、村、村民小组三级所有形式，无法适应土地承包经营权流转的现实需要。尽管土地承包法规定，土地承包经营权流转的主体是承包方，承包方有权依法自主决定土地承包经营权是否流转和流转的方式。但由于所有权主体虚位，在实际操作过程当中，所有权残缺使农民不能充分行使土地权利；农民承包权不充分，土地承包经营权内容受限制；土地使用权流转不灵活，多数人为操作，导致土地承包权成为利益扩展的手段。虽然新的土地管理法中允许土地使用权依法转让，但目前只是一些原则性的规定。由于权利和义务界定不明晰，农户具有的使用权只是非完整意义的使用权，尤其是农户对所承包的土地本身应尽的义务和应负的责任不明确，使得农户不仅对土地投资的积极性不高，而且由于缺乏处罚和责任约束，加上集体土地所有权弱化，难以对农户的土地经营进行监督和管理，因而出现了随意改变土地用途，对土地掠夺式经营，甚至弃耕抛荒等现象。① 有些基层政府或村集体组织违背农民意愿，随意更改土地承包关系，强行推行土地流转。一些乡镇、村干部对集体土地的开发使用缺乏长远和科学规划，为了政绩和短期效益将流转的大部分土地用于非农用途，土地利用管理制度执行不利，随意变更甚至撤销农民的合同，越权越级向外发包土地，为了集中土地招商引资强迫农民集中流转，严重破坏了农村土地的农业用途；有的由于缺乏科学论证，承包方经营不善，导致项目废置，土地抛荒，造成了严重的资源浪费；有的经流转后得到土地的农户为了在短期内实现效益最大化，随意改变土地的用途，实行掠夺性经营，导致土地在一个时期内很难恢复原貌。②

第二，农地流转收益分配不规范，农民权益难以保障。

我国现行的城乡二元制度导致了农民在就业、教育、医疗、住房等方面不能与城镇居民同等待遇。一方面，农民不得不把土地视为生存的根本也就是，如果已经进入了城市并且有稳定工作和住房的农民因为户籍问题仍然享受不到与城镇居民同等的待遇，那他们在原籍的土地便成了他们最后的保障线，他们宁可抛荒也不愿意流转。另一方面，由于土地制度的二元性，城市化和工业化

---

① 俞志方：《关于我国农地使用权流转的内涵、价值及对策分析》，载《求是》，2010年第12期。
② 张建平、赵俊臣：《完善农户土地承包经营权流转的法制问题研究》，载《中国林业经济》，2011年第5期。

推进到哪个村庄,就意味着该村的土地被强制征用,农民对土地的权利被剥夺,他们也相应失去了利用土地发展非农产业的机会。① 由于众多原因,征地补偿始终不能形成良性、合理的补偿机制,土地收益分配关系十分混乱,土地流转中农民权益得不到应有的保障,使集体建设用地流转成为引发农民与政府激烈对抗的主要因素,成为我国社会不稳定、不和谐的重要因素,引起国内外的广泛关注。在土地征收中,补偿的直接对象是农户,但多数地方征地收益的分配比例大致是农户获得5%~15%,农村集体获得25%~30%,地方政府获得60%~70%。② 其中,作为被征地的农户损失最多,收益反而最少。在我国农地流转中,政府既是管理者,又是参与者或土地流转的受益者,致使国家在自利动机的诱惑下,就会倾向滥用其行政权力和垄断地位以不正当分享甚至完全剥夺集体土地所有权来聚敛财富。③ 据有关专家推算,自改革开放以来,全国平均每年各种建设占地达到400万亩以上,25年间共征用农村集体耕地1亿亩左右。失去土地的农民从征用土地中得到的经济补偿最多不超过5000亿元,国家和城市工商业从农村集体土地转让中积累了9万多亿元的资产。④ 从1952年至2002年,农民向社会无偿贡献的土地收益为51535亿元。而以2002年农民无偿贡献的土地收益为7858亿元推算,这相当于农民无偿放弃了价值26万亿元的土地财产权。⑤ 另外,由于受利益的驱使,导致农地流转成了某些利益群体谋取利益的手段,土地流转中权钱交易、权力寻租、贪污腐败现象相当严重,这些是必须彻底予以根除的不正常现象。

第三,农地流失严重,土地细碎化问题突出。

我国现行的农村集体土地所有制一直存在两大"制度缺陷":一是农村集体土地所有权只能单项向城镇国有土地转移,由此造成了农业耕地资源大量的流失和浪费现象;二是农村集体土地所有制隐含着"土地产权模糊"和"集体成员权平等"的平分机制,由此造成了地权分散化和经营细碎化的趋势不断加剧,严重地影响和制约现代农业的发展。从1949年到1952年全国耕地总面积由

---

① 高圣平、刘守英:《集体建设用地进入市场:现实与法律困境》,载《管理世界》,2007年第3期。
② 陈颖玫:《我国农村土地流转的制度和实践:兼议对农村金融的影响》,载《金融发展评论》,2010年第3期。
③ 周其仁:《中国农村改革:国家和所有权关系的变化:一个经济变迁史的问题》,载《中国社会科学》,1994年第2期。
④ 乔新生:《工业反哺农业应当从土地入手》,载《人民论坛》,2006年第18期。
⑤ 崔克亮:《建立权利平衡、结构稳定的农村社会:中国社科院研究员党国英谈农民组织与农村社会稳定》,载《中国经济时报》,2005年6月27日版。

9788万公顷扩大到10792万公顷，净增加1004万公顷，使人均耕地面积由2.71亩增加到2.82亩。此后，我国人均耕地面积就始终处于不断下降的趋势。[①] 据相关部门统计，从1978年到2007年，全国耕地总面积由21.47亿亩下降到18.26亿亩，净减少了3亿多亩。即使是1996年中国政府提出了"要实行世界上最严格的耕地保护政策"以后，最近10年间全国耕地面积仍继续减少了1.24亿亩。从1978年到1995年，全国平均每个农户承包耕地面积由0.57公顷下降至0.41公顷，平均每个农业劳动力经营耕地面积由0.35公顷下降至0.29公顷。截至2007年年底，我国耕地总面积已减少至18.26亿亩，其中有三分之一的省份人均耕地面积不到1亩，还有660个县人均耕地不到0.5亩，已经低于联合国粮农组织确定土地/人口承载力最低标准0.8亩的"警戒线"。如果按照我国现行的农村土地政策"路径依赖"继续走下去，那么让全国2.5亿个农户长期经营平均半公顷左右的有限耕地资源，必然将导致农民在高劳动强度和过密型种植模式下出现土地报酬递减、边际效益下降，甚至为零或负数的极端现象。[②]我国农户将成为经营规模小、效益差的农地生产经营者。

第四，流转程序不规范，缺乏有效的纠纷协调机制。

土地流转在我国农村虽早已存在，但大多数地区至今尚未建立起一套规范的流转程序。首先，流转缺乏登记程序。不动产登记有公示和公信力的作用，能降低交易的信息搜寻成本、减少各种权属纠纷，是不动产行使和保护的重要保障，同时，也是土地承包经营权取得、行使、保护的前提。但遗憾的是，我国农地登记不统一、不规范，甚至有的地区以财政困难、没有经费为由，不印发承包权证书。有的地区村委会以农户不愿意交工本费为由而扣发证书，造成了承包方的权利无法有效保障、土地承包经营权流转不畅等诸多问题。其次，流转缺乏书面合同。很多农民进行土地流转，仅凭口头协商，无任何书面合同，甚至没有向集体备案。一旦出现不支付租金、不兑现收益分成等情况，或受让方将土地使用权自行再次转让、土地使用权发生权属纠纷时，就难以从法律和行政角度进行处罚。这种情况在我国非常普遍。如广东长宁镇，437宗农村土地流转中只有247宗签订了流转合同，占56.50%。其中租赁的有86%签订了合同，转包、互换等自发流转的只有6.8%签订合同，缺乏最基本的手续，流转程

---

① 刘育成：《中国土地资源调查数据集》（内部资料），全国土地资源调查办公室2000年编。

② 张新光：《新一轮农村改革的突破口仍是解决土地问题》，载《湖湘三农论坛》，2008年刊。

序很不规范。①

随着城乡一体化进程的加快,土地承包经营纠纷案件的数量也呈现了快速攀升的趋势。由于现行法律对受案范围、仲裁效力、执行等方面没有明确的规定,故给纠纷的解决造成了很大的阻力。根据土地承包法规定,因土地承包经营发生纠纷的,双方当事人可以通过协商解决,也可以请求村民委员会、乡(镇)人民政府等调解解决。当事人不愿协商、调解或者协商、调解不成的,可以向农村土地承包仲裁机构申请仲裁,也可以直接向人民法院起诉。但是自农村土地承包经营法实施至今,全国大多数农村尚未建立农村土地仲裁机构,有的虽然已经建立,但因为人员和经费等原因尚未开展仲裁工作,仲裁委员会在纠纷解决中基本上未发挥预期作用。② 因此,农地流转的程序规范及纠纷解决机制急需加强。

第五,引导土地流转的中介机构不健全。

目前,我国法律对土地承包经营权流转的中介服务机构还没有专门的规定,虽然在土地承包法中规定了招标、拍卖、公开协商等具有市场化特征的流转方式,但并没有就流转方式做出明确规定。近年来,尽管全国各地建立了许多土地流转的中介组织,如2008年成都市在全国率先建立了农村土地流转的有形市场,成立了综合性的农村产权交易所,并与北京、上海、天津等地近40家产权交易机构建立了战略合作关系。但与全国各地农村土地流转中介组织一样,它是由政府主导的外生型组织。即这些土地流转中介组织或是在政府的主导下进行运作,或是在村委会(社区)的主导下发展,往往倾向于执行国家的方针、政策,成为各级政府的代言人。因此,很难在农地流转中发挥应有的作用,也很难获得社会的认可。如2008年10月,重庆市渝北区一家"农村土地流转服务管理中心"挂牌成立,旨在对渝北区可流转土地进行整理、登记、汇总,进而发布土地流转信息。但流转"第一单"迟迟未产生。而就每个农民个体而言,要真正实现立法所赋予的各项权利并非易事,它依赖于农民自身权利意识的觉醒,依赖于司法的公正与效率,更依赖于各级政府在土地流转上依法行政、保障农民权益。③

---

① 张祖晏:《对农村土地承包经营权流转法律制度缺陷的探析》,载《黄石理工学院学报》(人文社会科学版),2010年第1期。
② 史卫民:《农地承包纠纷仲裁解决机制的探索与思考》,载《农业经济》,2007年第7期。
③ 张祖晏:《对农村土地承包经营权流转法律制度缺陷的探析》,载《黄石理工学院学报》(人文社会科学版),2010年第1期。

除了以上制约农地流转和规模经营的几个因素外，还有许多影响农地正常流转的原因，特别是目前社会上部分人对国家土地承包经营权流转政策存在认识上的偏差，人为推动土地承包经营权流转的冲动十分强烈。有的地方土地承包经营权流转试验，存在随意突破法律政策规定的情况；有的地方政府推动流转不是为了推动农业的快速发展，而是为了解决建设用地紧张，或者出于土地财政利益的驱动。对此，必须高度重视，从思想上认识到这些问题的严重性。同时，这些情况也表明，切实加强土地承包经营权流转管理和服务，妥善解决流转中存在的突出问题十分迫切和重要。做好这方面的工作，是维护农民土地承包权益，稳定和完善农村土地承包关系的重要内容；是落实最严格的耕地保护制度，确保粮食安全的必然要求；也是建立健全土地承包经营权流转市场，促进多种形式的适度规模经营健康发展的重要保障。①

（2）推进农地流转与规模化经营的措施

农地的合理流转，始终是促进农业经济发展、提高农业竞争力的重要途径。与此相应，农地的适度集中和规模经营是一个国家社会经济发展到一定阶段的必然要求和选择。但在市场经济条件下农地使用权流转或规模化经营是一种以市场机制为基础的土地资源的配置方式，是我国农村改革的"第三次土地革命"。② 农地规模化经营是我国现代农业发展的目标，推动主要以农户为流转主体的土地转包、出租、互换、转让、合作入股、托管、抵押、继承等多种流转方式，为我国现代农业的规模化经营创造条件。在农地制度的改革中，可以采取以下措施来推进农地规模化经营的发展：

第一，明确农地经营权流转主体，加强对农户权益的法律保护。

我们认为，根据我国社会经济特别是现代农业发展的需求，建立以农民家庭农场为主，以集体农场、农地股份公司等规模化经营为辅的农地经营模式，不仅符合我国现代农业发展的国情，而且与我国现有生产力的发展水平也是相适应的。在现行农村土地公有制条件下，要明晰农村土地所有权的主体。首先，要在法律上排除乡镇一级作为农村土地所有者的主体地位。乡镇一级作为农村集体土地所有权主体，已不适应农村经济发展的要求。乡镇所有土地事实上已经成为国有土地，很难体现农民集体所有。因此，应把这些土地划归国有，由

---

① 陈晓华：《切实加强农村土地承包经营权流转管理和服务》，载《农村经营管理》，2009年第1期。

② 俞志方：《关于我国农地使用权流转的内涵、价值及对策分析》，载《求是》，2010年第12期。

乡镇作为国家基层政府行使国家所有者权益。这样也能断开基层政权与集体土地联系的纽带，有利于村组两级屏蔽乡镇政府对农村土地承包经营权流转的非法干预。其次，完善农民集体的组织机制，健全相关组织机构。农民集体必须通过一定的组织形式形成集体共同意志，并通过一定的组织机构贯彻集体意志。但现有的村委会主要行使社会管理职能，难以发挥所有者职能，所以，应当强化村民代表大会的职能，使其成为行使农村土地所有权的最高组织形式。同时，设常务委员会作为农民代表大会的常设机构，设立土地资产管理委员会作为执行机构，负责经营管理集体土地。土地资产管理委员会对农民代表大会负责，接受农民代表大会监督。① 从而使农地流转中农民的利益真正得到法律保障，以防止土地流转中对农民利益的侵害，依法推进农地的规模化经营。

第二，健全农地经营权流转登记及纠纷解决机制，依法推进规模化经营。

为保障农地经营权各项权能的实现，有必要完善公告登记查询制度。具体而言，可规定由村集体在调查统计的基础上，对现有的土地承包关系进行登记造册并予以公告，建立各级地籍档案；同时，由县级以上地方人民政府向承包方颁发土地承包经营权证，土地承包经营权登记应包括初始登记、变更登记和注销登记。其中，变更登记应包括主体变更登记、使用面积变更登记、农地用途变更登记。② 为促进土地承包经营权的合法流转，保障交易安全，便于受让方了解对方当事人的转让权限和土地开发利用情况，可考虑在县乡村建立统一的土地承包经营查询系统，并制定较为简便易行的查阅程序，便于流转当事人查阅相关土地的承包经营权状况。各地应结合本地区土地承包的情况，针对存在的问题严格按照相关规定，加大立法宣传力度，促使农民按照法律规定流转承包土地，把矛盾化解在萌芽当中，其中，调解是解决法律纠纷的主要手段。③ 但也有学者认为，仲裁是当前解决承包权纠纷最好的方式。由于民间调解不能产生法律效力，调解后，对双方没有法律上的约束力，仲裁则是有法律约束力的。④ 这为农地流转矛盾、纠纷的解决提供了良好的法律保障。但不论调解还是仲裁，都要准确认识和把握"调解优先，调判结合"。只有在司法实践中处理

---

① 张建平、赵俊臣：《完善农户土地承包经营权流转的法制问题研究》，载《中国林业经济》，2011年第5期。
② 王月春：《农村土地承包经营权流转法律问题研究》，载《河南公安高等专科学校学报》，2009年第5期。
③ 曹务坤、盛蓉：《完善农村土地承包经营权纠纷调解制度》，载《重庆工学院学报》（社会科学版），2008年第7期。
④ 白呈明：《农村土地纠纷的社会基础及其治理思路》，载《中国土地科学》，2007年第6期。

好调解与裁判之间的关系,才能真正发挥调解、仲裁、判决在土地流转和规模化经营纠纷解决或处理中的积极作用,为土地流转和规模化经营创造宽松、和谐的法律环境。

第三,建立健全社会中介机构,为农地流转和规模化经营服务。

为了土地承包经营权流转市场的健康有序高效运行,必须建立健全相应的中介服务体系,建立包括咨询、评估、代理、仲裁等机构及相关制度。而我国农村土地流转市场的中介服务机制还处于起步或有待完善的阶段,迫切需要建立农村土地流转市场的咨询、预测和评估等中介服务体系,促进农村土地的规模化经营,使中介服务社会化、专业化,从而规范土地的合理利用、降低流转成本。土地交易参与者可以依据规范化公共程序和法律程序,协商定价、签订收益和风险对称的标准化契约,从而使交易参与者在交易和投资之前就可以确定预期收益和预期风险,进而做出独立的自主性选择,从而可以减少土地流转过程中的制度博弈成本和福利损失。① 在有条件的地区建立土地流转信息数据库,并可参照较成熟的交易市场模式(如证券、房地产交易市场)设立土地流转交易市场,成立土地流转中介机构;可试行将土地承包经营权全权委托农村土地流转中心,在法律制定中明确中介机构的职能,为土地流转提供合同、法律、竞价、纠纷仲裁等服务,使涉农金融机构能够及时通过土地流转中介服务机构,将可抵押的土地承包经营权进行流转变现,畅通农业资金流通渠道。对土地流转中介机构的健康发展和农村土地流转市场的有序发展无疑会起到积极的影响。② 具体来讲,这些流转中介组织要调查、收集农村土地流转的供求、价格等信息资料,并通过一定的渠道甚至媒体公开发布,使供需双方能够获得可靠的市场信息,沟通供需双方的联系,为流转双方提供信息引导、政策咨询、法律服务,为实现土地承包经营权流转和规模化经营创造有利条件。③ 因此,就市场经济的需求而言,市场中介服务体制是市场本身形成的必要条件,特别是土地交易与普通商品交易有很大区别,其运作程序相当复杂,其流转涉及多个主体,复杂程度是一般人难以想象的,这就要求有完善的中介服务机构为之

---

① 李怀、高磊:《我国农地流转中的多重委托代理结构及其制度失衡解析:从重庆、四川、广东等省份土地产权流转案例中得到的启示》,载《农业经济问题》,2009年第11期。
② 张建平、赵俊臣:《完善农户土地承包经营权流转的法制问题研究》,载《中国林业经济》,2011年第5期。
③ 丁关良:《农村土地承包经营权初论——中国农村土地承包经营权立法研究》,中国农业出版社2002年版,第159页。

服务，以适应土地流转和规模化经营发展的需要。

第四，建立健全农村社会保障机制，为规模化经营创造条件。

随着改革开放的推进，我国农村社会保障开始起步。目前，农村最低生活保障制度已进入全面建立阶段。农村失地农民和农民工参与社会保障的工作有一定进展，农村合作医疗试点进展顺利，农村社会救助体系建设范围不断扩展，但从总体上看，还未建成比较系统和完善的农村社会保障制度框架，一些重大的社会保障制度目前仍处于探索阶段。在此社会保障背景下，农地不仅是农民最基本的生产资料，更是农民基本生活的重要保障。为了使农村土地承包经营权能够顺利流转，我们可以借鉴国外的土地保有制度，保障土地使用权人的权利，在土地流转过程中向受让方征税或按照一定比例提取费用来筹集资金设立农村土地承包经营者的养老及医疗保险，这样做既可以推进农村土地流转进程，又可以更好地推动农村社会保障制度的建立。① 实践证明，在国家推进城市化的建设中，如果不能建立起良好的社会福利保障，使农民在生活上解除后顾之忧，从根本上解决农民土地流转后的劳动、就业、福利、医疗及养老等在内的社会保障问题，这样，要推进长远、广泛、有效、合理的农地流转和土地规模化经营，发展我国现代化农业就只能是一句空话。

第五，加强行政管理与服务，依法推进农地流转和规模化经营。

在农地流转中，要坚持依法自愿有偿原则，严格执行农村土地承包法律政策，切实维护农民土地承包权益和流转的主体地位。政府不再参与土地流转事务的具体工作，而是以行政管理或监督者的身份，对土地流转市场进行严格的行政监督，充分发挥政府在土地流转中的积极作用。政府通过依法行政或行政监督，在土地流转的登记、管理、用途限制等方面加强管理与监督，通过政府自身所具有的优势，对土地市场进行监督、管理。② 一是要进一步规范流转行为。流转形式要严格遵循法律和政策规定，采取法定的转包、出租、转让、互换、股份合作等方式进行，有条件的地方可以发展专业大户、家庭农场、农民专业合作社等规模经营主体。各地开展土地流转试点、试验，探索建立健全土地承包经营权流转市场应在法律政策允许的范围内进行，超越现行法律政策规定的试验要依法审批、严格管理。二是要加强对流转土地农业用途的监管，确保农地农用。流转的农用地不得改变农业用途，属于基本农田的，流转后不得

---

① 张建平、赵俊臣：《完善农户土地承包经营权流转的法制问题研究》，载《中国林业经济》，2011年5期。

② 吴春宝：《国外监管农地流转市场的模式及启示》，载《中国土地》，2009年第2期。

改变基本农田性质，不得从事种树、挖鱼塘、建造永久性固定设施等破坏耕作层的活动。加强对流转面积大、流转期限长且有工商企业参与流转的监督，有效防止改变土地农业用途。正确引导和扶持规模经营主体发展粮食生产，促使流转土地向种粮方向发展。三是要坚决纠正和查处流转中的违法违规行为。要加强与纪检、监察、纠风、司法、信访、国土等部门的沟通协作，完善农村土地突出问题专项治理工作机制，重点纠正和查处违背农民意愿强迫流转等严重侵害农民土地承包权益和非法改变流转土地农业用途等问题。① 总之，针对我国农村生产力发展的需要，各级政府要积极转变职能，在加强农地经营权流转管理和服务、完善农地经营权流转市场方面发挥作用，通过市场配置土地资源，鼓励农民以转包、出租、互换、转让、股份合作等形式流转农地，从制度上促进我国农业现代化的发展。

我国农村社会经济发展的实践证明，农地的适度集中和规模化经营是一个国家社会经济发展到一定阶段的必然选择。即公社化解体后，我国改革时代的农业经营方式发生了以及仍在发生着种种变化。但无论公司加农户、合作社加农户还是规模化农场，也无论规模化是通过农民间土地流转还是通过外部公司包租农民土地的方式，能够被农民接受的成功选择也往往出于农民的意愿，与政府原先的设想常常出入很大。正如农业新技术只有在市场上供农民自主采纳才有前途一样，新经营方式也只有在自愿前提下，让农民因地制宜才能站得住脚。而政府应农民之需要做好服务工作才是功德无量的事情。② 因此，在我国农地流转中，有必要借鉴发达国家土地管理经验，充分运用法律、经济、行政等多种手段进行规范化管理，以改变目前单一化的管理模式。要在法律制度、国家政策上进一步明确，以家庭承包经营为基础、统分结合的双层经营体制，是基本适应我国市场经济体制、符合农业生产特点的农村基本经营制度，是国家农村政策的基石，必须毫不动摇地坚持。但也要看到，在坚持家庭联产承包责任制的前提下，要实现农业的现代化或适度规模经营，就必须充分实现农地经营权的适度、自由、平等流转，否则不仅影响到农地规模化发展，而且还会因落后的生产方式严重影响我国的粮食安全和现代农业的快速发展。因此，只有通过制度创新或法治建设，才能充分发挥农地流转在促进农地规模化经营中

---

① 陈晓华：《切实加强农村土地承包经营权流转管理和服务》，载《农村经营管理》，2009年第1期。
② 秦晖：《切实保障人地二权是土地流转的核心问题》，载《探索与争鸣》，2014年第2期。

的作用，使我国现代农业真正步入规范化、制度化、法治化的轨道。

（二）农村集体建设用地使用权流转的发展与协调

农村集体建设用地，是指农村公共建筑设施、道路、桥梁、绿化以及乡村企业、事业等各项建设用地。农村集体建设用地使用权的流转，是经乡村建设规划为建设用地的集体土地的所有者——农村集体经济组织及使用者，依法将建设用地的使用权以转让、出租、作价入股、合作、联营等方式移转给受让人，并通过签订农村建设用地有偿使用合同，取得一定数额的土地收益的法律行为。在这一以农村集体建设用地流转为目的的法律关系中，流转的主体为转让方和受让方。由于农村集体经济组织的多样性，作为转让方主要有乡（镇）、村集体经济组织、乡（镇）、村集体及私营企业等依法享有建设用地使用权的土地使用者。受让方，即农村建设用地的使用者，既可以是本集体经济组织的内部成员，也可以是其他集体经济及其成员，甚至可以是其他法人和自然人。但根据我国现行法律规定，农村建设用地使用权的流转受到严格限制，无法充分发挥应有的作用。

1. 农村集体建设用地流转制度发展沿革的简要回顾

综观我国农地流转现状，我们会清楚地看到，在我国农地流转过程中，国家和地方出台了许多法律、法规或政策对农村建设用地使用权流转进行规范、引导，但由于农地流转关系的复杂性，特别是城乡二元分割的土地结构，土地使用权无法遵循平等、自愿、公平原则自由流转。相反，在土地流转的利益格局中，由于经济利益的驱使，各利益集团通过农地流转掠夺土地资源获取利益的冲动特别强烈，而真正的流转主体——农民却始终处于弱势地位，成为土地流转的牺牲品。那么，如何通过制度建设，打破现行城乡二元分割的土地利用机制，建立起统一、规范、有序的土地流转市场，使农地流转健康、有序、稳定发展，就是我国社会经济生活中面临的重要课题。在我国，建设用地使用权包括国有土地建设用地使用权和集体土地建设用地使用权两大类。从该类权利的法律性质看，大致可归于大陆法系国家普遍设置的地上权之列，即在他人所有的土地上因建造、保有建筑物或其他工作物而使用他人土地的权利。地上权是用益物权的重要类型，在物权领域或各国民法制度中均占有极为重要的地位。实践证明，地上权是现代市民社会调整土地法律关系的重要制度，对市场经济有着高度的适应性，值得我国在法律制度建设中加以借鉴，以建立城乡统一的土地流转市场。

我国近现代意义上的地上权制度溯源于清朝末年的民事立法。如 1911 年 8

月完成的《大清民律草案》移植西方民事制度，确立了地上权制度。1929年11月颁布的《中华民国民法典》物权编，也设立了地上权制度，明确了地上权的概念、抛弃、让予、工作物及竹木的取回权和建筑物的补偿等，内容较为完备，基本体现了近代地上权的发展的趋势。至此，地上权制度在近代中国法律制度中得以正式确立。1949年中华人民共和国建立后，中央政府明确宣布废除国民政府的"六法全书"，自此，《中华民国民法典》在大陆地区消失。虽然海峡两岸存在着不同社会体制，相关的土地使用政策亦存在差异，但在土地所有与使用分离方面，二者却有着相同的理念，台湾地区的做法、经验可资我们参考。①

改革开放之前，我国也曾有一些关于地上权的零星规定，如1950年10月，东北人民政府颁布的《东北地区土地暂行条例》规定了地上权设定契约的有效性。但自国家实行土地公有制后，集体建设用地实行集体所有、集体统一经营；集体建设用地的流转局限于所有权人之间且完全依靠行政权力进行划拨和平调。② 改革开放后，1992年7月，最高人民法院的司法解释，有因取得时效而取得地上权的规定，但都是零散的，甚至是解释性的，始终没有形成完整的地上权制度。根据我国现行法律规定，国有土地使用权的内容主要包括三项：一是以有偿出让、转让方式取得的土地使用权，即国有土地使用权；二是以行政划拨方式取得的土地使用权，这主要指《中华人民共和国土地管理法》第54条规定的情形，即国家机关、军事用地、城市基础设施用地和公益事业用地，国家重点扶持的能源、交通、水利等基础设施用地，法律规定的其他在国有土地上设立的以建设方式使用土地的权利；三是城镇宅基地使用权。与此相应，农村集体建设用地使用权也包括三项：一是村民宅基地使用权，即农户或个人用作住宅基地而占有、利用本集体所有土地的权利；二是乡（镇）村企业建设用地使用权；三是乡（镇）村公共设施、公益事业建设用地使用权。依据现行法律规定或原则精神，我国土地所有权不能流转，流转仅局限于土地使用权的流转。但既是使用权的流转也仅局限于国有土地使用权的流转，而农村建设用地使用权则不能自由流转。因此，我国建设用地使用权只能称为"准地上权"，还不完全具备典型地上权的法律特征。

综观我国法律、政策及原则、精神，我国在土地管理上一直实行的是城乡分治的土地管理策略，对农村与城市土地分别适用不同的法律、政策规则，并由不同的管理机构进行管理。在此基础上形成不同的土地市场和权利体系，由

---

① 叶成朋：《地上权制度在我国的演进和价值定位》，载《改革与战略》，2008年第10期。
② 黄小虎：《新时期中国土地管理研究》（下），当代中国出版社2006版，第118页。

此也形成了我国土地市场城乡分割、政府主导的独特格局。尽管这种独特的二元土地制度为我国社会经济的快速发展和城市化进程的加速做出了重大贡献,但由于行政色彩太浓,使我国的土地市场长期发育不良、不能形成开放的、良性互动的土地市场。在这种畸形的土地市场中,农村集体经济组织及农民的权利特别是土地财产权利往往被漠视或非法侵害,使我国农地流转中各民事主体的土地利益矛盾日益加剧。因此,要推进我国未来社会经济特别是农村社会经济的发展,就必须建立城乡统一的土地流转市场。

2. 对农村集体建设用地流转制度缺陷的检讨与反思

从法律视角看,农村建设用地是指农村公共建筑设施、道路、桥梁、绿化以及乡村企业、事业等各项建设用地。而农村建设用地使用权的流转,是经乡村建设规划为建设用地的集体土地的所有者——农村集体经济组织及使用者,依法将建设用地的使用权以转让、出租、作价入股、合作、联营等方式移转给受让人,并通过签订农村建设用地有偿使用合同,取得一定数额的土地收益的法律行为。在这一以农村建设用地流转为目的的法律关系中,流转的主体为转让方和受让方。在我国,由于农村集体经济组织的多样性,作为转让方主要有乡(镇)、村集体经济组织、乡(镇)、村集体及私营企业等依法享有建设用地使用权的土地使用者。而受让方,即农村建设用地的使用者,既可以是本集体经济组织的内部成员,也可以是其他集体经济及其成员,甚至可以是其他法人或者自然人。

回顾我国农地流转的历史,我们可以清楚地看到,20世纪80年代末,随着我国社会经济的发展和改革开放的深化,与土地流转相关的法律规定开始发生变化。1988年《中华人民共和国宪法修正案》,将《中华人民共和国宪法》第10条第4款修改为:"任何组织或者个人不得侵占、买卖或者以其他形式非法转让土地。土地的使用权可以依照法律的规定转让。"根据宪法精神,《中华人民共和国物权法》第143条规定:"建设用地使用权人有权将建设用地使用权转让、互换、出资、赠与或者抵押,但法律另有规定的除外。"需要注意的是,上述法律规定仅适用于国有土地使用权,而对集体土地使用权,《中华人民共和国物权法》第151条规定:"集体所有的土地作为建设用地的,应当依照土地管理法等法律规定办理。"而我国现行土地管理法按主体的不同,将土地划分为国有土地所有权和集体土地所有权,相应地,土地使用权也区分为国有土地使用权和集体土地使用权两大类;又按土地用途将土地划分为农用地、建设用地和未利用地,同时,对不同类型土地进行了法律界定。另外,《中华人民共和国物权法》第43条规定:"任何单位和个人进行建设需要使用土地的,都必须依法申请使用国有土地。"第63条规定:"集体土地使用权不得出让、转让或出租用于非农建设。"可见，我国法律将同一法律属性的地上权分离为几种不同的他物权类型，并从土地审批、用途管制、土地征收及市场流转等方面严格控制农村集体建设用地使用权，形成同权不同质、同权不同命的奇特法律现象，从而形成我国特有的土地流转机制，使我国农村集体建设用地使用权及其流转完全背离了市场经济与民法的基本原则精神，不利于土地资源的优化配置和合理流转。

但与此同时，我们也看到，从2004年开始，国土资源部与广东、天津合作开展了集体建设用地流转试点，有关政策也逐渐开始"解冻"。2004年出台的《国务院关于深化改革严格土地管理的决定》规定："在符合规划的前提下，村庄、集镇、建制镇中的农民集体所有建设用地使用权可以依法流转。"2006年出台的《国务院关于加强土地调控有关问题的通知》规定："农民集体所有建设用地使用权流转，必须符合土地利用总体规划和村镇规划并严格限定在依法取得的建设用地范围内。"这些，明确了农村集体建设用地在符合土地利用总体规划、城市规划或村庄、集镇规划的前提下允许流转。但从目前集体建设用地流转情况看，仍然停留在试点阶段，尚未全面推开。虽然部分省市已出台了集体建设用地使用权流转管理办法等地方性法规，可只是对非住宅集体建设用地流转进行了一些原则性的规范，且弹性大，操作性不强，而且许多规定带有浓厚的政府主导色彩。另外，近年来，国土资源部提出的城乡建设用地增减挂钩，实行土地置换政策，实际上都属于集体建设用地交易的范畴。这些制度大多是原则性的，目的在于推动建设用地使用权流转，政策导向十分清楚。实践证明，要全面推进集体建设用地市场化，仅仅依靠政策和行政手段是远远不够的，不可能从制度上彻底打破城乡二元结构、打破一级土地市场的国家垄断，无法建立健康、良好、规范、有序的建设用地流转市场。因此，2013年，中共十八届三中全会明确提出，要建立公平开放透明的市场规则，完善主要由市场决定价格的机制，建立城乡统一的建设用地市场，通过制度改革，让广大农民平等参与现代化进程、共同分享现代化成果，这是我国城乡二元土地制度改革的基本方向。在这一过程中，需要对法律、政治、经济等各项制度进行改革或创新，以建立统一、规范、有序的土地流转市场。

3. 农村集体建设用地入市流转存在的主要问题

改革开放以来，我国经济一直保持比较快的发展速度，这就需要有充足的土地资源作后盾。但我国土地资源稀缺、人均占有量低下，随着国家对土地宏观调控的加强，城镇国有土地可供量严重不足，经济需求与资源稀缺的矛盾日益突出，而这为集体建设用地入市提供了很好的条件或机会。据统计，全国集体建设用地总量1700万公顷，相当于全部城市建设用地700万公顷的2.4倍。

集体建设用地的流转早已自发存在，甚至在数量、规模及地区覆盖面上有不断扩大之势。① 但在我国，由于流转制度不健全以及众多社会原因，流转中出现了许多新情况、新问题，使农地流转陷入某种困境。比如，随意占用耕地出让、转让、出租用于非农建设，低价出让、转让和出租农村集体建设用地，随意改变土地建设用途以及因此导致权属不清诱发纠纷，等等，严重制约了农村社会经济的发展。归纳起来，主要存在以下几个问题：

（1）流转中违法、违规现象比较严重

由于受到国家法律、法规和政策的限制、制约，目前，我国集体建设用地使用权的流转仍然处于一种"隐性流转"状态，在现实生活中，个别人通过各种形式的暗箱操作以规避法律的现象相当严重。据北京市集体土地产权调查结果显示，农村集体建设用地（不含宅基地）80%～90%属于违法用地。② 珠三角地区通过流转的方式使用农村集体建设用地实际超过集体建设用地的50%，而在粤东、粤西及粤北等地，这一比例也超过20%。③ 如，自1990年以来，珠三角、长三角及一些大中城市市郊，农民利用政策和法律空间，自建厂房、仓库和店铺等用于出租；或者干脆不顾法律的限制，直接进行土地非法出租等。通过隐形市场、改变用途而为集体建设用地使用权流转的数量是巨大、惊人的。这些流转不为法律、政策所认同，缺乏合理的流转机制，从而难免引发诸多问题，导致纠纷及矛盾冲突，影响农村稳定发展。④ 再比如，在办理土地流转手续时，以假乱真的问题相当严重，很多流转都是以双方合作、合资形式上报，实际却是土地使用权的租赁、转让，一些集体经济组织未经国土部门批准，无证用地的情况十分严重。目前，大多数集体建设用地流转属于私下交易，既无规范的合同文本，也没有合法的报批手续，一旦发生矛盾、纠纷，集体建设用地的所有者和使用者的权利都无法得到法律的保护，许多情况也都由各级政府酌情处理，法律缺位现象在农村集体建设用地流转中十分突出。这种自发无序的土地使用权流转，一方面严重违背法律、政策规范，另一方面导致政府调控土地市场的能力被严重削弱，难以有效控制建设用地供应总量，冲击土地利用总体规划和城市规划的有效实施，造成土地利用的混乱现象，使我国土地市场

---

① 高圣平、刘守英：《集体建设用地进入市场：现实与法律困境》，载《管理世界》，2007年第3期。
② 黄小虎：《打破集体建设用地入市困局载》，载《中国国土资源报》，2008年4月4日版。
③ 王佴：《广东变法：农地直接入市》，载《第一财经日报》，2005年9月28日版。
④ 方湖柳：《农村非农建设用地进入市场的时机已到》，载《中国改革》，2006年第6期。

秩序受到严重干扰或破坏，遗留许多难以解决的问题。

（2）流转受政府监管无法发挥作用和土地财政的阻碍

现阶段，我国农村土地市场机制发展尚未成熟，在土地资源配置中市场无法发挥其有效的功能，客观上必须要求政府以"裁判员"的身份采取适当的行政干预措施。但实际上，我国政府则担当了"运动员"和"裁判员"的双重角色，采取了直接干预措施，并对土地一级市场垄断控制。这种垄断性使政府减弱了对公平与效率的追求，严重扭曲了土地价格和市场运行机制，使市场无法在土地配置过程中发挥主导作用，导致集体建设用地流转效率降低。① 进而使政府在土地流转中的监督、管理职能无法发挥。实践证明，农村建设用地的流转，能给参与流转的各方主体带来丰厚的利益。但由于国家征用农村集体土地，补偿农民的土地价值是按照土地种植的亩产值，这种补偿远远低于当前土地在市场上的流通价值。近年来，随着城市化和工业化进程的推进，土地有偿使用收入迅速增长，已成为地方政府的主要收入来源之一。相对于集体建设用地直接入市流转，由国家先为征收再进行土地流转更为政府所接受。1998年至2008年间，中国土地有偿使用收入飞速增加，由507亿元上升至10375亿元。据中国社科院财贸所研究，土地有偿使用收入占全口径财政收入的比重，由1998年的3%上升至2008年的11%，是财政来源中上升最快的一种。2008年，杭州全市地方财政收入455.35亿元，而土地出让金为243.3亿元，约占前者的53.43%。根据北京市土地整理储备中心的数据测算，全年通过招、拍、挂等方式成交的各类土地达247宗，成交金额达928亿元，土地出让金收入占财政收入比重达到45.9%。种种数据表明，以地生财已经成为政府发展地方经济的重要盈利模式，这自然阻碍了集体建设用地的入市流转。②

（3）流转不规范，资源浪费现象十分严重

集体建设用地流转过程中，政府的过度行政干预，扭曲了市场机制配置土地资源的效率，造成了建设用地的低效利用和耕地资源的大量流失。③ 由于我国农村经济粗放、发展落后，农村集体建设用地布局大多呈分散、粗放状态，难以形成规模效益，效率低下、浪费严重的现象相当普遍。特别是随着我国经济的快速发展，20世纪80年代末，全国各地各级政府（包括乡镇）不断扩大

---

① 赵亚莉、吴群：《农村集体建设用地流转：政府失灵与制度障碍》，载《经济体制改革》，2010年第2期。
② 吴楠：《对集体建设用地入市流转的法律思考》，载《法制与社会》，2010年第20期。
③ 赵亚莉、吴群：《农村集体建设用地流转：政府失灵与制度障碍》，载《经济体制改革》，2010年第2期。

建设用地规模或范围，大兴土木，大批兴建各类经济开发区和工业园区。由于开发区布点多，竞争激烈，很多经济开发区、工业园区引进大量高耗能、高污染、低效益产业，造成企业收入低，新建厂房建筑密度低，出现大量土地撂荒现象。一方面，耕地大量减少、乡村环境污染、生态环境日益恶化。建设用地的大量出让不仅没有给农民带来切实利益，相反，在农民失去宝贵土地资源的同时，造成大量不可逆转的遗患。另一方面，面临国际性的经济危机和国内经济形势的严峻挑战，尽管集体建设用地规模普遍偏大，但产业发展却严重不足。土地的大量投入与产出低下的问题始终不能解决，在激烈的经济竞争中，企业大批倒闭、破产，商业住房无人居住、使用，甚至出现大规模的"鬼城"现象，使我国建设用地中存在的问题暴露无遗。而这一现象将随着我国社会经济发展中各种矛盾、冲突的爆发而凸显出来，严重冲击我国社会经济秩序的健康、稳定发展。

（4）流转的收益分配不规范，农民权益难以保障

在我国社会经济发展过程中，由于土地制度的二元性，城市化和工业化推进到哪个村庄，就意味着该村的土地被强制征用，农民对土地的权利被剥夺，继而失去了利用土地发展非农产业的机会。[1] 即使征地补偿也由于众多原因，始终不能形成良性、合理的补偿机制，土地收益分配关系十分混乱，土地流转中农民权益得不到应有的保障，使集体建设用地流转成为引发农民与政府激烈对抗的主要因素，成为我国社会不稳定、不和谐的重要因素，引起国内外的广泛关注。在土地征收中，补偿的直接对象是农户，但多数地方征地收益的分配比例大致是农户获得5%～15%，农村集体获得25%～30%，地方政府获得60%～70%。[2] 而作为被征地的农户损失最多，收益反而最少。在我国农地流转中，政府既是管理者。由于集体建设用地及使用权的流转缺乏法律、政策规范，政府监管不力，市场机制不能或无法正常发挥作用，使土地市场价值和资产资源属性在流转中得不到充分体现，造成国家土地税费的严重流失。加上农村土地产权关系混乱、集体经济组织结构不完善，使得本属于农民集体及农民的土地流转收益亦难以得到法律的切实保障，这给未来社会经济的稳定发展更留下难以消除的隐患。

---

[1] 高圣平、刘守英：《集体建设用地进入市场：现实与法律困境》，载《管理世界》，2007年第3期。

[2] 陈颖姣：《我国农村土地流转的制度和实践：兼议对农村金融的影响》，载《金融发展评论》，2010年第3期。

（三）对农村宅基地产权流转制度的反思

从宅基地使用权的法律性质看，大致可发现，大陆法系国家普遍设置地上权。中华人民共和国成立后，我国农村土地经历了由农民私人所有到集体经济组织集体所有，农民依法享有使用权的发展过程。与此相应，农村宅基地也经历了从农民私人所有到农民仅享有宅基地使用权的历史性变化。据有关资料统计，目前，农村有建设用地24800万亩，其中80%（约2亿亩）是农民的宅基地。基于宅基地使用权制度是有效维护亿万农民基本生存权利的重要法律制度，我们认为，在法律上有必要及时调整宅基地使用权制度的产权设置，以建立规范有序的宅基地产权流转市场，即允许农民对属于自己所有的房屋和宅基地使用权在土地或房产市场上进行自由流转，彻底打破城乡二元分割的土地利用机制，这对于完善与宅基地合法流转相配套的集体土地所有制度意义重大。

1. 农村宅基地产权能否流转的理论争论及评述

从产权结构来看，我国农村宅基地流转实际上涉及两个问题：一是宅基地使用权能否单独成为交易的对象，二是私有房屋能否自由转让，宅基地使用权能否随房屋所有权的转移而转移。近年来，我国禁止宅基地流转的法律、政策受到了强烈的质疑和挑战。有学者依据物权理论，认为法律既然承认宅基地使用权是一种物权，就应当赋予宅基地使用权人充分享有行使、处分宅基地使用权的自由。开放宅基地使用权流转市场，通过价格机制和竞争机制引导宅基地流转，以发挥宅基地的经济效益，减少宅基地的闲置。而限制宅基地的流转，农民难以通过转让、抵押宅基地使用权、房产的方式，从而获得进城就业、定居的资金，影响我国城市化的进程。但主流观点基于中国的特殊国情，始终坚持禁止宅基地流转的看法。争论双方针锋相对，各持己见，始终无法达成共识。归纳起来，目前，我国理论界对农村宅基地能否流转存在否定说、肯定说和折中说三种观点。

（1）宅基地流转之否定说

有学者提出应禁止宅基地使用权的流转，认为宅基地与其他稀缺资源不同，是农民安身立命之地，解决了我国三分之二人口的居住问题。如果说土地承包经营权是"耕者有其田"，宅基地使用权则是"居者有其地"，两者共同构成了农户吃住两大基本生存保障。宅基地是稀缺性生活必需品，定量分配是唯一确保每一农户都能安居的方式，而不准宅基地转让也是确保每一农户都能安居的不可缺少的措施。配给制度决定了宅基地使用权不可交易性，宅基地使用权不可交易保证了配给制度的有效性。如果农户可以通过多次分配宅基地的方式获得生存之地，就没有禁止交易的必要，但这样一来势必导致农用土地不断流失。① 当然，主张该观点的学者并不反对特别情形下宅基地使用权的转让。关于宅基地使用权否定说的主要理由有：①目前我国农村社会保障体系尚不健全，宅基地使用权是农民生产、生活的基本保障；②依照《中华人民共和国土地管理法》的规定，宅基地使用权是农民经济组织成员无偿取得的，而且一户只能有一处宅基地，允许宅基地使用权的转让和抵押，可能会为有些人多占宅基地、城镇居民购置宅基地提供便利条件，造成国家土地管理制度在执行中的混乱；③农民贷款难的问题应当通过国家信贷扶持政策来解决，目前，农村没有形成房地产市场，即使规定宅基地使用权可以转让或抵押，也是流于形式，银行不愿接受宅基地使用权这类抵押物。②

（2）宅基地流转之肯定说

持肯定观点的学者认为，农村集体所有的土地与城镇国有的土地都是我国土地的组成部分，既然城镇国有土地使用权可以自由流转，那限制农村集体土地使用权的流转则是对农村集体土地使用权法律地位的歧视，是不公平的。宅基地使用权作为农村集体土地使用权的重要组成部分，理应与城镇国有土地使用权一样可以自由流转，包括向农村集体经济组织之外的主体流转。③ 持肯定说的理由主要有：①宅基地使用权是用益物权，特别是宅基地上的房屋属于农民所有，应当允许农民转让或抵押宅基地使用权；②农民发展生产缺少资金，允许宅基地使用权抵押，能够缓解农民贷款难的问题；③目前不少农民有部分宅基地和房屋闲置，为了物尽其用，也应允许宅基地使用权的转让和抵押；④允许宅基地使用权转让和抵押，有利于改变城乡二元结构。宅基地使用权转让给集体经济组织以外的个人的，集体经济组织可以收取一定的费用。④

（3）宅基地流转之折中说

针对宅基地流转争论中否定与肯定两种观点，有学者认为，宅基地使用权是由农民从农村集体经济组织无偿分配取得的，是农民基本的生活保障，农民基于各种原因离开村集体经济组织后，如果落户于城镇，则其不再属于本集体经济组织成员，不应再享有表征居住保障功能的宅基地使用权，而应将其宅基地使用权归还给其所在的集体经济组织，其原宅基地上的房屋可以在集体经济

---

① 孟勤国：《禁止宅基地转让的正当性和必要性》，载《农村工作通讯》，2009 年第 12 期。
② 孟勤国：《物权法开禁农村宅基地交易之辨》，载《法学评论》，2005 年第 4 期。
③ 梁慧星：《中国物权法草案建议稿》，社会科学文献出版社 2000 年版，第 48 页。
④ 韩世远：《宅基地的立法问题：兼析物权法草案第十三章宅基地使用权》，载《政治与法律》，2005 年第 5 期。

组织内部转让,但不能将其住房转让给集体经济组织之外的他人。① 折中说的理由主要有两点。①既然法律不禁止农村私有房屋的转让,如果禁止宅基地使用权转让,权利人也可以通过转让房屋的名义转让宅基地使用权。更何况,如果宅基地使用权不能转让,则意味着宅基地的交换价值不能实现,从根本上不利于保护农民的利益。当然,宅基地使用权尽管是财产权,但是具有一定的身份性质,并不适合自由转让,而只能在一定的范围内进行,即只能在本集体经济组织成员之间进行自由转让。至于宅基地的抵押,同样应当适用这一规则。②允许在本集体经济组织内部转让宅基地使用权,可以解决我国目前宅基地总量不足和少数人拥有多处宅基地的问题。考虑到目前我国农村社会保障体系尚未健全,而宅基地使用权是农民的安身立命之本,从全国范围看,现在放开宅基地使用权的转让和抵押的条件尚不成熟。②

上述三种观点都是基于宅基地使用权的某些重要功能并对其做了较为高度的理论概括,其中确有可取之处,在我国社会经济生活的现实中有其积极意义。但宅基地使用权及其流转对于农民居住、生存权的社会保障功能和农民享有土地财产和发展权的经济功能,这两种功能及价值取向并不矛盾,在具备一定社会经济发展的条件下完全可以统一、协调起来,而不是非此即彼、水火不容的对立或冲突关系。从财产视角看,农民在自己宅基地上建房,房屋属于个人财产,土地为集体所有,房屋所有人对宅基地拥有使用权。对房屋的所有者而言,城市、农村并无多少区别,但现行政策却规定,城市住宅包括其占用的土地使用权可以自由买卖,而农民住宅的转让却受到严格限制,房屋可以转让,宅基地不能自由转让,这无论从理论上还是逻辑上都不合理,就如《威尼斯商人》中法官判决只许割肉、不许流血,实际上使农村宅基地处于不能流转的境地。

因此,为了使农民与市民享有同等的土地使用权,在农村宅基地流转方式上,保持集体所有,允许上市转让,这种农村宅基地使用权流转模式才是比较合理的。③ 如果说,在我国社会经济特别是农村经济尚不发达的条件下,禁止宅基地使用权的流转,强调宅基地的经济保障功能还具有现实意义,那么,在改革开放逐步深入,社会经济发展到一定程度,如大量农民进城工作、生活、定居,经济发达地区农民不再以宅基地使用权作为经济保障的条件下,仍然限制宅基地的流转,就完全违背了立法的初衷,不具有合理性。而从目前我国社

---

① 孟勤国:《中国农村土地流转问题研究》,法律出版社2009年版,第128页。
② 王利明:《物权法论》,中国政法大学出版社2003年版,第475页。
③ 张奇:《农村宅基地法律问题探析》,载《财贸研究》,2005年第2期。

会经济发展情况看，基于我国社会经济发展的不平衡，区域差别很大，沿海地区与中西部、经济发达与经济落后地区经济，发展不平衡的现象十分突出。这就要求我们，对宅基地使用权的流转不能采取"一刀切"的做法，而要根据本地农村社会经济发展的实际情况，区别对待。即宅基地能否流转，在多大范围内流转，可在修订现行法律制度的基础上，根据各省、自治区、直辖市不同情况，通过地方立法的方式去解决，而不能以改革为名强行突破。实践证明，在现代法治社会，如果强行突破或规避法律，依法治国的策略将难以推行，法律的权威也将荡然无存，我们的社会更将付出沉重的代价。

2. 宅基地使用权流转中存在的主要问题

在法律上，宅基地使用权作为一种独特的财产权利，其流转需要受到一些限制。如在现阶段，宅基地使用权的流转应连同其上的房屋一同流转，禁止宅基地使用权的单独流转；宅基地使用权的流转不得改变土地用途，仅限于居住使用，否则，受相应用途管制措施的约束；宅基地使用权的流转不改变宅基地所有权的主体和性质。现阶段宅基地使用权的流转宜先由当事人签订协议，再由所有权人"农民集体"同意，同时，流转应有一定的期间限制，不宜定为长期和永久不变。① 但这不能成为限制或禁止流转的理由。从我国农村宅基地使用权流转的实际情况看，阻碍宅基地产权流转的因素，可以归纳为以下几点：

（1）法律法规不完善，法律效力层次低

根据我国土地管理法的规定，农村村民在出租、出卖住房后，再申请宅基地的，不予批准。从该规定来看，法律对村民出卖私有住房的，并不完全禁止。但我国房屋管理相对复杂、行政化色彩浓厚、同权不同质的情况相当普遍。如依据我国现行法律，在集体所有的宅基地上所建造的房屋，不属于商品房，不能在房屋市场上进行自由交易，即使买卖双方签订了转让合同，在此不论合同效力如何，原则上不能进行不动产登记，无法完成公示，也就不发生物权转移的法律后果。在此情形下，双方当事人之间所形成的只是一种债权关系，不具有物权效力。另外，关于农村宅基地管理的法律、法规数量少，且效力层次低，宅基地的分配、使用在很大程度上依靠规范性文件和地方政策调整，关于宅基地使用权流转方面的规范性文件数量就更少。目前，我国还没有一部调整农村房屋和土地方面的民事法律，而仅靠《中华人民共和国民法通则》《中华人民共和国土地管理法》中涉及的极为有限的规范性规定进行调整。如1993年，国务院颁布的《村庄和集镇规划建设管理条例》规定了申请宅基地的程序及审批条

---

① 高圣平：《宅基地使用权性质的再认识与制度再造》，载《中国土地》，2010年第1期。

件，但没有对农村宅基地使用权的流转及纠纷的解决作出规定；为加强对农村宅基地的管理，1990年1月，国务院批转了原国家土地管理局《关于加强农村宅基地管理工作的请示》，对宅基地审批管理、规划管理、用地标准管理及开展宅基地有偿使用试点等做出了明确规定，但对宅基地的流转和登记发证未作出规定。2004年，国土资源部出台了《关于加强农村宅基地管理的意见》，该文件从土地规划、宅基地计划管理、申请报批程序、审批管理办法及农村土地集约利用等方面对全国宅基地管理提出了指导性意见，但对宅基地使用权流转作了限制性规定，并严禁城镇居民在农村购买和违法建造住宅。物权法制定过程中，曾试图对宅基地使用权做出较为详尽的规定，但由于争议很大，仅设置四条，而且对其中的关键问题——宅基地使用权的取得、行使和转让，采取了回避态度，只做了一个衔接性规定，留待土地管理法等法律和国家有关规定进行调整。

（2）土地资源浪费问题突出，超标占地现象普遍

乡镇土地利用总体规划和村镇规划是严格控制宅基地标准、合理划定功能区的前提，是管理农村宅基地的基础，但我国规划制定与落实情况都不尽人意。我国实行以户为单位和无偿取得、使用宅基地的分配使用制度，即土地是无偿取得的，一般通过立户就能免费分得一块土地。由此，也导致了一些问题的产生：一是农村人口因城镇化趋势而逐渐减少，农户数量却迅速攀升，自1999年至2002年，农民数量下降1.6%，农户数量却增加1.1%。《全国土地利用总体规划纲要》本来规定2000年农村居民点用地应控制在2.05亿亩，可是截至1996年10月31日，该数据即已突破2.42亿亩，人均用地$192m^2$[①]；二是随着农村社会经济的迅速发展，农民建房选址多趋向于交通相对便利的公路干道附近，建设用地呈外延密集、中心空置的趋势；三是在城市化进程不断加快的背景下，由于受经济利益的驱使，大量农村劳动力涌入城市，但受户籍制度等方面因素的约束，普遍保留了原有的宅基地及住宅，使得不少地方出现了"空壳村"，这一现象的存在是对农村有限的宅基地资源的一种浪费，同时，对有效保护耕地也造成威胁；[②] 四是宅基地超标问题突出，如苏南地区户均宅基地为$170m^2$，苏中$2238m^2$，苏北$251m^2$，超标面积分别为80.4%、62.2%、

---

① 朱冬亮：《社会变迁中的村级土地制度》，厦门大学出版社2003版，第230页。
② 吕军书、冯琳：《保障与效率价值框架下农村宅基地使用权制度探析》，载《农业经济》，2011年第8期。

58.5%。① 而这种现象在全国各地是普遍存在的。另外，我国农村宅基地使用权的管理比较混乱，诱使一部分人通过各种途径或手段获取宅基地使用权，于是出现超标建房、拒交旧宅基地、一户多宅等现象，造成了土地资源的严重浪费或闲置，严重影响农村社会经济的正常发展。

（3）宅基地流转面临体制性障碍，隐形交易现象突出

近年来，随着我国社会经济的快速发展，沿海经济发达地区或城市郊区农村宅基地和房屋流转十分活跃，由于受经济利润的驱动，农民对宅基地的流转有着强烈的冲动或愿望。但由于我国实行国家所有和集体所有的城乡二元土地所有制，在现行城乡分割的二元体制下，农村集体建设用地包括农民宅基地的市场流转面临体制性制约。土地管理法对农村宅基地的流转作了限制性规定。但又因经济利益驱动、农民与市民需求互补、农村景观和生态吸引力等原因，宅基地买卖、出租、抵押等形式的流转已大量存在，形成了以自发流转为特征的农民宅基地隐性市场。② 在对1010个农户的调查中，已出售过房屋的农户共计60户，占5.9%。虽然该比例不高，但购买农房的对象大多超出法定范畴，其中本村村民占48.3%，非本村村民（包括外村村民、城里人、法人企业）占5.7%；农民房屋购买面积中，本村村民占43.0%，非本村村民占56.9%。非本村村民购买农民住房的行为明显构成隐性流转。而即使是本村村民购房，如果不符合宅基地申请条件的也属于隐性流转。③ 农村宅基地使用权的隐形交易加剧了土地权属混乱和产权交易纠纷，一旦发生纠纷很容易引发社会矛盾或冲突，扰乱正常的社会经济秩序，增加了土地管理的难度。

（4）宅基地的财产属性被否定，农民融资陷入困境

对于农民而言，房屋和宅基地使用权往往构成其主要财富形态，严格限制其流转，直接导致资产消费，农民无从以之变现或担保融资，农民财产权益被制度性损害。同时，严格限制宅基地使用权的流转也造成农村大量住宅闲置，不利于资源的有效配置和合理利用。④ 随着社会经济的快速发展，越来越多的农民转入非农产业的生产，许多农民家庭在扩大产业规模，调整产业结构时，

---

① 方金华：《关于农村宅基地使用权流转的法律思考》，载《西华大学学报》（哲学社会科学版），2008年第3期。
② 茆荣华：《我国农村集体土地流转制度研究》，北京大学出版社2010版，第164页。
③ 朱明芬、邓容：《农村宅基地使用权隐性流转情况的实证调查》，载《农村经济》，2012年第12期。
④ 中央党校地厅级班（第52期）农村改革发展支部第三课题小组：《因地制宜推进农村宅基地流转》，载《理论前沿》，2009年第12期。

经常遇到资金短缺这一问题。在我国农村，大部分农民唯一可以取得融资的，只有房屋和宅基地，但现行法律规定却禁止农村宅基地使用权的流转。这样，一方面，限制了金融机构在农村扩大业务，使农村金融发展缓慢；另一方面，也使广大农民缺少了生产资金融通渠道，影响了农村产业结构的调整，限制了农民收入的提高。① 若要实现资金对农业现代化的拉动，农民只能通过贷款的方式筹措资金，但没有抵押财产作担保的农民，很难通过银行渠道融资。正是基于农村宅基地使用权流转的制度限制，使得农民无法将房屋抵押变现，使这些价值不菲的财产变成了"死产"或者说是"沉睡的资产"，大大降低了农民的融资能力，严重制约了农村社会经济的发展。② 因此，禁止农民将房屋或宅基地使用权抵押或转让，不仅不能保障农民的发展权，也无法保障农民基本的生存权。

二、农地使用权流转改革的实践及实证分析

国土资源部的统计数据显示，目前我国城乡建设用地总量已达到 3.41 亿亩，农村集体建设用地的数量约相当于城市建设用地的 2.5 倍，各为约 1700 万公顷和 700 万公顷。其中农村人均占用建设用地是城市人口的 3.8 倍。尽管集体建设用地一直游离于土地市场以外，国家立法也对集体土地使用权"入市"存在种种限制，但集体建设用地的资产属性与市场需求特征也日渐显露，以出让、转让、出租、作价（入股）投资等形式自发流转集体建设用地使用权的现象早已存在，而且数量和规模呈不断扩大趋势，演变为关系错综复杂而庞大的集体建设用地的隐形市场。但相较于国有土地使用权流转市场已走上统一、规范、有序的轨道，自发的集体土地流转市场则很不完善，且极不规范，基本上处于无章可循、隐形、无序的状态。自发流转往往无资产评估等必要环节、无税收负担，在流转成本几乎为零和无障碍的前提下，较大的流转收益回报诱使人们大肆进行"灰色"交易，甚至出现了有组织、大规模、多形式的土地非法流转或非法从事房地产开发，给现行国家土地法律制度带来重大挑战，也在较大程

---

① 方金华：《关于农村宅基地使用权流转的法律思考》，载《西华大学学报》（哲学社会科学版），2008 年第 3 期。
② 吕军书、冯琳：《保障与效率价值框架下农村宅基地使用权制度探析》，载《农业经济》，2011 年第 8 期。

度上冲击了国有土地交易市场，严重影响土地利用总体规划的全面实施，导致土地宏观管理失控。现有土地法律制度对农村集体建设用地使用权流转的调整不到位及现实流转的频繁与秩序混乱，必将引致法律规制创设的现实需求，促使流转走上规范运作管理的正轨。①

（一）农地使用权流转及发展概况

我国法律并不禁止兴办乡镇企业使用本集体经济组织的土地，国务院1992年颁布的《关于发展房地产业若干问题意见的通知》中，也有"如农村集体经济组织以集体所有的土地资产用入股的方式，与外商联办企业，须经县级人民政府批准"的规定。相关法律或政策中的"除外"和"入股"，恰恰为农民规避法律而出租土地提供了可变通的途径。现实中，农民自发流转土地的申报内容与实际使用情况大相径庭，一般是由村集体经济组织以兴办乡镇企业需用土地的名义申请用地，将土地使用权证办到出租方名下，实际上交由承租方（并非本集体经济组织成员）投资建设，承租方取得土地使用权的依据是一纸（土地、厂房）租赁合同，而似乎集体组织与投资人之间可能存在各种名目的合作、合资合同或承包合同。出租往往是集体建设用地使用权流转的主要形式，有的表现为村集体将非农建设用地使用权或厂房，出租给企业或个人，集体收取租金；有的表现为村办企业以全部或部分土地出租，以收取租金为企业营利和农民个人出租住房而引致土地使用权出租。此外，现实中还存在集体建设用地使用权出让、作价（入股）、转让转租等情形。

在我国经济起步早、发展快的东部沿海地区，多年来，蓬勃发展的制造业、商贸业与持续加快的城镇化，导致建设用地需求量急剧增长。而随着国家对土地供给宏观调控不断加强，城镇国有土地可供量已变得捉襟见肘。据2003年国土资源部的统计，山东已使用城市规划用地的80%，浙江超过90%，一些地区5年就超量用完10年的指标。有学者认为，在国有建设用地供给稀缺状态下，城市的再扩张和工业的持续发展使得盘活集体建设用地势在必行，这为集体建设用地入市提供了机会。只要得到市场需求的认可，集体建设用地也同样可作为市场经济中的一种资源要素进行流转。② 在社会经济较为发达的长三角、珠

---

① 茆荣华：《我国农村集体土地流转制度研究》，北京大学出版社2010年版，第134—138页。
② 陈利根、郭立芳：《关于集体建设用地流转制度构建的探讨》，载中国环境资源法学研究会编《2001年全国环境资源法学研讨会论文集》。

三角、京津地区尤为典型，这些区域许多农村社区集体经济大多是以土地经营为主，即以土地出租、在土地上建厂房或商铺出租等形式获得土地非农收益，既是农村集体的主要收入来源，也是农民最直接、稳定、最为长久的收益保障，农村集体建设用地隐形流转的情况十分普遍。

（二）农地使用权流转改革及流转模式

改革开放以来，随着我国社会经济的发展，特别是市场经济体制的确立，国家土地管理部门一直未中断组织部分地区进行农地流转的试点，全国不少地方政府也在积极推动或由农民自发进行更多的相关实践。虽然各地实践探索不尽相同，但基于现实合理性所总结的典型经验或成功模式，大多已突破了现行法律所设置的禁令，对农地使用权流转的制约格局提出了挑战。归纳起来，具有代表性的农地使用权流转模式主要有以下几种：

1. 经济发展驱动型的广东顺德模式

改革开放以来，珠三角经济发展迅猛，特别是工业得到长足的进步。工业的发展需要大量的建设用地，不仅国有建设用地市场流转频繁，集体建设用地也被卷入市场进行流转。与安徽芜湖相比，广东的集体建设用地流转具有明显的自下而上性，其首先在南海、中山、东莞等地由农民集体自发进行。在广东，凡是民营企业和外资发达的地区，集体出租土地的现象都比较普遍。这种由集体组织出租非农建设用地，不受法律保护，既损害农民集体的财产性收入，又影响了中小企业发展的后劲，并造成很多社会矛盾，需要加以解决。正是在这种社会经济发展背景下，2001年10月，国土资源部和国务院法制办批准广东省顺德区为农村集体土地管理制度改革试点。

2002年，基于实践制定的《顺德区农村集体土地管理改革试点方案》《顺德区集体非农建设用地流转试点方案》与《顺德区集体所有建设用地使用权流转管理暂行办法》，集中体现了集体建设用地使用权流转的改革创新意义。具体可概括为：①流转的集体建设用地必须符合土地利用总体规划和城镇建设规划，且在流转前须经村委会和镇土管机构确认所有权人，权属无争议；②流转必须通过合同约定使用年限，不得超过同类国有土地使用权出让的最高年限，再流转的年限不超过出让合同约定的剩余年限；③流转的集体建设用地不得用于房地产开发建设，使用者不得擅自改变原土地用途；④建立集体建设用地基准地价，由区政府定期公布，作为政府向土地所有者核收流转收益金的依据；⑤集体建设用地流转可采取招标、拍卖、竞价或协议方式进行，须签订定制的流转合同并经区规划国土局审查备案后方能生效等，构成了顺德集体建设用地流转的基本管理制度和规范机制。

2003年,广东省政府下发《关于试行农村集体建设用地使用权流转的通知》。2005年6月,《广东省集体建设用地使用权管理办法》颁布,并自2005年10月1日起施行。管理办法明确集体建设用地的适用范围,可用于兴办各类工商企业,包括国有、集体、私营企业,个体工商户,外资投资企业(包括合资、合作、外商独资企业、"三来一补"企业),联营企业等;兴办公共设施和公益事业;兴建农村村民住宅。其对集体建设用地使用权的出让、出租、转让、转租给予了明确界定。明确规定广东省内的集体建设用地可以直接进入市场交易,自由出让、转让、出租和抵押,与国有土地"同地、同价、同权",并要求农村集体建设用地流转的收益50%以上要用于农民的社会保障。这是农地第一次赢得合法直接入市的权利,从此打破了"非经政府征地,任何农地不得合法转为非农用途"的传统,征地制与农地直接入市并存,由此被有关专家称作"农地直接入市"。

管理办法出台后,广东全省21个地级市中有12个市开展集体建设用地流转工作,流转土地1611宗,计1108公顷,涉及价款14.3亿元。流转工作基本以补办手续为主。开展流转的12个市中,经济比较发达的佛山市、东莞市开展得较好。另外,顺德区开展流转以来,自2002年12月至2006年3月,共办理流转494宗,流转面积224公顷,农村集体经济组织流转收益3.8亿元,政府收取集体土地流转收益金3410万元、契税1461万元,流转土地中工业用地占98%以上;办理再次流转5宗,面积约3公顷;办理抵押23宗,面积约17公顷,贷款金额2521.3万元。从流转分布区域上看,流转的基本是城市周边的零散地块,没有大块土地。[1]

2. 市场主导型的重庆"地票"模式

经国务院批准,2008年12月4日,重庆设立了全国首家农村土地交易所,推出了"地票"交易制度。从2008年12月4日第一次交易,到2010年7月底,共计进行102宗交易,23720亩地票,成交总价26.45亿元,交易价格逐步提高。其中,最高单价为18万元亩,最低单价为8.02万元亩,平均单价为11.15万元亩。[2] 所谓"地票",指包括农村宅基地及其附属设施用地、乡镇企业用地、农村公共设施和农村公益事业用地等农村集体建设用地,经过复垦并经土

---

[1] 张兴国:《农村集体建设用地流转三地比较》,载《中国土地》,2006年第9期。
[2] 付海涛、段玉明:《农地流转路径新探索:重庆地票交易制度研究》,载《农业经济》,2012年第10期。

地管理部门严格验收后产生的指标,以票据的形式通过重庆农村土地交易所在全市范围内公开拍卖。"地票"的购买者包括土地储备机构、园区建设单位、民营企业、国有企业、自然人。具体来讲,重庆以"地票"作为形式,让农民将宅基地整理出来,并大致规定一个价格,并要求需要占用建设用地的用地方首先购买农民整理出来的多余并复垦为耕地的农村建设用地指标,然后才可以在土地一级市场买入同等面积的建设用地。这样一来,通过"地票"制度的推行,重庆将之前"占补平衡"的土地征收和土地增补由政府行为变为市场行为。

由于重庆是一个农村面积广阔的直辖市,农民可以复垦为耕地的宅基地、荒地很多,远远超出国家每年下达的建设占用耕地指标。要出让的复垦耕地面积远大于国家下拨用地指标面积,始终无法形成均衡的"地票"市场。重庆因此只能规定"地票"市场价格为15万/亩。这一规定的后果是"地票"市场有价无市。虽然农民有整理宅基地以进"地票"市场换钱的动力,但因为没有国家下达足够多的征地指标,整理出来的复垦耕地进入不了"地票"市场。即使国家下达足够征地指标,重庆也不可能一次性征收如此之多的农地用于城市建设。因此,重庆的"地票"市场就只能是在规定一个强有力指导价之后,再规定农村宅基地复垦的计划,且只有列入计划的复垦宅基地才能进入"地票"市场交易。按此计划,也许再过几十年,重庆市的相当部分村庄可能仍然无法进入到复垦计划。也就是说,"地票"市场使农民可以从复垦宅基地中获取好处,但实际上,这个好处更多是名义上的,很难变现落到实处。但重庆"地票"制度作为一种新型土地流转方式,在保证城市建设用地增加的同时,也确实保证了耕地的数量及农民的切身利益。

重庆推出"地票"制度的作用大致有两点::一是因为复垦宅基地有价,而使农民清晰地意识到了宅基地等建设用地与耕地性质的不同,宅基地等建设用地属非农用地,将非农用地复垦为耕地,从而为城市建设占用耕地提供了补充耕地,这就使宅基地比耕地更有价值,更能换钱。这是农民之前没有想到的,他们因此有了新的计算自己宅基地收益的心理期待,即便实现这一价值还有很长的路要走。二是重庆可以借用"地票"制度,将作为城乡统筹实验的建设用地城乡增减挂钩,在全市范围实施,从而可以突破中央下达的年度用地计划,扩大建设用地规模。或者说,重庆借用城乡统筹建设试验区的名义,以城乡建设用地增减挂钩的形式,将农民宅基地复垦所减少的农村建设用地数量直接转化为城市建设用地指标。借城乡统筹试验区政策特区的优势,辅以"地票"制度安排,重庆在与中央关于占用建设用地指标的博弈中获取话语权,结果是重庆比其他省市区获得了更多的城市建设用地指标，扩大了建设用地规模。①

3. 政府主导型的天津"宅基地换房"模式

天津是全国"宅基地换房"的试点城市，即农民自愿以其宅基地，按照规定的置换标准，换取小城镇内的一套住宅，迁入小城镇居住。原村庄建设用地则进行复耕，置换出城市建设用地指标用于公开出让，以土地收益弥补小城镇建设的资金缺口。从 2005 年下半年开始，天津围绕破解土地和资金双重约束的难题，在广泛征求农民意愿和大量调研基础上，推出以"宅基地换房"加快小城镇建设的办法，并在 12 镇 5 村开展试点，涉及津郊近 18 万农民。在试点工作中，国土资源部发文要求，依据土地利用总体规划，将若干拟复垦为耕地的农村建设用地（拆旧地块）或拟用于城镇建设的地块（建新地块）共同组成"建新拆旧"项目区，通过"建新拆旧"和土地复垦，最终实现项目区内建设用地总量不增加，耕地面积不减少。到 2006 年 4 月，天津等五省市获得国土资源部批准成为第一批试点，"宅基地换房"项目由此获得政策支持。

2009 年，《天津市以宅基地换房建设示范小城镇管理办法》公布、实施，出台该办法的目的在于规范以宅基地换房建设示范小城镇工作，改善农民生产、生活环境，促进城乡统筹发展。该办法共十章六十六条，既明确了该项工作中规划、土地、融资、置换等环节的管理要求及审批程序，也明确了小城镇的建设、管理等相关要求及责任。根据该办法规定之精神，以宅基地换房是指在国家现行政策的框架内，坚持承包责任制不变、可耕土地不减、尊重农民自愿的原则，高水平规划、设计和建造有特殊，适于产业聚集和生态宜居的新型小城镇。天津宅基地换房项目的资金来源是先以土地出让收益权质押方式由银行贷款解决，而置换出的经营性用地以招标、拍卖、挂牌有偿出让，政府收益部分（财政税收）返还于小城镇建设。房屋建好后，农民按相应的标准以宅基地置换城镇住房。

具体来讲，在房屋普查、建立档案的前提下，规划建立新的小城镇，当一个村 90% 以上的村民提交申请之后，村委会与镇政府签订合同，准备实施换房。按照规定置换小城镇的新建住房后，原农村宅基地将统一复垦为耕地，原土地承包责任制并不改变，土地仍然发包给本村村民。其土地运作可以简单地概括为"建新""拆旧"两大方面。对提交换房申请的农民没有过多的限制条件，其资金来源可以简单概括为"先抵押贷款，再财政返还"，其具体含义是指项目

---

① 贺雪峰：《论土地性质与土地征收》，载《南京农业大学学报》（社会科学版），2012 年第 3 期。

所需资金首先以土地出让收益权质押方式由银行贷款解决，而置换出的经营性用地以招、拍、挂有偿出让，政府收益部分（指财政税收）返还用于小城镇建设。房子建好之后，农民按相应的标准以宅基地置换城镇住房。[①]

4. 双向开放型的浙江农地流转模式

浙江农地流转目前仍处于探索中，在操作过程中尚未形成统一的制度规范。但建立城乡统一土地市场已成为浙江农地流转改革的基本目标或方向。浙江地处我国东部沿海经济发达地区，随着社会经济的快速发展和城市化、工业化进程的加快，耕地面积面临不断减少的趋势。浙江省的耕地总量从1978年的1838千公顷下降到2003年的1592.14千公顷，减少了245.86千公顷。目前，浙江农业耕地总量大体保持在这一水平上。人多地少，耕地资源紧缺，土地后备资源不足，人地矛盾突出一直是制约浙江社会经济发展的重要因素。在这一背景下，出现了经由地方政府行政力量推动的土地流转试点，形成"承包地换保障、宅基地换住房"的嘉兴模式和以解决乡镇企业土地资产处置为出发点的湖州模式。至2011年9月，国家农办将浙江确定为农村改革试验联系点。为此，省政府明确提出将着重推动完善现代农业经营制度、完善农业科研和技术推广体制、完善农村集体建设用地流转制度、深化农村集体产权制度改革、推进农村新社区治理机制创新、深化农村金融制度创新、推进户籍管理制度改革等七个方面的改革试验。

（1）浙江农地流转的发展现状

20世纪90年代中期以前，我国土地使用权流转的发生率一直偏低。[②] 据原农业部1999年对浙江、河北等6个省的农地流转调查数据显示，有24.5%的农户在1998年从事了农地流转，土地流转比例平均为14.3%。土地流转比例较高的浙江省，流转农地的农户占33.3%，土地流转比例为35.0%，[③] 明显高于全国平均水平。土地流转制度之所以率先在浙江全面推开，并非偶然。它首先得益于改革开放后浙江社会经济的快速发展，浙江农民积极进取，进入商业经济领域开拓、发展，使传统的以农业为主的收入结构发生比较大的变化。至2000年，浙江省60%的农村劳动力脱离了农业，农民年均现金收入的80%来自工业和第三产业。另外，由于国家对于农产品一直采取限价政策，工业与农业，城

[①] 解安宁、刘芳兵、曹天天：《农村宅基地使用权流转模式创新研究：以天津模式与重庆模式为视角》，载《法制与社会》，2010年第26期。

[②] 张红宇：《中国农地调整与使用权流转：几点评论》，载《管理世界》，2002年第5期。

[③] 詹和平：《农村土地流转问题实证研究综述》，载《安徽农业科学》，2007年第24期。

市与乡村的收入形成剪刀差，加之水稻种植的比较效益较低，种粮成本高，收益低下，随着农民进入城镇务工，每年都有大量的农田撂荒。自20世纪90年代初起，在浙江，农户之间的土地使用权实际上已在私下隐形流转，至90年代末，已经形成庞大的隐性市场。

进入21世纪，浙江农村土地规模经营稳步推进，流转逐年加速，土地流转呈现出良好的发展势头，至目前已从"一家一户"的分散经营和"小而全"的传统生产方式向规模化、集约型的现代农业过渡，在全国处于领先地位，引起国内外的广泛关注。浙江省2006年末实有耕地面积1594.43千公顷，其中，旱地面积1291.08千公顷，水田面积303.35千公顷，乡村基建占地7.76千公顷，国家基建占地7.4千公顷。① 据相关部门调查统计，2007年，全省土地流转面积达465.76万亩，占总承包耕地面积的23.5%；涉及流出土地农户240.78万户，占全省家庭承包经营总农户的25.6%。② 2008年，全省农户承包地流转面积为545.9515万亩，占总承包耕地1977.0185万亩的27.61%，其中，转包238.6320万亩，占总承包耕地流转面积的43.17%；转让16.7056万亩，占总承包耕地流转面积的3.06；出租229.7132万亩，占总承包耕地流转面积的42.08%；入股6.4623万亩，占总承包耕地流转面积的1.18%；互换4.6082万亩，占总承包耕地流转面积的0.84%；其他形式流转的面积49.8302万亩，占总承包耕地流转面积的9.13%。③ 与此相应，各类产业化经营组织不断壮大，合作社规范化建设深入推进，企业与农产品基地连接更为紧密。现有各类农业龙头企业6301家，2009年销售收入2102亿元。农民专业合作社达到15965家，成员71.5万个，带动非成员农户401.2万户，成员和带动非成员占全省承包农户的50.5%。2009年，633万亩土地实现流转，流转面积占承包耕地的32%，生猪、家禽规模经营比重分别为80%、95%，居全国领先水平。④

同时，我们也看到，面对浙江人多地少，土地资源紧张的局面，浙江各级政府不是采取限制、打压的策略，而是采取"走出去""引进来"的双向流动策略，除大量转移农民到第二、三产业之外，积极鼓励和引导农民大胆走出去，

---

① 浙江省统计局、国家统计局浙江省调查总队：《2007年浙江统计年鉴》，载http://www.zj.stats.gov.cn/col/col316/index.html
② 浙江省农业厅课题组：《浙江省农村土地流转的现状及趋势研究：基于991份调查问卷的分析》，载《浙江现代农业》，2008年第4期。
③ 丁关良：《土地承包经营权流转法律制度研究》，中国人民大学出版社2011年版，第149页。
④ 王海丹：《浙江农业概况》，载http://www.nxzdj.com/nckp/kp7/kp21/201010/2560.html

全方位地拓展农业发展空间。这种带有开放性的双向流动，即在本省的土地流转中，受让者不局限于本省自然人与法人，积极引进先进的管理者，吸收先进的管理经验，同时，也积极引导、鼓励浙江人到全国各地甚至国外去承包土地，进行农业开发，形成较有特色的"浙江流转模式"。据浙江省原农业厅公布的数据显示，2005年年底，省内共有1081家农业企业、50多万农民走向省外以至跨出国门从事农业综合开发，农业外向度不断扩大。目前，浙江农民外出开发农业的足迹已遍布乌拉圭、俄罗斯、巴西、美国、日本、韩国等全球40多个国家和地区。至2010年，在浙江省外从事农业开发的浙江人数量已逾50万，在省外承包土地实施种养的面积已接近3000万亩，超过了浙江省的总耕地面积。① 我们认为，这一流转模式不仅适应浙江农业经济发展，而且在全国也具有示范效应。

（2）浙江农地流转的制约因素

浙江全省土地总面积10.18万平方公里，约占全国的1.06%，人口5400多万，是中国面积最小、人口密度最大的省份之一。其中，山地和丘陵占70.4%、平原和盆地占23.2%、河流和湖泊占6.4%、耕地占15.7%，人均占有耕地仅0.5亩，不到全国人均耕地面积1.2亩的一半，而且，随着浙江社会经济的快速发展和城市化、工业化进程的加快，耕地面积还面临不断减少的趋势。人多地少，耕地资源紧缺，土地后备资源不足，人地矛盾突出一直是制约浙江社会经济发展的重要因素。在这一背景下，出现经由地方政府行政力量推动的土地流转改革试点，形成"承包地换保障，宅基地换住房"的嘉兴模式和以解决乡镇企业土地资产处置为出发点的湖州模式，在此基础上逐步在全省推进各具特色的农地流转。

与全国的情况基本相同，浙江农村宅基地布局分散，面大量广，是一笔巨大的土地资源。据统计，2006年年末，浙江农村居民平均每户拥有住宅面积175.46平方米，99.0%的住户拥有自己的住宅。其中，拥有1处住宅的780.54万户，占87.8%；拥有2处住宅的93.74万户，占10.5%；拥有3处以上住宅的5.91万户，占0.7%。住宅类型主要为楼房。其中，居住楼房的758.55万户，占85.3%；居住平房的129.00万户，占14.5%；居住其他类型住房的1.91万户，占0.2%。住宅结构主要为砖混和砖木结构。住宅为砖混结构的535.63万户，占60.2%；砖木结构的275.86万户，占31.0%；钢筋混凝土结构的

---

① 张道生：《浙江50万农民在省外承包土地3000万亩 超本省总耕地面积》，载http://finance.ifeng.com/news/20100218/1835757.shtml

51.92万户，占5.8%；其他结构的26.05万户，占2.9%。① 由于法律、政策的严格限制，宅基地不能上市公开交易，这笔巨大的土地资源，无法在自由流转中实现其保值、增值的功能，实际上是社会资源的严重浪费。

但在现实生活中，因经济利益驱动、农民与市民需求互补、农村景观和生态吸引力等原因，宅基地使用权的买卖、出租、抵押等形式的流转大量存在，形成了以自发流转为特征的农民宅基地隐性市场。宅基地隐形交易加剧了土地权属混乱和产权交易纠纷，给土地权属管理造成了很大的障碍，增加了土地管理的难度，增加了法院的工作压力，继而影响着农村的安定。浙江为了改善农村生产生活条件和农村面貌，推进城乡统筹发展，2003年以来，启动了"千村示范，万村整治"工程。对全省10000个左右的行政村进行全面整治，并把其中1000个左右的行政村建设成全面小康示范村。列入第一批基本实现农业和农村现代化的县（市、区），每年要对10%左右的行政村进行整治，同时，建设3～5个示范村；列入第二、第三批基本实现农业和农村现代化的县（市、区），每年要对2%～5%的行政村进行整治，同时，建设1～2个示范村。根据各地的县域村庄布局规划，全省的行政村最终将减少到2.4万个。② 2011年4月，制定颁发了浙江省"千村示范，万村整治"工程项目与资金管理办法，明确市、县（市、区）要积极筹措资金，保障"千村示范，万村整治"工程建设的需要。要加大整合投入力度，将"千村示范，万村整治"工程与农村环境连片整治示范工程、农村土地综合整治、农村危旧房改造及农村公共服务体系建设等项目有机结合，形成建设合力，为新型城镇化建设的推进创造了良好的条件。

（3）政府主导型的嘉兴"两分两换"模式

正是在上述背景下，2008年4月，嘉兴作为浙江省统筹城乡综合配套改革的试点地区，选择"两分两换"，积极探索农地流转，形成政府主导型的嘉兴"两分两换"模式。具体来讲，随着城镇化进程的加快，嘉兴大批农村劳动力实现了在城镇非农就业和置房定居，而城镇建设用地紧张的矛盾已相当突出。嘉兴农业用地保有率高达86%，但农业产出不到GDP的6%，后备土地不足的同时，农村建设用地利用却较为浪费。为此，要保障城镇发展用地必须相应缩减农村宅基地面积。嘉兴市现有农村建设用地58.9万亩，户均0.96亩，而且农民

---

① 浙江省统计局：《浙江省第二次农业普查主要数据公报》载 http://www.zhejiang.gov.cn/art/2008/3/18/art_5497_209420.html
② 浙江省发展改革委农经处：《浙江省"千村示范，万村整治"工程呈现五个趋势》，载 http://njs.ndrc.gov.cn/njxx/t20050913_42339.htm

住房星罗棋布，杂乱无序，占用面积很大。"两分两换"的初衷是通过土地置换进行土地的节约集约利用，根据粗略估计，通过集中居住之后，农村建设用地至少可以节约出70%的土地。2008年4月，嘉兴作为浙江省统筹城乡综合配套改革的试点地区，选择"两分两换"，积极探索农地流转。并出台了"承包地换保障、宅基地换住房"改革试点的实施意见，制定了土地承包权换社会保障、老年人生活补助等相关配套政策。先后在全市七个县（市、区）启动了九个"两分两换"试点。

所谓"两分两换"，就是按照"土地节约集约有增量，农民安居乐业有保障"的总体要求，以"农业生产经营集约、农村人口要素集聚，切实提高农民生活水平和生活质量"为根本目的，将"宅基地与承包地分开，搬迁与土地流转分开，以承包地换股、换租、换保障，推进集约经营，以宅基地换钱、换房、换地方，推进集中居住，转换生活方式"。根据2011年的统计，嘉兴13个市级试点镇已完成投资9.35亿元，签约换房农户达10854湖，分别落实安置公寓房、联排房10527套和2289套，已入住4321户，完成农民拆迁7142户，共流转土地承包经营权4.82万亩。通过"两分两换"改革试点，统筹城乡发展的多重效果已初步显现：一是镇村整体布局全面优化、二是新农村建设路子得到拓展、三是土地节约集约效果明显、四是农民财产性收入切实增加尤其是住房资产增值明显。

"两分两换"也存在诸多风险，其中非常重要的一条是资金平衡机制问题，根据试点情况看，就宅基地而言，粗略估算，通过置换，一亩宅基地的成本大概在45万元左右，如果将来增加出的土地每亩平均收益在80万元左右，那么这项工作的财政才不会出现问题。目前，试点镇的主要做法是成立镇一级的投资发展公司，力求通过公司未来的城市开发来平衡这一部分资金，这在某种程度上是存在一定风险的。就土地承包经营权的流转而言，目前试点镇的政策是按土地流转资金700元/亩/年的承包经费给农民，并且每年递增50元，年限到2028年为止。这在一定程度上也增加了土地使用的风险，也就是说流转出的土地农业经营的收益必须超过承包经费，这种流转才有可持续性。此外，随着"两分两换"试点以及城乡居民社会养老保险、新型农村合作医疗保险等社会事业建设的大量增加，财政资金问题将会更加突出。因此，短期来看，由于嘉兴市经济社会发展水平较高，土地置换的财政支撑应该不会出现问题，但是从长期来看，必须建立一种长效稳定的土地资金收益机制，才能确保"两分两换"工作的顺利推行。

在"两分两换"工作实施的过程中，另一个比较突出的问题是土地周转问题。由于在农民未实现集中居住之前,农民原有住房还不能拆掉,而这个过程大概需要2~3年,因此,公寓房建设的用地指标就成为地方政府面临的紧迫问题,也成为制约"两分两换"工作能否顺利开展的关键。此外,嘉兴市准备用宅基地复垦指标来平衡农村新社区建设,但这里面也存在监管的问题,必须加强监管机制建设,确保节约出来的宅基地平衡指标被用来复垦。[1] 根据嘉兴姚庄镇、龙翔街道和七星镇三个宅基地置换试点乡镇的调查,土地节约率平均在50%以上,腾地潜力巨大,嘉兴模式最有意义之处在于政府主导下通过将作为农村建设用地的宅基地进入土地市场,促进城乡生产要素合理流通和高效配置。[2]

(4) 乡镇企业改制型的湖州模式

改革开放以来,随着我国社会经济的发展,特别是市场经济体制的确立,国家土地管理部门一直未中断组织部分地区进行农村集体建设用地流转的试点。1999年后,国土资源部在全国范围内较大规模地安排了30处集体建设用地流转试点,如安徽芜湖、广东顺德、浙江湖州等。经过多年建设,已经形成具有代表性的"湖州模式"。这一农村集体建设用地流转模式主要是指以浙江湖州为代表的集体建设用地流转模式。湖州的试点是从解决乡镇企业土地资产处置为出发点的,该市到1997年年底,乡镇企业已占全市工业经济的80%以上,随着乡镇企业改制,土地使用权的处置成为焦点。湖州针对乡镇企业改制所进行的集体建设用地流转改革,形成很有地方特色的土地流转模式,极具理论与实践价值。

湖州的做法主要可以归纳为以下几种。①乡镇企业无论以何种方式转制,改制前应具有合法的土地使用权,不具备的,须依法补办用地手续,并取得土地使用证书。②乡镇企业在进行资产评估时应同时包括土地资产评估。③企业改制方式不同,办理用地手续的原则不同:包括企业整体转让或部分不动产转让时土地使用权随之转让的,由受让者依法办理土地征用、出让手续,补交土地出让金和造地专项基金等国家税费;改制企业以出让方式取得的土地可以转让、出租和抵押;集体土地所有者作为出租人将土地使用权随同地上建筑物、其他附着物租赁给改制企业的,集体所有权性质不变,土管部门向出租方颁发

---

[1] 《嘉兴市统筹城乡发展综合配套改革调研报告》,载 http://wenku.baidu.com/view/993a5b214b35eefdc8d333f5.html
[2] 黄忠华、虞晓芬、杜雪君:《中国宅基地流转研究综述》,载《中国房地产》,2012年第5期。

《集体土地租赁许可证》，承租企业向出租方支付租金。租赁取得的土地使用权不得擅自转让、转租和抵押；乡（镇）、村以土地使用权作价入股，集体土地性质不变，乡（镇）资产经营公司或村经济合作社收取每年红利。作价入股的土地使用权可以抵押；以划拨方式取得国有土地使用权的乡（镇）、村集体企业改制时，由乡（镇）资产经营公司或村经济合作社补办出让手续、补交出让金后，可以转让、出租给改制企业，对补交的出让金，要返回给乡镇80%。① 在处置转制乡镇企业土地资产的基础上，湖州市又将这一探索延伸到集体存量建设用地的流转。先期试点做法是，保留集体土地所有权不变，允许集体土地在符合如下原则时进行流转：①已经依法取得的镇、村集体非农建设用地使用权（即办理过使用手续的）；②符合土地利用总体规划、村镇建设规划和相关流转条件的（一般村镇规划区内的流转，原则上征为国有；规划区外的，实行集体土地内部流转）；③流转形式包括转（含作价入股或出资）、出租、抵押土地使用权；④土地收益分配，谁所有谁收益，土管部门按土地流转收益金额收取5%的手续费。

随后，湖州又在试点的基础上，形成集体建设用地流转办法。流转适用的范围，一类是工业园区，另一类是城市重大基础设施，允许在规划区外只使用不征用。但湖州方案对建城区和规划区范围的建设用地不搞流转和转权返利，也严禁集体土地搞商贸和房地产开发。用地者取得土地的方式有两种：一种是一次性让与，按承包期30年一次性买断。一次性买断的，交掉各种税费外，不得低于国有土地基准价的30%。另一种是作价入股，土地权属为集体，用地者每年交纳一定数量的使用费。集体土地收益，全部纳入乡镇专户，乡镇提15%用于乡镇基础设施，土地所有者得85%，分到户。② 总的来讲，鉴于政府征地补偿费与土地实际使用价值相差悬殊，农民并不希望集体拥有的土地被轻易征收而永久失去土地收益的所有权，在平等观念支配下，认为国有土地、集体土地不同的"出身"不应该影响各自主体权利的地位——如同国家对城镇国有土地使用权拥有完全的土地处置、收益等权能一样，农村集体土地的处置、收益权也应完整地归属于集体土地所有者。在国有建设用地供给稀缺状态下，城市的再扩张和工业的持续发展使得盘活集体建设用地势在必行，这为集体建设用地入市提供了机会。因此，只要得到市场需求的认可，集体建设用地也同样可

---

① 茆荣华：《我国农村集体土地流转制度研究》，北京大学出版社2010年版，第139页。
② 刘守英：《中国土地产权与土地市场发展》，载http://wenku.baidu.com/view/7f4c27bff121dd36a32d826c.html

作为市场经济中的一种资源要素进行流转。

经过多年的改革发展，浙江农地流转取得了显著的成绩，对促进"法治浙江"建设，特别是繁荣浙江农村经济，具有一定的作用。但我们也看到，在浙江农地流转过程中，由于种种原因特别是法律制度设计的不合理性，使浙江农地流转制度的缺陷、局限与不足表现得也很明显。如农地征收流转法律依据不足、流转中法律制度缺失、流转农地补贴不合理以及流转中过多的行政干预等。因此，针对浙江农地流转存在的各种问题，通过土地制度改革，彻底打破城乡二元土地结构，重构农地流转机制是浙江农地改革的基本方向。只有这样，才能真正推动浙江城镇化进程，发展土地规模化经营，最终实现城乡一体化的发展目标。

三、农地使用权流转存在的主要问题

由于我国现行农地制度是在我国特定的社会经济发展或历史条件下确立和发展起来的，带有明显、浓厚的行政主导色彩。同时，在具体土地使用权制度的设立和变更方面，极具应急特点，其理论准备的不足、指导思想的模糊、制度设计的不合理和不规范就表现得十分明显。随着改革开放的深入，特别是随着我国社会经济、法治的快速发展，现行农地制度深层次的矛盾也逐渐显现，在某些情况下甚至以十分激烈的方式表现出来，给我国社会经济、法治建设的发展已经或正在造成破坏，农地问题已经成为制约我国社会经济发展的重要问题，成为严重影响我国社会和谐，激化社会矛盾、冲突的不安定因素。归纳起来，在现实社会经济生活中主要存在以下问题：

（一）流转操作程序不规范，法律制度不完善

农地流转作为农村土地制度改革的核心内容，离不开完善、配套的制度支撑。而我国目前城乡分割的土地流转市场、薄弱的农村劳动就业、养老、医疗保险等保障机制的尚待完善，使农地的社会保障功能显得非常重要，使得进城农民始终不愿、不敢放弃农地使用权，农地流转既缺乏流转的动力，也缺乏流转后的社会经济保障，从而严重阻碍着农地的正常流转。同时，农地流转的确权、登记、交易等各项制度都不明确、完善。在法律上，农村集体经济组织所拥有的农地所有权及其成员所享有的农地使用权，实际上是一种不完整的民事权利，缺乏所有权或使用权应有的权能，各项权能的不规范、不完整表现得很

明显，具体权利的不清晰、不完整和模糊，很容易造成农地流转过程中的无序、混乱，甚至出现异化现象也在情理之中。因此，农地使用权主体的不明确、权利的残缺，造成农地自由、合法流转严重不畅，而农地流转的"隐性"市场却十分繁荣，违法、违规现象十分普遍。如1990年以来，珠三角、长三角及一些大中城市市郊，农民利用政策和法律空间，自建厂房、仓库和店铺等用于出租，甚至有的干脆不顾法律的限制，直接进行土地非法出租等。通过隐形市场、改变用途而为集体建设用地使用权流转的数量是巨大、惊人的。这些流转不为法律、政策所认同，缺乏合理的流转机制，从而难免引发诸多问题，导致纠纷及矛盾冲突，影响农村稳定发展。① 同时，因流转中的"依法"成分很少，缺乏法定的程序和流转规制，流转显得相当松散和脆弱，完全不能适应市场经济条件下农地的自由、平等、有序流转。一旦发生矛盾、纠纷，农地的所有者和使用者的权利都无法得到法律保护，许多情况都由各级政府酌情处理，法律缺位现象十分突出。因此，有学者认为，农地流转的主要障碍一是将农业承包合同定位于债权合同，因而土地承包经营权人转包土地或转让土地承包经营权需经发包人同意；二是依《中华人民共和国担保法》第37条之规定，耕地、自留地等集体所有的土地使用权原则上不可抵押，而不可抵押限制了农地流转。②

（二）农地使用权流转缺乏必要的中介组织的合理介入

目前，在我国农村虽然也成立了一些土地流转的中介组织，但总体上缺少由上而下的网络状、多功能的服务综合体系，使得供求双方信息辐射面窄、流动不畅，而这不仅使土地流转受到局限，影响了土地资源的合理配置，也使土地流转的交易成本提高。从全国各地农村土地流转中介组织实际运行情况看，大多是由政府主导的外生型组织，这些土地流转中介组织或是在政府的主导下进行运作，或是在村委会（社区）的主导下发展，往往倾向于执行国家的方针、政策，成为各级政府的代言人。因此，很难在农地流转中发挥应有的作用，也很难获得社会的认可。实践证明，建立真正适合土地流转市场需求的中介组织，不仅可以有效打破土地流转的地域限制，促进农村社会经济发展，而且也有利于农业的市场化转变。但对农地流转市场进行法律规制是一项系统工程，它涉及政治、经济、法律等社会生活的诸多方面。立法不仅是一项单纯的法律工作，还要充分吸收政策引导和市场调节因素，全力构建一个包括土地供应、使用、

---

① 方湖柳：《农村非农建设用地进入市场的时机已到》，载《中国改革》，2006年第6期。
② 江平：《土地民事立法研究》，中国政法大学出版社1999年版，第313页。

收益、权责、服务等各项机制在内的科学完备的调控体系。同时，为保障这个调控体系的稳健运行，还要建立健全一套争议解决机制，及时有效地解决农村土地权属纠纷、行政纠纷和合同纠纷。而就每个农民个体而言，要真正实现立法所赋予的各项权利并非易事，它依赖于农民自身权利意识的觉醒，依赖于司法的公正与效率，更依赖于各级政府在土地流转上依法行政、保障农民权益。①

(三) 农地使用权流转中行政权力膨胀与滥用的情况比较普遍

我国法律规定农地属于国家所有的很少，但国家往往利用强大的行政权力征用、征收农民集体所有或农民拥有承包经营权的土地，且在这些征用征收的过程中农民的意志往往没有得到足够的尊重，农民始终处在被支配的地位。尽管我国宪法、民法通则、土地管理法都规定，国家为了公共利益的需要，可以依照法律规定对土地实行征收或者征用并给予补偿，但这种补偿是明显过低的。虽然物权法做出了更完备的规定，但对补偿的各项费用仍没有具体的计算标准和参考标准，从而导致实践操作极其困难。这使得国家变成了农地的最大所有者和农地权利的最大享有者。另外，由于政府经常统一调地，使得农地使用权经常转换，严重损害了土地承包经营权的稳定性，导致耕地保护政策难以落实，国家粮食安全受到威胁。农民土地使用权不完整和农地征用补偿过低，阻碍了农村人口向城市的转移。

(四) 流转程序不规范，缺乏有效的纠纷协调机制

在我国，大多数地区至今尚未建立起一套规范的流转程序。首先，流转缺乏登记程序。不动产登记有公示和公信力的作用，能降低交易的信息搜寻成本、减少各种权属纠纷，是不动产行使和保护的重要保障。依据物权变动原则，登记是农地流转生效的要件之一，是土地使用权取得、行使、保护的前提。但遗憾的是，我国土地登记制度还不统一，集体土地所有权、集体建设用地使用权由国土部门登记，而土地承包经营权则由农业部门登记。土地承包经营权登记也不规范，有的地区以财政困难、没有经费为由，不印发承包权证书；有的地区村委会以农户不愿意交工本费为由而扣发证书，造成了承包方的权利无法有效保障、土地承包经营权流转不畅等诸多问题，对土地承包经营权的取得、行使、保护非常不利。其次，流转缺乏书面合同。由于法律知识贫乏、受教育程

---

① 张祖晏：《对农村土地承包经营权流转法律制度缺陷的探析》，载《黄石理工学院学报》（人文社会科学版），2010年第1期。

度相对偏低，很多农民进行土地流转仅仅凭口头协商，无任何书面合同，甚至没有向集体备案。一旦出现不支付租金、不兑现收益分成等情况，或受让方将土地使用权再转让、土地使用权发生权属纠纷时，就难以从法律和行政角度进行处罚。这种情况在我国非常普遍。比如，广东省一份调查显示，农业大县博罗县的长宁镇，从2000年10月至今的437宗农村土地流转中只有247宗签订了流转合同，占56.50%，其中租赁的有86%签订了合同，转包、互换等自发流转的只有6.8%签订合同，缺乏最基本的手续，流转程序很不规范。①

近年来，随着城乡一体化进程的加快，农地使用权纠纷案件的数量也呈现了快速攀升的趋势。由于现行法律对受案范围、仲裁效力、执行等方面没有明确的规定，故给纠纷的解决造成了很大的阻力。《中华人民共和国土地承包法》第51条规定："因土地承包经营发生纠纷的，双方当事人可以通过协商解决，也可以请求村民委员会、乡（镇）人民政府等调解解决。当事人不愿协商、调解或者协商、调解不成的，可以向农村土地承包仲裁机构申请仲裁，也可以直接向人民法院起诉。"但是自《中华人民共和国农村土地承包经营法》实施至今，全国大多数农村尚未建立农村土地仲裁机构，有的虽然已经建立，但因为人员和经费等原因尚未开展仲裁工作，仲裁委员会在纠纷解决中基本上未发挥预期作用。② 因此，农地流转的程序规范及纠纷解决机制急需加强。

四、完善农地使用权流转的看法或对策

我国农地使用权流转的社会实践证明，一个有效、完善的农地法律制度，必须是能够充分反映并适应社会经济发展客观需求，运转良好，具有保障各民事主体合法利益，激励各民事主体对土地进行合理、有效利用、经营，充分发挥土地的经济、社会、政治功能的科学制度。但从目前我国农地流转制度运转的客观情况看，并不理想，特别是在制度层面遇到一些深层次的矛盾和问题，尤其是城乡二元体制阻碍着城乡一体化进程，制约了农地平等、自由、健康、有序的正常流转。我国农村三权分置改革的实践也证明，要达到土地资源优化

---

① 张祖晏：《对农村土地承包经营权流转法律制度缺陷的探析》，载《黄石理工学院学报》（人文社会科学版），2010年第1期。
② 史卫民：《农地承包纠纷仲裁解决机制的探索与思考》，载《农业经济》，2007年第7期。

配置的目的，只有通过强化农地流转的手段或途径来实现。因此，在农地流转制度的建设上如何打破城乡分割、政府主导的格局，形成开放、良性互动的农地流转机制，并通过法律制度推进农地的规模化经营，已成为我国现代农业发展的必然趋势。

（一）在制度上进一步强化农地使用权的各项权能

农地使用权作为一项重要的用益物权，它是按照土地的性能、用途、功能等，对集体所有的耕地、宅基地及建设用地等加以利用，充分发挥土地使用价值，以实现对标的物的使用和收益目的他物权。在农地法律关系中，作为农地使用权的权利主体是特定的，而义务主体是不特定的，它可以对抗任何人。不论是土地承包经营权、宅基地使用权，还是集体建设用地使用权均具有排他的、对世的效力，权利人可以按自己的意愿行使权利，不受任何人包括农地所有者、政府、法人等的干涉或阻挠。因此，农地使用权在本质上是以对土地的占有、使用、收益为内容的一种直接管理和支配土地的权利。尽管它的取得一般是通过土地承包合同、合法占有或行政审批等方式取得，但我们说，它并不是债权，并非使用者对所有者的请求权，它是在我国特定社会历史条件下形成的一种物权形式。就获得承包经营权、占有宅基地、占有建设用地的民事主体而言，其可依法享有或行使权利，不需请求他人协助。与此同时，一旦权利受到侵害理应得到法律或公权力的保护或救济。针对目前我国社会经济生活中侵害或干涉农地使用权的违法现象比较普遍的情况，我们认为，在法律制度与司法实践中，要进一步强化农地使用权，使其更具可操作性。

在我国，出现侵害农地使用权的原因有很多，但最主要的是我国农地法律制度不健全、不完善。目前，民法通则、物权法、土地管理法等法律只是原则性地将农地使用权作为用益物权，在相关法律制度中加以确定，但并未对其基本内容作出明确的规定。在我国，现实社会生活中调整农地法律关系所依据的更多的不是法律，很大程度上仍停留在政策调整的层面，政府机关发布的政策是主要依据；处理农地侵权纠纷的机关也不是以法院为主，而是由政府主导；调整农地法律关系的不是私法，大多是公法，以权力、计划为主导的公法，反映的不是市民社会中的平等法律关系，而是管理与被管理、服从与被服从、领导与被领导的行政法律关系，它灵活有余而规范不足、强制性有余而任意性不足、原则性有余而操作性不强，如此等等，根本无法满足我国社会经济生活的现实需要。因此，必须从所有权与使用权的配置、运行、协调以及法律保障等方面予以协调或完善。

土地经营权和使用权人所享权利的大小和多少,由法律明确规定,在法律规定的范围内,经营权和使用权人行使对土地资源的占有、使用、收益或处分。因此,土地处分权有一定的法定性,必须有明确的法律依据。但与此同时,我们也可以考虑,在现行法律制度框架下,将土地的处分权与处置权进行分离,即集体经济组织享有处分权,而土地使用权人享有处置权。即使用权人享有依法处置其经营、使用农地的各项权利,任何单位和个人都不得非法干预农地使用权人对土地的经营活动。即是集体经济组织、政府部门也不得非法干涉土地使用权人的生产、经营和使用权的流转。土地所有权对土地处置权的制约,只限制在法律和国家对于农地使用权的控制、监督、管理等重大问题上,而一般的包括各种形式的土地流转都由使用权人自己独立决定。总之,通过法律制度保证农地使用权的行使、流转是农地使用权人所享有的农地处置权的重要体现。这对于强化农地的长期使用权,促进农地使用权人对土地的长期投资,实现我国农业的可持续发展,具有重要的作用。因此,法律应当充分确认使用权人依法享有的各项权利,为农地的自由流转创造条件。

(二) 改革现行土地制度,以建立城乡统一的土地流转市场

综观我国农村社会经济的发展,我们会发现,集体建设用地的隐形市场长期存在着,只是我们一直不愿正视。实际上,它反映的是一种十分正常的社会需求,即市场经济条件下各民事主体对农地使用权流转的内在需求。正如学者所指出的,在目前的体制下,我国事实上存在二个土地市场:一是城市的显性土地市场。城市的土地属国家所有,城市土地的使用权可以出让、转让,城市土地的需求者和供给者在价格的指引下达到均衡形成了城市土地市场。二是农村隐性的土地市场。农村土地属集体所有,农村土地使用权不能直接转让交易,所以,从表面来看,农村没有土地市场。但实际上农民的土地承包权可以流转,农民建造的房屋可以出租转让,农村集体建设用地可以用来入股、联营取得收益,这些农村土地的使用形式,实质上是以土地为核心生产要素其产出进入了市场交易。这些农村的土地交易或以土地为核心生产要素生产出的产品和服务相关联的交易,自发形成了农村隐性的土地市场。鉴于土地用途管制是一个通行的做法,因此,统一城乡土地市场最现实也是关键的,就是允许农村集体建设用地直接进入城镇土地市场交易。在一级市场上,农村集体建设用地要拥有与国有土地同样的出让、出资、出租等权利。而在二级市场上,农村集体建设用地使用权要与国有土地使用权一样,是同一层次和类型的物权,享有同等的权利内容，享受同等的物权保护，即"同地、同权、同价"。①

对上述看法，我们持赞成态度。在统一土地市场的建设中，一方面，应顺应我国社会经济发展的客观现实需要，明确农村建设用地入市的合法性，并从法律制度上加以规范，以引导我国农村集体建设用地的高效、合理利用。即通过修改物权法、土地管理法等相关法律、法规，确立农村建设用入市流转的法律制度，允许农村建设用地入市流转；通过完善我国农地流转管理办法，引导农村建设用地使用权的合理流动。在此基础上，建立起科学、合理、规范的农地价格评价机制。根据我国农地建设的实际情况，充分吸收国外完善、成熟的土地市场运行机制，积极探索出适应我国社会经济发展的土地价格评估机制，使我国农地市场步入规范化、制度化、法治化的运行轨道。另一方面，积极建立、健全各种适应我国农地流转需求的中介服务机构，充分发挥中介服务机构在土地流转中的作用，形成系统、完善的土地流转服务体系。只有这样，才能彻底打破城乡二元结构，使城市土地与农村土地在统一的土地市场运行，才能形成一个统一、有序、规范的建设用地市场，才能真正实现农业建设用地市场与农地市场的彻底分离，防止农地的流失，最终实现农地资源的优化配置，达到不论在农村还是城市，同等法律和经济属性的土地及使用权，具有平等的土地占有、使用、收益和处分的权利。

（三）建立与完善农村各项社会保障体系，为农地流转创造条件

目前，我国已建立了包括劳动合同、工资支付标准、劳动争议处理、养老保险、失业保险、医疗保险、工伤保险、职业资格证书等项基本劳动保障制度。但这些社会保障，涉及、覆盖农村居民的还比较少，随着改革开放、城镇化建设的推进，我国社会也在体制转轨和经济转型过程中，各种长期积累的深层次社会矛盾、纠纷、冲突都将直接或间接地爆发出来，影响社会经济和法治的和谐发展。因此，在制度上，将农民依法纳入社会保障体系，并建立完善的农村各项社会保障体系，不仅是我国社会经济发展的必然趋势，也是推进城镇化建设，强化农地流转的重要措施。

1. 建立与完善农村劳动、就业社会保障体系

农村劳动、就业社会保障体系尚需要进一步完善。在农地流转中，通过建立健全农村劳动、就业机制，使失地、失业后的农民有失业保险，使农民在失

---

① 清邕：《统一城乡土地市场，改革二元土地制度》，载 http://blog.people.com.cn/open/articleFine.do? articleId=1343274684001

业期间能够获得国家、社会一定的救济、救助，使农民工、失地农民解除后顾之忧。从目前侵害农民合法权益的现象来看，主要集中在以下几个方面：①部分进城就业的农民工权益得不到保护，受到侵害的情况十分普遍。如用人单位不与农民工签订劳动合同或强制签订格式合同（霸王合同），无故拖欠和克扣农民工工资，不提供应有的劳动保护条件，一旦发生矛盾、纠纷或工伤事故，用工单位往往利用优势地位，借助霸王条款，损害农民工利益。②部分非公有制、中小型用人单位不依法为农民工缴纳社会保险费，任意解除劳动合同，任意处罚农民工，侵害农民工利益的现象较为普遍。③国家土地征收不规范，集体土地管理体制不健全，在土地征收过程中，农村集体经济组织成员没有发言权，不能参与土地征收相关事宜的协商、谈判，处于任人宰割的弱势地位，侵权现象十分普遍。这些侵权行为的发生与国家长期将农民排斥在社会福利保障体系之外密切相关，必须得到改观。

在法律、政策层面，农民工在用人单位与其他职工的法律地位完全相同，同工同酬，依法享有平等的各项社会保障权利。同时，从社会发展的角度看，农民的社会保障又不单纯是经济保障问题，这还涉及我国城镇化和"三农"问题的彻底解决。目前，我国城镇人口已经超过农村，城镇化推进的速度很快，如果让农民长期游离于社会保障体系之外，就无法使农民在城镇稳定下来，转变身份或获得发展，成为合格的城镇居民，而如果操作不当或社会环境恶化，就会使大量的农民在失去土地之后，转变为无业游民，成为破坏社会稳定的潜在力量，这是我们不愿看到的现象，但一些发展中国家的社会实践已经充分证明，这是一个非常可怕的现象。它是一个影响国家、民族和谐、稳固发展的极具破坏力的因素，不仅会影响到我国城镇化的正常进程及其发展质量，而且也关系到我国社会能否正常、平稳、和谐发展。因此，我们必须适应我国社会经济发展的需要，实现城乡社会劳动、就业保障的一体化，将农民纳入国家劳动、就业保障体系，并通过劳动、就业的法律保障，减小农民对农地的依赖性，促使已经转入城镇或非农产业的人口主动放弃、转让其承包、使用的耕地、宅基地，为农地的流转创造良好的社会环境或条件。

2. 建立与完善农村医疗保障机制

20世纪50年代建立的农村合作医疗制度，是农民通过互助共济、共同抵御疾病风险的重要合作方式。在保障农民生命健康、提高全民身体素质方面发挥了极其重要的作用，堪称世界农村社区医疗保障制度的典范，曾一度覆盖了95.2%的农村人口。然而在农村经济体制改革以后，这种制度则基本趋向瓦解，不得不恢复家庭保障和自我保障，仅 1998 年农村居民自费医疗的比重就达到了 87.44%。[1] 目前，农村基础设施薄弱，教育、卫生、医疗等问题一直是制约我国农村社会经济发展的"瓶颈"，也是农民最为关心的农村社会问题。据相关部门调查，我国农村卫生投入严重不足，公共卫生应急体系几乎一片空白。三级医疗网濒临解体，三分之一的乡镇卫生院基本瘫痪，三分之一仅能维持生计，三分之一能够发展；农村合作医疗覆盖率仅有 10% 左右，有的地区始终处于"春办秋黄""一紧二松三垮台四重来"的大起大落中。农民抵御重大疾病灾害的能力十分脆弱。[2] 造成这一局面的原因很多，其中，国家对城乡医疗保障制度的安排不合理是主要原因。面对昂贵的药品和医疗费用，农民医疗就医已经变得十分困难。一方面，我国农民大多处于社会底层，经济收入非常有限。另一方面，农民被排除在社会医疗保障体系之外，享受不到国家经济发展带来的利益或好处，致使在我国农村普遍存在因病致贫、因病返贫的现象大量发生，特别是在我国中西部地区，农村普遍贫穷的局面一直未得到根本改观，医疗消费有着奢侈品的性质，举债看病，更是雪上加霜。正如人们看到的，农民对医疗确实存在着巨大的、潜在的需求，但受到目前收入水平的严重制约，医疗需求在农民的生活中只能处于从属地位。有机构和学者，以问卷形式对中国内地六省 310 个村庄进行了直接入户方式的调查访问，结果显示，有 79.7% 的调查对象反映，其所在村庄存在农民因病致贫、因病返贫的现象。国家卫生服务调查的结果显示，在中国农村的贫困户中，因病致贫的户数占了很大的比例，该比例在 1998 年和 2003 年分别为 21.61% 和 33.4%。更有学者认为，在中国的不同地区，疾病导致了 20%~70% 的贫困[3]。在我国农村现有的社会经济发展条件下，因教育落后，村民素质无法得到提高，走不出、离不开的情况相当普遍，村民因病返贫、因病致贫现象尤为突出。

因此，为了减轻农民年迈或生病时对农村土地的依赖程度，必须建立健全农村医疗保险体制机制，尽可能地减少农民的后顾之忧。一些学者或实务部门的工作人员提出，可以比照城市医疗保险的方式、方法，全面推进农村医疗保险工作，这一看法是切实可行的，但我们认为，完全可以考虑城乡医疗体制一体化，即不分城镇、乡村，在我国建立统一的社会医疗保障体系，医疗保障覆

---

[1] 胡政武：《探析我国农村社会保障制度》，载《重庆师范大学学报》（社会科学版），2004 年第 5 期。

[2] 白剑峰：《非典督促全民法治意识提高 筑起公共卫生防线》，载《人民日报》，2003 年 6 月 4 日版。

[3] 彭说龙、黄桂勇：《农村医疗保障制度思考》，载《改革与战略》，2007 年第 11 期。

盖所有的国民,使每个人都能享受到"国民待遇"。由此可见,建立统一的医疗保障制度,不仅对于加快解决农民工伤、医疗和养老保障等问题十分有利,而且,对于加快土地流转也将起到十分重要的作用。

3. 建立与完善农村最低生活及养老保障机制

贫困与反贫困一直是发展中国家普遍面临的重要问题,切实解决贫困人口的基本生活是国家社会保障的重要内容。改革开放之前,我国对城镇人口实行就业和社会保障合二为一,就业者生、老、病、死都由国家(单位、企业)包下来的就业保障制度,而农民一直被排斥在社会保障体系之外。在城乡二元经济结构背景下,农民被束缚在土地上,土地成为其唯一的生活保障。改革开放后,农村社会经济状况发生了根本变化,以集体经济为依托的农村社会保障体系基本解体,农村传统的以土地为基本手段的生活保障体系被削弱,农村的传统家庭和社会关系不可避免地发生了变化,养老问题、医疗问题以及部分农民的贫困问题日趋严重。[1]随着改革开放的深入,1995年,民政部为了帮助农村贫困户解决衣食之忧,开始在部分地区开展了建立最低生活保障制度的试点工作。但实施的范围十分有限,地方政府的积极性不高。有关资料显示,全国31个省、市、自治区中,2001年只有浙江省颁布了最低生活保障办法,以法规形式将农民列入社会保障范围。2007年,国家明确在全国范围内建立农村最低生活保障制度,才使这一困境有所改善。虽然大多制定、颁布了最低生活保障办法,但保障的力度不大,范围比较窄。可见,建立我国农村居民最低生活保障制度的任务十分繁重,面临的困难很大。

农村最低生活保障制度的建立,对于尚未解决温饱问题的农村贫困人口,通过政府给予必要的救助,以保障其基本生活,并帮助其中有劳动能力的人积极劳动脱贫致富意义重大。在全国范围建立农村最低生活保障制度,是我国社会经济发展的必然要求,是解决农村贫困人口温饱问题的重要举措,也是建立覆盖城乡社会保障体系的重要内容。按照国家的总体部署,建立农村最低生活保障制度的目标是,通过在全国范围建立农村最低生活保障制度,将符合条件的农村贫困人口全部纳入保障范围,稳定、持久、有效地解决全国农村贫困人口的温饱问题;建立农村最低生活保障制度,实行地方人民政府负责制,按属地进行管理。各地要从当地农村经济社会发展水平和财力状况的实际出发,合理确定保障标准和对象范围。同时,要做到制度完善、程序明确、操作规范、方法简便,保证公开、公平、公正。要实行动态管理,做到保障对象有进有出,

---

[1] 马斌:《积极建立农村居民最低生活保障制度》,载《中国农村经济》,2002年第7期。

补助水平有升有降。要与扶贫开发、促进就业以及其他农村社会保障政策、生活性补助措施相衔接，坚持政府救济与家庭赡养扶养、社会互助、个人自立相结合，鼓励和支持有劳动能力的贫困人口生产自救，脱贫致富。①

从法律角度看，最低生活保障制度是法律赋予每一个人的基本权利，是人之所以作为人的基本权利，是每个人理应享有的基本生存发展权。它主要是帮助处于生活贫困的自然人，克服现实中存在的困难，为其在法律制度上提供社会援助，使其走出生活困境，谋求发展。这一制度的建立与完善，对于解除贫困农民的后顾之忧，加快农地流转，将会起到积极作用。但从目前实施的情况看，其效果却不太理想。究其原因，我们可以看到，农村社会保障涉及各方面的问题，其中，资金问题是建立农村居民最低生活保障制度的核心问题。我国农村居民最低生活保障资金是由财政和乡镇、村民委员会及集体经济共同负担的。就我国乡镇财政体制的现状来看，许多地方财政是赤字财政，而财政赤字一般依赖于收费等一些预算外收入来弥补。随着国家对乡镇费改税政策的试行及逐步推广，乡镇财政预算外收入将越来越少，乡镇财政的负担越来越重，一些乡镇负担的保障金实际上难以落实。为了确保最低生活保障对象都能享受或领取到足额的保障金，有学者建议，可以通过征收统一的社会保障税，以及建立最低生活保障基金会的办法，解决最低生活保障资金筹集难的问题。② 对此，我们认为，这一建议是可行的。因为，在现代社会保障体系中不应该把农村居民排除在外。在我国，必须建立统一的社会保障体系，将农民纳入社会保障税的征收范围，根据权利义务对等的原则，凡收入达到国家规定的税收征收标准的农村居民都应该与城镇居民一样缴纳社会保障税，并享受最低生活和福利保障。

另外，我国从20世纪80年代中期开始，积极探索建立农村社会养老保险制度，一些经济较发达的地区成为首批试点地区。1991年6月，民政部制定了《县级农村社会养老保险基本方案》，确定了以县为基本单位开展农村社会养老保险的原则。由于国家在设计该项养老保险制度时，确定以"个人缴费为主，集体补助为辅，国家予以政策扶持"的基本原则，过分强调个人积累，造成实际操作中保富不保贫的现象，起不到对贫穷者的保障作用。加上方案只强调国家在政策上扶持，财政上不作为的思路，降低了农民参保的积极性，加之参保

---

① 国务院：《关于在全国建立农村最低生活保障制度的通知》，国发〔2007〕19号，载 http://www.molss.gov.cn/gb/zxwj/2007-08/15/content_192080.htm
② 马斌：《积极建立农村居民最低生活保障制度》，载《中国农村经济》，2002年第7期。

标准太低，对农民的养老保险起不到保障作用，这一制度的推行效果不大理想。1999年7月，国务院宣布，截至当时，我国农村尚不具备普遍实行社会养老保险的条件，决定对已有的业务实行清理整顿，停止接受新业务，要求有条件的地区应逐步向商业保险过渡。

之后，建立农村社会养老保险的工作一直处于徘徊阶段，而理论界对于建立农村社会养老保险的讨论，也出现争论。有学者认为，目前在全国范围内建立农村社会养老保险是不可行的。据相关调查资料显示，全国及三大经济地带之间农民收入存在明显差距。1980年，东部地区农民人均纯收入为249.2元，分别是中部和西部地区农民人均纯收入的1.32倍和1.48倍。1980—1994年，东部地区农民人均纯收入年均增长15.2%，中部和西部地区农民人均纯收入年均增长13.5%和12.3%。这样，基数和增长的双重效应，使东、西部之间和东、中部之间农民收入差距的扩大成为不可避免①。因此，只有东部沿海经济发达省份才具备开展这项工作的条件，而经济发展相对落后的中西部不具备条件。由此可见，尽管作为农村社会保障重要组成部分的养老保险，它的建立对保障农民的生老病死，促进农村社会经济的发展，保证社会的稳定和进步都有积极意义，但这一制度的建立与完善始终面临许多困难或不确定因素。必须通过多项改革手段的综合利用，积极予以推进，使农民真正享受"老有所养，老有所依"。

综上所述，随着我国社会经济的发展，我们必须加大社会保障改革力度，充分运用法律、行政、经济手段，建立起完善的农村最低生活及养老保障制度。一是通过法律手段，加强立法，制定农村最低生活及养老保障法，明确将农村最低生活及养老保障制度的建设纳入法制轨道，实现农村最低生活及养老保障的法制化、规范化。只有这样，才能从根本上保证农村最低生活及养老保障制度的权威性、规范性和持续性，才能扭转农村最低生活及养老保障被动、尴尬的局面，从而确保中华人民共和国的每一个公民都享受到作为一个人的基本权利，使农村居民的基本生活权益不再受来自公权或各方既得利益者的非法侵害与随意剥夺。二是通过行政手段，制定与农村最低生活及养老保障法律制度相配套的政策。对于农村特困或因某种变故生活暂时处于困境的居民，可以通过国家和地方政策的灵活运用，在诸如土地承包、水电、交通、子女教育、生活补助等方面实行优惠或减免。而对处于特困的农村经营者实行减免税金和工商

---

① 石爱虎、张建平：《东中西部农民收入差距与调整对策》，载《农业技术经济》，1997年第3期。

管理费，以发挥政策在农村最低生活及养老保障中的积极作用，使农村居民的基本生活真正得到保障。三是通过经济手段，由各级政府或公司企业，加大农村经济建设投资力度，为农村居民提供更多的就业、创收机会，切实增加农民的经济收入，通过贫困与反贫困，从根本上消除农村居民的贫困问题。

（四）强化管理手段，规范农地流转市场

在西方社会经济发达国家，无论是自由市场经济国家还是政府主导型市场经济国家，都采用经济、法律和行政手段，对土地市场进行宏观调控与管理。不同的是，有些国家将重点放在法律、法规层面；有些国家将重点放在农地供给方面，即政府严格控制农地供给量，通过价格杠杆实现对土地市场的调控和监管；有些国家则注重在土地交易之前，综合考虑各种因素，制定规划对土地用途作出明确的规定；有些国家则强调政府管理方式，通过政府自身所具有的优势，对土地市场进行管理。① 我们认为，在我国农地流转中，有必要借鉴发达国家土地管理经验，以法律手段为主，充分运用多种管理手段，进一步规范农地流转市场，使我国农地流转步入规范化、制度化、法治化的流转轨道。对此，我们有必要采取以下措施，对农地流转进行规制：

1. 制定、修改、完善有关农地流转法律、法规，强化法律保障机制

在市场经济条件下，充分运用法律手段管理社会经济，强调市场经济就是法制经济，强调民法是市场经济的基本法，具有正当性，应是天经地义之事。

首先，要以法律手段为主，把农地流转从行政主导回归到市场主导的轨道，通过市场配置土地资源，有利于农地资源的优化配置，提高农地流转的经济效率，提高农地的产出率和农村社会经济的发展。如果人为地对农地流转在法律、政策上设置禁区，实行围、堵、卡、压，这不符合市场经济条件下农村生产力发展的要求。我国现行法律、政策在农地流转的规制方面，大多以传统的行政管理为主，在相关法律的立法表述及具体条文中，有大量对农地流转进行限制性的规定，现行土地管理法、土地承包法等，大多强调的是对土地资源的行政管理功能，许多条文都是从政府管理的角度强调行政管理功能、强调规范的强制性，而忽视规范的任意性、忽视对土地资源的法律配置、忽视对各民事主体的平等保护，以致使许多人对土地管理方面的法律、法规的属性产生怀疑，甚至出现土地管理法规不再具有私法属性的观点、看法，认为土地流转特别是农地征用属于行政法律属性就是典型的行政主导观念的产物。因此，必须从民

---

① 吴春宝：《国外监管农地流转市场的模式及启示》，载《中国土地》，2009年第2期。

事法律层面,允许、规范农地流转制度,使农地流转依法进行。

其次,要健全农地流转法律体系,就要进一步加强中央与地方政府行政法规的立法工作,明确土地流转的范畴,规范和界定农地流转的行为;明确农地承包、宅基地及农用建设用地使用权的法律属性及具体归属;明确农地占有、使用、收益与处置各项权能的配置及农地使用权的物权属性;明确必须按照法律法规的规定,按照法律程序来签订农地流转合同,使农地流转内容全面、合法、协议平等、互利,真正发挥物权在农地使用权中支配、排他功能,防止来自方方面面特别是公权力对农地流转和农民利益的侵害。因此,加快中央与地方农地流转实施条例的出台,增强对农地流转工作的实际操作与管理,意义重大。

再次,规范农地流转司法审判制度。在我国,大多数司法审判机构尚未形成处理土地流转纠纷的规范化制度,也缺乏相关的法律条文与仲裁根据。因此,必须进一步制定仲裁土地经营权流转纠纷的相关法律法规,完善相关的争端处理机制,并通过设立专门的土地审判庭聘请专家判案,为解决土地流转纠纷提供法律援助。

2. 通过改革,强化政府对农地流转的行政监管

我国的市场经济体制是从计划经济逐步转变而来的,由于受长期计划经济惯性思维的影响与约束,政府及其官员在管理经济活动中,习惯或偏好行政手段,不习惯使用经济、法律手段管理经济,加之我国政治体制改革严重滞后,市场经济运行机制尚不健全,使政府始终居于经济运行、管理的中心。在市场经济条件下,必须明确政府部门在农地流转中的具体职责,通过改革,逐步强化政府对农地流转的监督监管,不断规范农地流转行为。

在我国现行体制下,政府在农地流转中大多直接参与具体事务的运作与管理,政府既是农地流转的参与者,同时也是农地流转的管理者或裁判者。由于政府在农地流转中具有双重身份,致使政府无法客观、公正地处理农地流转中出现的各种具体问题,一旦矛盾、冲突、纠纷发生,政府常常是矛盾纠纷的中心,在此情况下,要求政府自己去处理、化解与其有关的问题,其被动、效果不佳便不可避免。大多数情况下,被侵害者只能选择向上级政府或者中央政府上访或告状等方式来维护自己的合法权益,但又由于体制弊端,其效果一般不会很理想。与此同时,由于不能积极疏导,社会矛盾的积累会越来越多,严重影响社会的和谐和稳定发展局面。我们认为,可以考虑设立与政府脱钩的专门土地流转机构,办理土地流转具体事宜,政府不再参与土地流转事务的具体工作,而是以行政管理或监督者的身份,对土地流转市场进行严格的行政监督,

充分发挥政府在土地流转中的积极作用。政府通过依法行政或行政监督，在土地流转的登记、管理、用途限制等方面加强管理与监督，为农地流转营造良好的发展环境和市场氛围。

3. 建立、健全民间中介组织，积极引导农地流转有序发展

土地是农民基本的生产资料，其使用与交换价值只有作为生产要素进入市场流通，才能充分地体现出来。实践证明，农地流转的速度和规模，在很大程度上取决于当地社会经济发展水平和农业产业化程度的高低，没有大规模、上档次、高效益的农业产业化龙头企业和种养大户的带动，没有健全的农地流转中介组织的积极引导，农地的流转和规模经营就难以有大的突破。在我国，农地集体所有，村民承包经营的现有体制下，如何通过市场来强化农地的流转，实现土地作为社会化生产要素的增值功能，就成了推动农地流转的关键问题。而目前，我国还未建立起规范的农地流转市场，在农地流转的社会实践中，流转法律关系不健全、不规范、权利不对等情况还比较普遍，特别是缺乏连接流转主体双方的中介服务组织，使土地供求双方信息交流不畅通、权利义务不明确，制约了农地资源的优化配置。从我国目前农地流转情况看，只有少数城市或经济发达地区建立了土地流转服务机构，为农地流转提供服务，而大多数地区的农地流转还处在自发状态，流转不规范的情况还比较突出。为此，各地方政府应积极引导，逐步建立、健全农地流转的信息平台、地价评估、风险评估、法律咨询等服务性的中介组织，为农地流转提供服务，以完善农地流转市场体系。

实践证明，民间中介组织，对于推进农地流转具有重要的作用，但在我国，农地流转中介组织还没有形成统一的形式，根据学者的研究，大体可以归纳为农村产权交易所、土地流转服务中心、土地流转服务站、土地流转合作社、土地流转协会、土地银行、土地信用社、土地流转交易平台等。从各中介组织的产生、形成及定位来看，大多是政府主导的外生型组织，其运作方式的行政色彩较浓，服务的客体、对象、职责、边界等都比较模糊，影响了中介组织正常功能的发挥。如成都市大部分地区的土地流转中介组织，或是在政府的主导下进行运作，或是在村委会（社区）的主导下发展。而在政府主导的土地流转中，中介组织活动的范围较小，往往倾向于执行国家的方针、政策，成为政府的"代言人"。农民对土地流转中介组织的信任度和满意度作为评价土地流转中介组织的重要指标，间接反映土地流转中介组织是否具有权威性，开展的业务是否符合农民的意愿。调研结果显示，80%以上的农民都认为政府主导下的土地流转中介组织，工作不够公开透明，决策不够民主。而对由村委会组织的农业

股份合作社而言，75%的农民认为其财务制度不够透明，且保底资金太少。另外，乡镇土地流转中介组织的工作人员大多由政府工作人员或村干部兼职，缺乏专业人员。① 实践证明，农地流转中介组织应该是具有相对独立于政府组织的社会中间组织，其从业人员应具备一定的法律、金融、农业科技等方面的专业知识。目前，这种状况不利于我国农地流转的正常进行，必须通过进一步改革来予以完善。

5. 明确登记的法律效力，在制度上强化农地流转的登记

按照物权公示原则，不动产物权的变动，应依照法律规定进行登记。土地是典型的不动产，除法律另有规定外，经依法登记，方能发生法律效力。换句话说，未经登记的，不发生法律效力。原则上，经依法登记的土地所有权和使用权才产生法律效力，受法律保护，但由于我国土地的公有性质，使其登记或公示的方法受到许多限制，土地所有权及使用权存的变动并不能完全坚持某一特定的变动模式。如《中华人民共和国物权法》第9条规定："不动产物权的设立、变更、转让和消灭，经依法登记，发生效力；未经登记，不发生效力，但法律另有规定的除外。依法属于国家所有的自然资源，所有权可以不登记。"《中华人民共和国土地承包法》第38条规定："土地承包经营权采取互换、转让方式流转，当事人要求登记的，应当向县级以上地方人民政府申请登记。未经登记，不得对抗善意第三人。"《中华人民共和国担保法》第41条关于不动产和准不动产的抵押规定为："当事人依本法四十二条规定的财产抵押的，应当办理抵押物登记，抵押合同自登记之日起生效。"《中华人民共和国农村土地承包经营权流转管理办法》第27条规定："乡（镇）人民政府农村土地承包管理部门应当建立农村土地承包经营权流转情况登记册，及时准确记载农村土地承包经营权流转情况。以转包、出租或者其他方式流转承包土地的，及时办理相关登记；以转让、互换方式流转承包土地的，及时办理有关承包合同和土地承包经营权证变更等手续。"

以上规定实际上指明，土地及其使用权的变动，除了当事人之间有合同等债权关系或继承、征收等合法事由外，还必须进行登记，登记是物权变动的条件。也就是说，不登记不影响当事人之间合同的效力，但并不产生物权变动的后果；若想产生物权变动的效果，则必须要履行登记。在我国现行物权法中，物权及其变动模式就是区分动产和不动产不同的公示方法，即动产以占有为其

---

① 任勤、李福军：《农村土地流转中介组织模式：问题及对策——基于成都市的实践》，载《财经科学》，2010年第6期。

静态的权利外观,以交付为其变动外观,不动产则统一实行登记作为其权利及其变动之外观。无论是物权形式主义的物权变动模式,抑或是意识主义的物权变动模式,一般都是以移转占有或交付为动产物权变动的公示方法,以登记为不动产物权变动的公示方法,某些特定的动产(主要是机动车辆、船舶、航空器等)物权,法律上通常也采用了登记的管理和公示方法,其效果与不动产登记相同。可见,我国现行物权公示制度的特点是物权变动的三元公示制度,即不动产物权以登记为生效要件,重要动产物权以登记为对抗要件,一般动产物权以交付为公示方法。在我国,例外情形有三种:一是依法属于国家所有的自然资源,所有权可以不登记。二是土地承包经营权和地役权适用登记对抗主义,土地承包经营权、地役权自土地承包经营权合同或地役权合同生效时设立;未经登记,不得对抗善意第三人;土地承包经营权采取互换、转让方式流转,当事人要求登记的,应当向县级以上地方人民政府申请土地承包经营权变更登记;未经登记,不得对抗善意第三人。三是某些大型重要动产物权以登记为对抗要件,一般动产物权以交付为公示方法。

综观国外不动产登记情况,大多由统一的机构专职负责登记事宜,审查的内容主要包括登记主体的身份、客体(登记物)、权利的审查。如有必要,登记机关可到现场进行实地察看,即对登记物的状况进行实质审查。法国、德国、瑞士、日本等国家大多采取形式审查原则,但实践中,在登记机关审查之前,不动产物权大多进行公证,这实际属于登记之前的实质审查程序。在此背景下,实质性的东西有一部分就分担出去了,德国是由公证机关分担审查物权的合议,而法国、瑞士等国家则主要通过审查合同的合意进行分担。换句话说,在上述国家,不动产登记审查采取分担制,由诸如公证等机构通过公证,进行实质审查,而登记机构只负责形式审查。《中华人民共和国物权法》第10条规定:"不动产登记,由不动产所在地的登记机构办理。国家对不动产实行统一登记制度。统一登记的范围、登记机构和登记办法,由法律、行政法规规定。"但在我国不动产登记实践中,不论登记,还是管理,都不规范,登记一般是由各类不动产所对应的行政主管机关分别登记,呈现"多个部门登记"的混乱局面,统一登记并未实现。如依土地管理方面的法律规定,凡以土地为载体所成立的物权,除依法不需要登记的外,一般都由土地管理部门负责登记;依据城市房地产管理法的规定,县级以上人民政府的房产行政管理部门负责城市房产登记工作;依据相关法律规定,县级以上人民政府的林业、渔业、水利等行政管理部门分别负责林木、林地、渔业、水权等的登记工作。担保法就不动产抵押登记机关规定的就有土地、房产、林业等管理部门、县级以上人民政府规定的部门等,基本上也是由各类不动产的对应的行政管理部门进行登记。

　　造成上述问题的原因，主要在于我国长期实行计划经济体制，政府在社会经济生活中主导一切，虽然我们已经确立了市场经济，但长期以来形成的这种惯性思维并没有得到根本改变，其始终将登记作为行政机关的职权，而不是一种民事权利的公示方法来看待，从而形成了将民事权利登记机关与行政机关的设置与职能重合或者合二为一的问题。事实上，物权登记并不具有政府行政管理的职能，它始终是一种民事权利设立和变动的公示方法，其法律属性是民事法律行为，不能因为由政府机构承担登记职责，就误以为登记是行政法律行为，或者政府机构依法登记，就是行使行政管理的职责。因为，根据我国相关物权法律制度的规定，不动产物权的变动，应办理登记手续，以登记为公示要件，但此项登记，仅属不动产管理上的要求，并不是民事主体取得权利的构成要件。因为，不动产登记本身，并不是权利取得的前提，只是确定民事权利主体取得不动产物权的法定依据。也正是因为登记主要是一种物权公示的方法，所以，登记的职责不需要与各政府机构的行政管理职责相重合。我们认为，必须根据物权法的规定，由一个法定的登记机关统一负责有关不动产的登记事务，并在登记范围、规则、程序等方面全面实现登记工作的统一。它不仅对推动我国农地流转，解决农地流转矛盾、纠纷，具有重要作用，而且也是依法维护农地流转中农民合法权益，体现物权法定、公示、公信效能，从根本上维护农村社会稳定的重要法律措施。